핀테크와 GDPR ❶

PRIVACY FOR
FINTECH

핀테크를 위한 개인정보보호

핀테크와
GDPR ①

이재영 지음

타커스

머리말

ICT 분야에 요즘 '핀테크'만큼 자주 언급되는 단어가 또 있을까 싶다. ICBM(IoT, Cloud, Big Data, Mobile)이나, ABCD(AI, Blockchain, Cloud, Data)로 대표되는 이 키워드는 기술영역이 아닌, 비즈니스로 분류함이 타당하다고 많은 사람들이 정의해왔고, 이미 우리 실생활에 어느 정도 파고 들어왔다. 핀테크는 단순히 Finance(금융)와 Technology(기술)의 합성어라기보다, IT 기술을 금융의 영역에 적용함으로써 기존 금융기법과 차별화된 금융서비스를 제공하는 기술 기반 금융서비스 혁신을 통칭하는 것이 보통이다.

그런데 이러한 혁신을 위해서는 결국 사용자에 대한, 사람에 대한 통찰(insight)을 얻어서, 이를 바탕으로 새로운 서비스와 가치를 만들어내야 하는데, 바로 이 지점에서 개인정보 보호라는 가치와 상충되기 쉽다. 빅데이터나 머신 러닝 등을 통해, 사용자들에 대한 통찰을 얻을 수는 있으나, 이를 다시 역으로 적용하기 위해서는 통찰을 통해 프로파일링된 개인을 식별하여 타게팅하고자 하는 요구가 생길 수밖에 없다.

한편 개인정보 보호와 관련하여, 국내의 경우 2011년에야 "개인정보 보호법"이 공포 및 시행이 되었기 때문에(물론 그 전에 "공공기관의 개인정보 보호에 대한 법률"이나, 정보통신법, 신용정보법 등에도 개인정보를 보호하는 법률이 있어 왔지만, 개인정보 보호와 관련된 법체계를 일원화하고 모든 사업자, 기관 및 단체에 적용되는 법으로서는 2011년이 처음이라고 하겠다), 그 법률적 근거 및 배경에 대해서 국가적인 이해도와 구성원의 인식도도 매우 낮은 상태이다.

이 와중에 2018년 5월 25일 EU의 GDPR(General Data Protection Regulation)이 발효되어, 국내 기업의 개인정보 보호 관련 리스크는 매우 높은 상태이다. GDPR은 EU 시민권자 대상으로 적용되는 법률이 아닌, EU 거주를 기준으로 적용되기 때문에, 의도치 않게 위반하는(특히 trans-border data flow) 경우가 발생할 수 있다. 물론 의도적인 경우에 한하겠지만 최대 매출액의 4%에 해당하는 벌금이 부과될 수 있다. 벌금이 일면 커 보이기는 하지만, 더 큰 문제는 핀테크의 특성상, 서비스가 금융과 관련된 서비스이기 때문에, 신뢰가 무너지는 순간 비즈니스는 그것으로 끝난 것이라고 봐야 할 것이다.

국내에서만 서비스하겠다는 핀테크 기업이라고 하더라도 본 책은 도움이 될 것이다. GDPR은 EU 역내에서 수집된 개인정보의 역외 이전을 원칙적으로 허용하지 않는데, EU 집행위원회가 안전하다고 판단 내린 국가에 개인정보를 이전하는 경우는 별도의 보호조치가 필요 없다. 이를 위해선 해당 국가의 법체계와 운영 현황을 토대로 적정성 결정을 받아야 하는데, 결국 이를 위해 국내법도 GDPR이 요구하는 사항들 중 일정 부분은 도입될 수밖에 없기 때문이다.(한국은 당초 일본과 함께 EU 적정성 우선 협상국으로 지정됐지만 개인정보 감독기구인 개인정보보호위원회의 독립성 부족 등을 이유로, 2020년 1월 현재도 적정성 결정을 받지 못하고 있다.)

이에 본 책에서는 핀테크 기업들을 위해, 개인정보 보호의 끝판 왕이라고 할 수 있는 GDPR(여기에는 이견이 있을 수 있음을 미리 밝힌다)을 소개하고, GDPR에서 언급하고 있는 개인정보에 대한 권리에 대한 통찰을 통해, 핀테크 업체들이 서비스를 제공하기 위해 개인정보를 안전하게 활용하는 새로운 접근법들을 소개 및 제안하고자 한다.

혁신성을 목표로 핀테크 서비스는 모든 금융서비스의 온라인화 및 모바일화를 이끌고 있으며, ABCD(AI, Blockchain, Cloud, Data)로 일컬어지는 ICT 기술 등과 결합하여 새로운 사용자 가치를 제공하는 융합 서비스가 될 것으로 예상된다. 이러한 핀테크 산업 활성화를 위한 규제 완화가 보안에 부정적인 영향을 미칠 수 있다는 우려 섞인 목소리도 나온다. 사실 핀테크 서비스는 일반적인 IT 서비스와 달리 금융정보를 포함한 민감한 개인정보를 대상으로 하고 있어 보안사고 발생 시 개인직, 사회적 영향이 매우 클 수밖에 없다. 따라서 본 책에서는 핀테크 서비스들의 개인정보 활용에 의해 발생 가능한 프라이버시 문제를 해결할 수 있는 새로운 접근법까지 제시하려고 한다.

집필하는 동안 직장에서도 집안에서도 우여곡절이 많았다. 차라리 필자 개인의 이야기를 책으로 쓰면 훨씬 재미있고 더 잘 팔릴 것 같은 드라마틱한 에피소드가 너무도 많았다. 직장에서 몸과 마음이 부칠 때, 새로운 도전에 대한 고민을 하고 있을 때 응원해준 동료들과 후배들에게 항상 고마운 마음뿐이다. 대학원에서 늦깎이 공부를 하면서도 집필을 마무리할 수 있을까 하는 두려움도 있었지만 말없이 계속 응원해주신 어머님, 빨리 쾌차하셔야 할 아버님, 그리고 승호·지호 엄마이자 든든한 후원자인 정은정 원장, 그리고 한국과 일본에서 각각 중소기업을 운영하는 바쁜 와중에도 물심양면으로 도와준 아우들에게 무한한 감사의 마음을 전한다.

차 례

Part 1

핀테크와 개인정보 보호

Part 1에서는 핀테크 서비스 및 기술에 대해서 간단히 소개하고, 핀테크에 있어서 개인정보가 왜 중요한지에 대해서 알아본다.

핀테크 개요 및 해외 서비스 사례

이 장에서는 핀테크 전반에 대한 개요를 제공하는
것을 목표로 한다.

♣ 핀테크 소개

핀테크 산업은 현대 기술을 사용하여 금융 서비스에 혁신을 도입하는 업계를 통칭한다. 일부 핀테크 회사는 은행과 직접 경쟁하는 반면, 다른 핀테크 회사는 은행과 제휴하거나 좋은 서비스를 제공한다. 분명한 것은 핀테크 기업들이 혁신적인 아이디어를 도입하여 금융 서비스 세계를 개선하고 있으며 금융 서비스 경쟁을 심화시키고 있다는 것이다.

새로운 기술을 금융 서비스에 적용하면 초기에는 혼선도 있을 수 있지만, 사람들을 위해 새로운 사용자 경험을 제공하고 보다 많은 일자리 창출의 기회도 될 수 있다. 그러나 전통적인 금융의 영역은 규제의 영역이었기 때문에 그 적용 속도를 높이는 것은 쉽지 않다. 반면 매일 생성되는 뉴스와 새로운 기술에 대해 모두 분석하기에는 그 분량이 너무 많아서 최신 상태를 유지하는 것은 불가능에 가깝다. 최근 ICT 관련 지식이 서적을 통하지 않고, 인터넷을 통한 각종 블로그를 통해 더 많이 확산되는 것도 이 때문이다.

금융 기술은 고객의 일상생활에 다양한 유형의 금융 서비스를 통합한다. 밀레니얼 세대를 포함한 요즘 세대들은 이러한 기술에 익숙하며 금융 업무를 보기 위해 지점으로 가는 대신 온라인상으로 또는 모바일을 통해 쉽고 빠르게 돈을 관리하려고 한다.

핀테크는 21세기 금융 서비스를 재정의하고 있다. 원래 핀테크라는 용어는 기존 무역 및 소비자 금융기관의 백엔드에 사용된 기술을 일컫는 말이었지만, 최근 몇 년 사이에 암호 화폐, 기계 학습, 로보어드바이저 및 사물인터넷을 포함한 다양한 기술 혁신을 포함하도록 그 개념이 확장되었다.

최초의 핀테크 서비스는 페이팔(PayPal)이라고 할 수 있다. 2008년부터 서비스를 시작한 페이팔은 세계 200여 개국에서 200조 원에 육박하는 결제를 처리했다. 중국의 알리페이도 급성장했다. 애플은 신용카드 기능을 품은 애플페이를 선보였고, 다음카카오는 카카오톡이라는 플랫폼을 십분 활용하여 간단하게 결제하거나 자금이체 또는 현금 인출을 할 수 있는 카카오페이와 뱅크월렛카카오를 출시했으며, 구글도 구글페이를 선보였다.

일반적으로 핀테크는 금융권 기업이 제공하는 금융 서비스에 대한 IT 서비스를 제공하는 비금융권 기업이 금융서비스를 직접 제공하는 형태로 바뀌고 있다. 소위 ICT 기업들이 금융서비스로 진출하고 있는 것이 현재의 핀테크 서비스 형태라고 할 수 있다.

구분	종 류	특 징
송금	전자화폐, 모바일 및 이메일 송금	· 인터넷 플랫폼을 통해 송금 의뢰자와 수탁자를 직접 연결시켜 송금 수수료를 대폭 낮추고 송금 시간도 단축 · 온라인으로 거래 가능한 가상화폐 · 이메일과 모바일을 통해 개인과 기업 간 송금
결제	전자결제 서비스 (전자화폐, 간편 결제)	· 은행계좌나 신용카드 외 IT를 활용한 다양한 결제기술로 간편한 지급결제 서비스 제공 · 상품 및 서비스 결제 편의성 향상 · 가상계좌, 신용카드, 실물계좌로 결제 가능
자산 관리	온라인 펀드, 인터넷은행/보험/증권	· 온라인으로 다양한 펀드를 살 수 있는 슈퍼마켓의 역할 · 온라인 전용으로 여수신 기능을 제공 · 인터넷만을 통해 가입하는 보험 · 온라인 전용으로 주식, 채권, 선물 투자 플랫폼 제공
투자	금융투자플랫폼 (소셜트레이딩, 크라우드펀딩)	· 대출, 창업자금 지원 등 투자 관련 금융을 서비스하는 온라인 플랫폼 · 스마트폰 등을 이용하여 투자정보 교류를 통한 가치판단 및 투자활용에 영향 · 개인 간 자금조달을 중개해주는 서비스 제공
보안 및 데이터 분석	정보보안, 결제보안	· 새로운 금융서비스를 보다 편리하게 사용하기 위해서 보다 고도화된 금융보안 기술이 필요
	금융 빅데이터 분석 및 금융 소프트웨어	· 소비패턴의 인식을 통한 소비활동 증진 · 대규모 데이터를 활용한 보다 정교한 대출금리 산정

* 여신금융연구소, 핀테크 가치창출 요건 및 시사점, 2015

금융사를 통해서만 취급할 수 있었던 금융 상품과 서비스가 다양한 ICT 기업을 통해 취급되는 방향으로 변화돼 대고객 편의성 및 혁신성이 제고될 것이다. 결국 금융 시장 내 치열한 경쟁을 유발하여 다양한 금융 상품 및 서비스가 등장하게 될 것이며, 금융회사는 인터넷 은행 설립 ICT 기업들과의 제휴를 강화하고, ICT 기업 및 비금융사들은 금융사들의 시장을 일부 잠식해가며, 그 경계가 사라질 것으로 예상된다.

핀테크 서비스에 대한 정의 및 분류는 다분히 자의적일 수밖에 없으나, 일반적으로 온라인 금융서비스와 이를 가능하게 하는 ICT 기술에 따라 크게 앞의 표처럼 구분할 수 있다.

핀테크의 역사

핀테크가 시작된 시점을 정확히 찾아내기는 어렵지만 고전적인 의미의 핀테크까지 포함한다면 1950년대를 기준점으로 보면 좋을 것 같다. 그 이유는 1950년대에 신용카드가 처음 소개되었기 때문이다. 사람들은 현금을 운반하는 대신 이 카드를 사용하여 구매 비용을 지불했다. ATM은 1960년대에 도입되어 일정 형태의 거래 시 사람들은 더 이상 은행 지점을 방문할 필요가 없게 되었다.

1970년대에 기업들은 전자적으로 주식을 거래하기 시작했다. 1980년대에 은행은 메인 프레임 컴퓨터와 기타 최첨단 기록 관리 및 데이터 시스템을 사용하기 시작했다. 1990년대에는 전자 상거래 비즈니스 모델과 인터넷이 널리 퍼졌다.

지난 50년 동안의 핀테크 개발 과정에서 혁신가들은 금융 서비스 회사와 기관 및 은행을 위해 정교한 재무관리, 위험 관리, 데이터 분석 도구 및 거래 처리 도구들을 만들었다.

현재 핀테크는 크라우드펀딩 플랫폼, 퇴직 및 자산 계획을 위한 로보어드바이저, 결제 앱, 모바일 지갑 등을 통해 소매 금융 서비스를 디지털화하고 있다. 핀테크는 온라인 대출 플랫폼뿐만 아니라 대안 투자 및 민간 투자 기회에 대한 접근성도 제공한다.

그러나 핀테크가 번성하고 있음에도 불구하고 은행은 크게 영향을 받지 않았다. 그 이유는 핀테크와 은행이 서로를 보완하기 때문이다. 특히 국내의 경우 인터넷 뱅킹이 초기에 정착되어 개인 금융 경험에 큰 전환점이 되었기 때문에, 오히려 해외의 경우보다 핀테크가 늦게 도입된 측면이 있다. 그러나 결국 은행 업계도 핀테크 기술이 전략적 자산이며, 진지하게 받아들여야 한다는 것을 깨닫게 되었고 근래에 들어서 핀테크에 대한 투자를 확대하고 있다.

핀테크가 중요한 이유

핀테크로 인한 변화는 금융 산업을 더욱 똑똑하고 민첩하게 만들게 될 것이다. 예를 들어, 자동 투자는 모든 사회 계층이 손쉽게 투자하고 투자 수익을 볼 수 있는 길을 열어준다. 또한 은행계좌가 없는 개도국의 사람들도 거래할 수 있다. 그러나 핀테크 산업은 그 성장에도 불구하고 여전히 개선의 여지가 많으며 소비자의 이익을 위해 금융 인프라의 수정이 필요하다.

핀테크 혁신 기업들이 위험 평가를 위한 더 나은 방법론을 개발하는 데 도움을 줄 수도 있다. 예를 들어, 온덱(OnDeck)과 캐비지(Kabbage)는 정보를 사용하여 1,500개 이상의 데이터 포인트를 사용하는 소규모 기업의 성과를 평가한다. 아반트(Avant)는 머신 러닝을 사용하여 언더라이팅을 수행한다. 킥스타터(Kickstarter)는 스타트업에 자금을 지원하기 위해 사람들의 집단 지성을 활용한다. 이는 더 많은 고객이 대출 및 투자 서비스에 접근할 수 있음을 의미한다. 2008년 금융 위기 이후 규제 기관은 금융을 보다 안전하게 하기 위해 은행 규정을 엄격히 적용했다. 핀테크는 규제 기술과 정교한 범죄 탐지 알고리즘을 도입하여 규제 기관이 금융 거래를 보호하고 고객에게 더 나은 서비스를 제공할 수 있도록 도와준다.

핀테크의 대중화

글로벌 기준으로 핀테크 부문은 2014년 무렵에 엄청난 자금이 유입된 이후 지속적으로 투자되고 있다. 핀테크가 번성하게 된 이유에는 몇 가지 요인이 있다. 첫째, 핀테크가 비즈니스 모델을 아직 완벽하지 않더라도 투자 및 성장 기회와 건강한 수익을 약속하고 있다는 것이다. 예를 들어, P2P 파이낸싱이 장기적으로 지속될 수 있는 모델인지는 아무도 모른다. 둘째, 금융 서비스에도 적용할 수 있는 여러 산업에서 새로운 기술이 등장하고 있다. 여기에는 블록체인 기술, 고급 기계 학습 소프트웨어, 마이크로 카드 리더 및 칩, 지능형 분석을 수행할 수 있는 강력한 서버도 포함된다. 셋째, 고객의 기대 또한 핀테크 산업에 대한 관심을 증가시킨다. 이전 세대는 개인화된 서비스에 대한 경험이 거의 없지만, 밀레니엄 세대는 그것을 심지어 비대면으로 요구한다. 향후 고수준의 개인화 및 인터넷 기술을 통해 기대했던 종류의 금융 관계에 액세스 할 수 있다. 데이터의 적절한 활용을 통해 금융 서비스 회사는 고객을 더 잘 알고 처리할 수 있는 잠재력을 제공하게 될 것이다.

넷째, 규제 변경 및 혁신이 핀테크에 도움이 될 수 있다. 일반적으로 규제는 자본 유입과 성장을 방해할 수 있다. 대중을 보호하고 통제할 수 있기 때문에 적용 속도가 더뎌질 수 있지만, 많은 국가에서 규제 기관은 기술의 가치를 인식하고 혁신 샌드박스를 제공하고 있다. P2P 대출과 같은 일부 분야는 규제가 해결되어야 새로운 기업이 빠른 속도로 성장할 수 있다.

글로벌 핀테크 투자

핀테크 업계는 막대한 투자와 금융 산업의 새로운 트렌드로 인해 상당한 성장을 경험했으며, 고객은 은행과 거래하는 방식을 바꿀 수 있는 다양한 금융 서비스를 접하게 되었다.

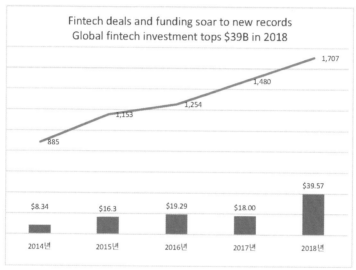

* 출처: CB Insights

2016년 7월 18일 런던 핀테크 위크(London Fintech Week)의 보고서에 따르면, 핀테크 투자는 2015년 7월에서 2016년 6월 사이에 중국에서 80억 달러로 증가한 것으로 나타났다. 이 수치는 2010년 이후 약 250% 증가한 수치이다. 중국은 2017년 신화 디안롱(Dianrong)이 약 2억 2,000만 달러, 수이쇼지(随手记, Feidee)가 약 2억 2,000만 달러, 다슈 파이낸스(Dashu Finance)가 약 1억 1,800만 달러 등 3건의 대형 거래로 계속해서 큰 투자가 있었으며, 알리바바, JD 파이낸스 및 텐센트는 지역 투자를 통해 자국내 사업을 확장했다.

최근에도 세계적으로 스타트업에 대한 투자가 활발하게 이루어지는 가운데 핀테크 기업에 대한 투자 비중이 더욱 확대되는 추세이다. CB Insights에 따르면, 금액 기준으로 83.4억 달러(2014년)에서 395.7억 달러(2018년)로 374.5% 증가했으며, 건수 기준으로 885건(2014년)에서 1,707건(2018년)으로 92.9% 증가하였다.

주요 핀테크 허브

일부 지역은 다른 지역보다 핀테크 혁신에 더 개방적이다. 핀테크 성장에 기여하는 요소에는 정부 지원, 개발된 혁신 문화, 고객과의 근접성, 전문 인재 및 유연한 법 규정이 포함된다. 이러한 요소를 고려할 때 핀테크 환경이 가장 좋은 도시는 런던, 싱가포르, 뉴욕, 실리콘 밸리 및 홍콩이다. 불행히도 우리나라는 핀테크 환경이 좋다고 하기 어렵다. 이 센터들은 수년간의 금융 서비스 또는 기술 개발(특히 영국 런던과 실리콘 밸리)을 다져왔으며 기업의 생태계와 협력하여 더 큰 성과를 달성하는 것이 중요하다는 것을 알고 있다.

유럽에서 런던은 첨단 기술과 세계 최대 금융 서비스 부문을 결합했다. 런던에 본사를 둔 아톰 뱅크(Atom Bank), 펀딩 서클(Funding Circle), 몬조(Monzo), 월드페이(Worldpay) 및 조파(Zopa)가 있다. 월드페이와 트랜스퍼와이즈(Transferwise)의 성공 사례는 런던이 독립적으로 회사를 확장할 수 있음을 보여준다. 런던은 소매 금융, 네오 뱅킹, 외환 및 자산관리 분야에서 강하다.

뉴욕은 우수한 금융 인재들과 막강한 투자 군단이 있다. 온텍과 베터먼트(Betterment)는 여기에 기반을 둔 두 개의 대형 핀테크 기업이다. 실리콘 밸리는 일반적으로 기술과 관련이 있으며, 그중 많은 부분이 금융을 지향하고 있으며, 페이팔, 스퀘어(Square), 렌딩클럽(LendingClub) 및 소파이(Sofi)가 뉴욕에 거점을 두고 있다.

홍콩은 가장 큰 아시아 금융 센터이고, B2B 솔루션에 특히 강한 것으로 알려져 있다. 중국과의 근접성 또한 전략적 자산이다.(물론 여기에는 정치적인 평가가 고려되어야 할 수 있다.) 대출 플랫폼인 위렌드(Welend)가 홍콩에서 나온 가장 큰 성공 사례이다. 싱가포르는 또한 최고의 금융 센터를 만들었다. 그만큼 각국 정부는 이 부문을 지원하기 위해 많은 투자를 하고 있으며, 안전하게 혁신하기 위해 규제 샌드박스 등도 만들어졌다.

마지막으로 중국은 투자액과 총 사용량을 기준으로 가장 큰 핀테크 시장이다. 상하이는 자산관리, 유동성 관리 및 블록체인에 강하다. 앤트 파이낸셜(Ant Financial; Alipay), 루팍스(Lufax) 및 중안(Zhong An)과 같은 유니콘이 여기에 있다. 규모 측면에서 가장 급격히 성장한 시장 중 하나임에는 논란의 여지가 없다.

👤 뱅킹과 핀테크

전통적인 은행업은 오랫동안 변함이 없었으며, 대부분의 고객은 크고 안정적인 은행을 선호한다. 은행들이 안주하고 있는 사이, 규제 완화와 함께 기술 발전으로 인해 현재의 안주 상태를 위협하는 새로운 플레이어가 등장했다. 은행들도 변화하지 않으면 생존하지 못할 수도 있음을 이해하기 시작했다.

새로운 운영 모델이 등장하고 있으며, 일부 플레이어는 은행에도 인프라를 제공하고 있다. 금융 서비스들을 결합하여 고객에게 더 많은 옵션을 제공하려고 노력하고 있으며, 일부는 기존 금융서비스를 유지하는 대신 개방형 뱅킹 인터페이스를 제공하려고 한다.

API 사용은 제공되는 서비스의 품질을 향상시키고 뱅킹 경쟁을 심화시키는 데 핵심적인 역할을 한다. 네오뱅크(Neobank), 챌린저뱅크(Challenger bank) 및 아이뱅크(Ibank)와 같은 새로운 범주의 은행이 만들어지고 있으며, 이들은 주로 순수한 디지털 영역에 집중하고 특정 틈새시장에 특화되어 있다. 앞으로의 결과를 예측할 수는 없지만 더 큰 경쟁이 일어날 것은 분명하다.

전통적인 은행

금융 소비자와 기업 모두에게, 은행은 지난 수십 년 동안 크게 변하지 않았다. 우리는 여전히 이전 세대와 비슷한 방식으로 금융 서비스를 받고 있다. 당좌계좌, 저축계좌, 신용카드 및 모기지 모두 본질적으로 예전의 전통적인 서비스와 동일하다. 전통적인 은행에는 예금자와 대출자의 2가지 유형의 고객이 있다. 은행은 여전히 중개자 역할을 하며, 예금자에게 맡겨진 돈을 사용하여 예금 이율보다 더 높은 이율로 대출자에게 빌려준다. 은행에는 2가지 주요 수입원이 있는데, 하나는 이자 수입이며 다른 하나는 수수료이다. 또한 보험과 같은 다른 제품을 교차 판매하여 추가 수익을 올릴 수 있다.

기본적으로 고객이 이러한 시스템에 익숙하고 이를 신뢰하기 때문에 전통적인 뱅킹은 수십 년간 번성했다. 은행의 강점은 대규모 데이터 세트와 고객 기반에 있다. 은행은 저축예금계좌에서 낮은 금리로 수신하기 때문에 저렴한 비용으로 고객 예금을 통해 많은 자본을 생성할 수 있다. 전통적인 은행은 자신이 관리하는 많은 양의 자금과 대출과 대출 사이의 이자율에 대한 스프레드로 인해 이익을 얻지만, 지금까지는 규모와 자본으로 인한 진입 장벽 때문에 새로운 참가자가 경쟁하기 어려웠다.

디지털 기술의 효과

디지털 기술은 2가지 방식으로 은행에 도전한다. 첫째, 전통적인 비즈니스를 변화시키고 있다. 예를 들어, 많은 금융 거래가 기존 채널에서 모바일 및 웹 응용 프로그램으로 전환하여, 고객에게 더 많은 선택권이 제공되고 있다. 둘째, 재무 처리 속도가 빨라지고 거래 비용이 절감되는 방법이다. 기술은 비즈니스를 재창조하고 있으며 새로운 비즈니스 모델이 도입되고 있다. 미래의 혼란은 뱅킹이 아닌 다른 부분에서 나올 가능성이 높다. 전통적인 은행들은 현재의 비즈니스를 변화시키기 위해 물리적 자산과 디지털 자산을 융합시키는 데 어려움을 겪고 있다. 반면 새로운 혁신 기업들은 오히려 깔끔하게 정리된 바탕에서 고객에게 보다 효과적으로 다가갈 수 있다.

전 세계 주요 도시의 엑셀러레이팅 허브와 인큐베이터가 지원하는 새로운 혁신적인 금융 서비스 스타트업이 매일 등장하기 때문에 소매 금융에서 디지털 기술의 물결을 타는 것이 중요하다. 반면 기존 은행은 이러한 스타트업에 대해 자신의 입장을 지키며 현재와 수익성을 유지하려 하겠지만, 소위 은행업법이라고 하는 규제에 의존하는 형태로 비즈니스를 계속 영위하기는 어려울 것이다.

소매 금융은 가까운 장래에 큰 도전에 직면할 것이다. 심지어 어떤 이들은 디지털 기술이 천천히 수입을 올리면서 소매 금융이 곧 사라질지도 모른다고 생각한다. 실제로 이탈리아, 프랑스 및 독일의 은행 수익 중 약 30%가 디지털 기술로 인해 줄어들고 있다는 통계가 나왔다. 일부 금융 서비스 스타트업은 현재 운영으로 큰 수익을 올릴 수 있으며, 더 많은 회사가 곧 흑자 전환할 것으로 예상된다. 이 회사들은 높은 거래 수수료가 포함된 일반적인 비즈니스 모델 대신 거래 수수료를 낮게 청구함으로써 수익을 얻는 것이 보통이기에 초기에는 적자인 경우가 많지만, 사용자 저변이 확대될수록 수익성이 높아질 것으로 기대된다.

　과거에는 은행이 경쟁사의 혁신을 모방했다. 하지만 이제 경쟁 업체가 은행가가 아닌 기술 기업이기 때문에 이러한 혁신을 모방하기가 어려워지고 있다. 이러한 점 때문에 세계적인 투자은행 골드만삭스가 '자사는 더 이상 금융사가 아닌 IT 회사'라고 선언하고 핀테크 기업을 인수하며 새로운 서비스 개발에 박차를 가하는 것이기도 하다.

① 변화의 사례

　스타트업의 수가 증가하고 있으며 기존 소매 은행은 미래에 번창하기를 원한다면 자체 디지털 재창조를 구현할 수 있어야 한다. 소매 은행은 비즈니스 모델을 혁신할 수 있어야 한다. 스타트업처럼 빠르게 반응할 수 있어야 하고, 변화와 발전에 대한 두려움을 가지고 있는 은행 문화를 변화시켜야 한다. 이해 관계자는 변화가 빠르게 일어나야 한다는 점을 이해해야 하며 적응할 수 있어야 한다. 소매 은행도 외부에서 내부로 변경을 통해 서비스를 재창조해야 한다. 즉, 전통적인 비즈니스를 삼킬 수 있는 방식으로 혁신하여 고객의 우선순위와 요구를 충족시켜야 한다. 많은 은행들은 그들의 목표가 불분명하기 때문에 혁신과 관련하여 어려움을 겪고 있다. 일부 은행 경영진은 혁신과 관련하여 어떻게 또는 어디서 시작해야 하는지 알기 어려울 수 있다. 대부분 그들이 직면한 주요 장애물은 인재 관리, 거버넌스 및 자금 등이다. 우선적인 목표 설정을 한 후에 비즈니스 모델 정립을 통해 혁신의 목표를 분명히 하는 것이 필요하다.

새로운 뱅킹 서비스 모델

　은행은 기업과 개인에게 다양한 제품과 서비스를 제공하여 현재 서비스 모델을 계속 운영하도록 선택할 수 있다. 그러나 은행은 레거시 소프트웨어로 인해 일부 제공 업체와 경쟁하기가 어렵다는 것을 이미 인지했다. 더 나은 고객 서비스와 더 간단한 프로세스를 통해 더 낮은 가격으로 제품을 제공하는 것이 어려울 수 있다.

새로운 기술과 규정의 출현으로 은행 업계는 새로운 비즈니스 모델을 개발해야 한다. 많은 기업과 소비자는 지난 수십 년간 은행 업무에 거의 변화가 없었음을 알고 있다. 반면에 다른 산업에서는 급격한 변화가 있었다. 예를 들어, 이제 사람들이 에어비앤비나 우버를 사용하는 것이 일반적이다. 금융의 에어비앤비나 우버가 곧 등장하게 될 것이다.

비즈니스 모델 측면에서 일부 은행은 핀테크 회사 또는 기타 금융기관의 인프라 제공 업체가 될 수도 있다. 솔라리스(Solaris)와 뱅코프(Bancorp)가 이 비즈니스 모델을 사용하고 있으며 고객은 복잡하고 엄격하게 규제되는 특정 활동을 수행할 필요가 없다는 이점이 있다.

큰 은행들이 다수의 고객에게 컴플라이언스 비용을 분산시킬 수 있는 경우, 이 모델의 수익성이 높을 수 있다. 그러나 대부분 이들은 직접적으로 상품화될 가능성이 있는 서비스이기 때문에 큰 이익을 얻지 못할 것이다. 또한 규제 기관이 국가 간 운영비용을 높이기 때문에 현지 고객만 수용 가능하다는 단점도 있다.

일부 은행은 금융 서비스 유통 업체가 되기도 한다. 금융 상품과 서비스를 만들지 않고 다양한 파트너로부터 상품과 서비스를 얻어서 제공하는 대신 약간의 수수료를 받는 형태의 비즈니스 모델이다. 이 모델의 문제점은 고객의 트랜잭션 데이터 사용이다. 은행은 이 데이터에 액세스하지 않고 조언을 제공하기가 어렵다는 것을 알게 될 것이다. EU의 지급결제 서비스 지침2(PSD2, Revised Payment Service Directive)는 머지않아 제3자가 EU 은행의 거래 데이터에 액세스할 수 있게 해줄 것이다. 법(Regulation)이 아닌 지침(Directive)이기 때문에 EU의 각 국가별로 세부사항을 정의하는 법을 두게 되지만, 고객은 인터넷 플랫폼을 통해 상황에 맞는 데이터를 사용하여 관련성 있고 시기적절한 조언을 얻을 수 있다. 가격 비교를 제공하는 사이트도 있어서 고객이 가장 적합한 거래를 검색할 수 있다. 이 모델을 사용하면 은행은 고객의 재무 상태에 대한 이해를 바탕으로 고객에게 부가가치를 제공함으로써 의사결정을 위한 옵션을 제공할 수 있다. 특히 하나의 응용 프로그램 플랫폼으로 수백만 명의 고객에게 서비스를 제공할 수 있는 규모의 경제 실현이 가능한 경우, 은행에 매우 유리하다.

아마도 은행에 가장 이상적인 비즈니스 모델은 하이브리드 모델일 것이다. 수직으로 계열화된 은행은 우수한 고객 만족도를 제공하고 더 나은 서비스를 제공할 수 있다는 이점이 있지만, 제한된 금융 상품 및 서비스만 제공할 수 있다는 단점도 있다. 그러므로 협력업체가 다른 은행에서도 사용할 수 있도록 개방되는 것이 바람직하나. 이 유형의 모델을 사용하면 프로세스가 간단하고 더 빠르게 상품 및 서비스를 제공할 수 있다. 은행이 가지고 있는 경쟁 우위에는 대규모 고객 기반, 신뢰, 강력한 실행 기능, 대규모 데이터 세트, 대량의 자본 및 예금을 통한 저렴한 자금에 대한 접근성이 포함된다. 그러나 유통 모델로 전환하기로 결정한 은행은 이러한 모든 이점을 잃을 수 있으므로, 기존 은행들의 최선의 선택은 개방적이지만 수직적으로 통합된 하이브리드 모델이 될 것이다.

뱅킹 서비스 및 Open API

서비스 및 API(Application Programming Interface)를 이용한 금융이 최근 화제가 되고 있다. API는 개발자가 응용 프로그램을 만드는 데 사용할 수 있는 함수의 모음으로 볼 수 있다. 개발자는 협력업체와 작업할 때, 인터페이스를 처음부터 개발하는 대신 이러한 API를 활용할 수 있다. 파트너의 문서에서 제공되는 문법(syntax)를 통해 이러한 코드의 사용을 요청하고, 액세스 권한이 있으면 API를 통해 파트너의 플랫폼과 상호작용할 수 있다. 과거에는 은행이 시스템을 구축하는 데 오랜 시간이 걸렸지만 요즘은 API를 이용하는 식으로 접근 방식이 바뀌고 있다. 새로운 금융 서비스 스타트업들은 다른 회사와 협력하여 그들의 솔루션을 신속하고 저렴한 비용으로 구축하려고 한다.

예를 들어, 전자 상거래 플랫폼을 판매하고 여러 국가의 통화를 사용하여 저렴한 결제 시스템을 제공하려는 경우 스트라이프(Stripe)와 같은 공급자의 API를 사용하기로 결정할 수 있다. 이것은 코딩은 물론 파트너십을 맺는 번거로움을 덜어줄 것이다. 뮬소프트(Mulesoft)와 같은 회사의 상용 커넥터를 사용하기로 결정한 경우는 더욱 편리할 것이다. API를 사용하면 복잡한 코드를 만들거나 개발자를 자신의 프로젝트에 참여시키지 않고도, 고객이 웹 페이지와 모바일 앱을 보는 방식을 완전히 제어할 수 있다.

① API 제공의 이점

API를 제공하는 핀테크 서비스를 통해 개방적인 협업이 가능하다. 다른 서비스가 연결되고 확장되면 더 큰 서비스를 만들어 낼 수 있다. 애플과 안드로이드의 앱 스토어가 인기가 높아진 이유는 개발자들이 자유롭게 앱을 만들 수 있는 생태계가 조성되었기 때문이기도 하다.

심박 센서가 있는 블루투스 웨어러블 기기를 개발하는 작은 회사를 가정해 보면, 몇 달 동안 코딩을 하여 몇 개의 신용카드 제공 업체를 통합하여 손목 밴드로 지불하는 서비스를 개발할 수 있지만 시간과 돈이 많이 소요될 것이다. 그러나 모든 사람이 손목 밴드에 연결할 수 있도록 API를 만들면, 버스나 지하철 요금을 지불하고, 사무실에서 사원증으로 사용하며, 은행에 전화할 때 자신을 인증하는 데 사용하는 여러 가지 서비스들이 개발되어 활용될 수 있게 된다.

빠른 서비스 개발을 원하는 도전적인 은행도 API를 사용할 수 있다. 예를 들어, 피도르(Fidor)는 API 서비스를 기반으로 하는 대신 브랜딩을 수반하지 않는 솔루션인 피도르 운영체제(FidorOS)라는 훌륭한 제품을 개발했다. 고객은 자체 코어 뱅킹 시스템을 사용하거나 피도르의 코어 뱅킹 모듈을 사용하여 서비스를 설계할 수 있다. 이 회사는 분석, 평가, 아이덴티티 서비스, 로열티, 커뮤니티 및 타사 관리와 같은 광범위한 활동을 처리하는 API도 제공하고 있다.

② 전통적인 은행이 API를 사용하는 방법

API는 은행과 핀테크 파트너 모두가 사용할 수 있다. 예를 들어, 은행이 은행의 모바일 앱과 페이팔을 연결하려는 경우 고객은 페이팔 API를 통해 페이팔에서 사용 가능한 자금 및 최근 거래의 세부 내역을 볼 수 있다. 페이팔 앱에서 은행이 만든 API를 통해 페이팔 사용자는 사용 가능한 은행 잔고를 볼 수 있다. 따라서 결제하기 전에 고객은 사용 가능한 잔액을 기준으로 사용할 계정 또는 카드를 알고 있어야 한다. 한 걸음 더 나아가려면 슈퍼카드(Supercard) 같은 다른 은행의 여러 카드를 저장할 수 있는 카드를 제공하는 회사는 은행과 페이팔의 API를 통합하여 고객이 슈퍼카드를 사용할 때 거래에 대한 지불 방법을 지시하는 규칙 세트를 설정할 수도 있다.

기존 은행은 2가지 딜레마를 가지고 있다. 기존 코어 뱅킹 시스템을 업그레이드하려는 수요가 있는 반면, 다른 한편으로는 얼마나 많은 API를 열어야 하는가에 대한 결정도 내려야 한다. 코어 뱅킹 시스템은 수십 년에 걸쳐 구축되었으며 매우 복잡하다. 만약 그들이 오늘날 만들어졌다면, 개발을 위해 완전히 다른 프레임워크가 선택되었을 것이다. 이러한 시스템의 업그레이드 및 유지 관리는 비용이 많이 들고 시스템을 변경할 때마다 많은 테스트가 필요하다. 심지어 일부 은행은 이러한 시스템 자체가 경쟁 우위라고 생각한다. 일정 분야 및 이슈에 대해서는 틀린 말은 아니다. 문제는 세상이 바뀌었고, 현재보다 더 나은 시스템을 구축할 준비가 되어 있으며, 미래에 대비할 수 있는 유연한 기업들이 있다는 점이다. 이에 대한 좋은 예는 VaultOS라는 운영 체제를 들 수 있다. 전직 구글 직원이 구축하여 영구적인 온라인 데이터베이스에 모든 거래를 기록하는 블록체인 기술을 사용하여 거래 원장을 작성하고 유지한다.

은행은 개방을 꺼려했으며 새로운 규정이 도입되면서부터 개방되기 시작했다. 영국 은행의 경우, 2018년부터는 등록된 협력업체에게도 고객의 거래에 대한 정보와 고객을 대신하여 지불을 수행할 수 있는 권한을 의무적으로 주어야 한다. 그들이 가진 가장 큰 두려움은 은행 자체가 상품화될 수 있다는 것이다. 모든 은행을 연결하는 협력업체는 가장 높은 이자율과 수수료를 확인하고 현행 계정을 조회하며, 저축 및 대출 거래를 제안할 수 있다. 협력업체는 훌륭한 사용자 경험을 갖춘 앱을 만들고 고객이 전통적인 은행에 연락할 필요도 없게 할 수 있다. 이 경우 은행은 고객과의 접점을 잃어버려서 궁극적으로는 수익 창출의 기회를 잃게 될 것이다. 그래서 국내 모든 은행들이 오픈뱅킹 TF 및 대응반을 운영하고 있지만, 결국 금융 소비자의 권리 측면에서 은행은 코어 뱅킹 시스템을 업그레이드하고 협력업체에게 개방하게 될 것이다.

네오뱅크, 챌린저뱅크, 아이뱅크

핀테크 커뮤니티에서는 새로운 형태의 은행을 설명하기 위해 다른 용어가 사용된다. 적절한 번역이 어려운 이 용어들과 관련하여 각 은행이 하는 일에 대한 공식적인 정의는 없지만 아래에 몇 가지 범주를 정리해본다.

① 네오뱅크

네오뱅크(Neo-Bank)는 실제로 은행 라이센스를 보유하지 않고 기존 은행의 업그레이드 및 업데이트 버전을 제공하는 회사이다. 물리적 지점 대신 웹 사이트 및 모바일 응용 프로그램을 사용하여 고객에게 은행 서비스를 제공한다. 네오뱅크는 계좌 및 거래, 자산관리, 크레딧, 예금, 투자 등과 같은 전통적인 뱅킹 서비스를 제공한다. 일부 네오뱅크는 크라우드펀딩, P2P 대출, 암호 화폐 및 로봇 금융 컨설턴트도 제공한다. 네오뱅크는 비용을 최소화하고 서비스 속도를 높이는 것을 목표로 한다. 핵심 요소는 은행 라이센스가 없기 때문에 서비스를 제공하기 위해 파트너 은행과 협력해야 한다는 것이다. 이는 모바일 산업의 MVNO(Mobile Virtual Network Operator)와 비교할 수 있다. 그들은 큰 공급자의 네트워크 중 하나를 사용하면서 고객에게 다른 경험을 제공허고 있다.

금융 기술에 대한 글로벌 투자가 증가함에 따라 네오뱅크는 미국과 유럽에서 많은 가능성을 보여주고 있다. 인기있는 네오뱅크에는 모벤(Moven), 심플(Simple) 및 고뱅크(GoBank)가 있다. 모벤은 미국의 CBW 은행과 협력하여 직접 소비자 상품을 제공한다. 앱, 직불카드 및 비접촉식 결제 스티커가 포함된 번들 서비스를 제공한다. 반면 심플은 추가 요금 없이 ATM STAR 네트워크의 이용과 당좌예금계좌를 제공하고, 고뱅크는 저렴한 수수료를 원하는 고객에게 당좌예금계좌를 제공한다.

네오 뱅킹 모델은 다른 은행의 인프라와 라이센스에 의존하기 때문에 몇 가지 문제가 있다. 실제로 미국의 고뱅크는 규제로 인해 모바일 기기를 통해 계정을 개설하는 것을 중단했다. 고객은 상점에서 가입 키트를 구매하여 계정을 개설해야 했다. 또 다른 네오 은행인 심플은 지불 일정 및 서비스 지연 문제가 있었고 모벤은 더 많은 고객을 유치하기 위해 국제적으로 확장해야 했다.

최근 대형 은행들은 새로운 형태의 은행에 관심을 보인다. 스페인의 빌바오 비스카야 아르헨타리아 은행(BBVA, Banco Bilbao Vizcaya Argentaria)은 심플을 인수했고, 소매 은행인 아톰 뱅크(Atom Bank)에도 투자했다. 이러한 인수를 통해 BBVA는 혁신 문화를 조성하고 내부 자원을 조정하며 다양한 지역에 고객 기반을 구축할 수 있었다.

미국 컨설팅업체인 액센추어는 보고서를 통해, 네오뱅크가 기존 은행 점유율의 상당 부분을 빼앗을 것으로 전망한 바 있다.

일반 은행이 인터넷 뱅킹을 통해 개선된 사용자 경험을 일찍 선보였기 때문에, 네오뱅크의 도입은 국내에서 조금 늦었다고 볼 수 있다. 국내의 경우는 카카오뱅크, K뱅크 등이 여기에 해당된다고 볼 수 있으나, 인터넷전문은행 설립 및 운영에 관한 특례법이라는 일종의 은행업법 형태의 울타리 안에서 운영되는 경우라 해외의 네오뱅크와는 조금 기반이 다르다고 보는 것이 적절하다.

② 챌린저뱅크

최근에 새로운 종류의 은행이 등장했으며 일부는 이것을 은행의 진화라고 불렀다. 기내 서비스가 없는 저비용 항공사처럼 저렴한 비용으로 은행 업무를 제공할 수 있다. 챌린저뱅크(Challenger Bank)는 비즈니스를 위해 큰 은행과 경쟁하는 새로운 은행이다. 더 나은 거래와 우수한 서비스를 제공할 가능성이 있다. 접수창구를 통해 고객의 돈을 받기 위해 다른 은행들과 협력하는 챌린저뱅크들이 있지만, 기본적으로 물리적 지점이 아닌 온라인 및 모바일 뱅킹을 제공한다. 챌린저뱅크는 기존 은행만큼 크지는 않지만 일반적으로 동일한 규정과 법을 준수해야 한다.

2009년 금융 위기 이후 영국 은행은 자본 요구 사항을 낮추어 새로운 은행의 설립을 장려했다. 챌린저뱅크는 모바일 전용인 것 이외에도 다른 공통된 특성을 가지고 있다. 그들의 앱은 고객 행동의 변화를 반영하여 다른 사용자 경험을 제공한다.

챌린저 은행은 소비자의 삶에 더 깊이 파고듦으로써 일상적인 뱅킹 경험을 제공한다. 그들은 금전적 송금 및 거래만을 제공하지 않고, 기존의 전통적인 뱅킹이 제공하기 어려운 일종의 컨시어지를 제공함으로써, 사용자의 행동 맥락에서 의미 있는 경험을 제공한다. 챌린저뱅크는 API 계층에 중점을 두어 전략적 협업을 통해 제품과 서비스를 확장할 수 있는 민첩성과 유연성이 장점이다.

챌린저뱅크에는 다양한 전문 분야가 있는데, 앨더모어(Aldermore)와 쇼브룩 은행(Shawbrook Bank)은 중소기업 및 개인에게 서비스를 제공하는 반면, 클라이즈데일(Clydesdale)과 메트로 은행(Metro Bank)은 신용카드, 계좌 및 기타 전통적인 은행 서비스도 제공하고 보다 지역에 특화하였다.

이 은행들 대부분은 사모 펀드의 지원을 받는다. 예를 들어, 사모 펀드 회사인 JC 플라워(JC Flowers & Co. LLC)는 2011년에 OneSavings Bank에 자본을 제공했고, 영국 PE회사인 아나캡 파이낸셜 파트너스(AnaCap Financial Partners)는 앨더모어에 투자했으며, 폴렌 스트리트 캐피털(Pollen Street Capital)은 쇼브룩 은행에 투자했다. 일부 챌린저뱅크는 수익성도 매우 높다. 그러나 2008년 금융 위기 이후에 출범된 경우가 대부분이어서, 지금까지는 양적 완화라는 우호적인 통화 정책과 함께 꾸준한 성장을 경험했다. 적대적인 환경에서는 테스트되지 않은 상태이므로, 챌린저뱅크는 금리 인상 및 통화 정책 강화의 효과에 대비해야 한다.

③ 아이뱅크

어떤 사람들은 아이뱅크(Ibank)를 또 다른 신흥 은행 카테고리로 인용한다. 그들은 다른 방식으로 수익 창출 기회를 보기 때문이다. 수수료와 이자를 통해 수익을 올리는 것이 아니라, 수익 창출 데이터를 통해 수익을 얻으려고 한다. 예를 들어, 틈새 은행인 루트(Loot)는 학생들을 타게팅하여 광고 및 교차 판매와 같은 비전통적인 수입원으로부터 이익을 얻는 것을 목표로 한다. 또 다른 예는 세코뱅크(SeccoBank)이다. 자회사인 세코오라(SeccoAura)는 개인 데이터로 수익을 창출할 수 있는 다른 방법을 찾고 있는데, 사람들이 세코오라 회원들이 선호하는 아이템을 구매할 때 소셜 네트워크에 추천하여 토큰을 얻을 수 있다.

전망

새로운 뱅킹을 제공하는 업체는 피도르(Fidor), 로켓뱅크(Rocketbank), 넘버26(Number26), 루트 은행(Loot Bank), 몬조(Monzo), 아톰(Atom), 탠덤(Tandem), 스탈링 은행(Starling Bank), 모네스(Monese) 등이 대표적이다. 대부분 국가에서 더 많은 경쟁의 여지가 있으며 새로운 참가자 중 일부는 결국 수익성이 높아질 것이다. 특정 틈새시장을 시작한 챌린저뱅크는 고객당 가치를 높이기 위해 다른 상품을 신속하게 제공할 것이다. 또한 전통적인 은행 중 일부는 지속적으로 현대화하고 변화해야 하는 새로운 환경에 충분히 적응하지 못할 가능성이 크다. 따라서 이들 중 일부는 사라지거나 서비스 모델을 완전히 바꿔야 할 수도 있을 것이다.

지불 및 송금

핀테크 분야는 지불 분야에 가장 먼저 진입했다. 소비자는 모바일 앱,

P2P 결제 및 암호 화폐를 송금하는 데 혁신적인 방법을 최대한 활용할 수 있다. 이주 노동자가 자금 이체나 송금을 통해 가족에게 돈을 보내는 방법이 좋은 예이다. 월드 뱅크 그룹(World Bank Group)에 따르면 2018년 저소득/중소득 국가로의 전 세계 송금액은 총 5,290억 달러이며 이 수치는 꾸준히 증가하고 있다. 당연히 핀테크 분야에서 이는 큰 기회이다. 모바일 자금 이체는 개도국에서 인기가 높다. 시민들은 특정 자금 이체 운영 업체나 지점으로 가는 대신 문자 메시지를 보내는 것이 더 쉽다는 것을 알기 때문이다. P2P 송금을 통해 사용자는 중앙 기관이 제어하지 않는 네트워크를 통해 돈을 주고받을 수 있다. 각 거래는 한 사람이 통화를 판매하고 다른 사람이 통화를 구매하는 온라인 시장에서 발생한다. 암호 화폐는 송금을 보내고 받는 또 다른 혁신적인 방법이다. 비싸지 않으며 발신자와 수신자는 익명성을 유지한다. 그러나 사용자는 거래를 시작하기 전에 디지털 지갑을 가지고 있어야 한다. 다른 흥미로운 지불 트렌드는 소셜 미디어와 나노페이먼트이다. 소셜 미디어를 통해 사용자는 P2P 연결을 통해 돈을 주고받을 수 있지만 현재 해당국 내의 결제만 가능하다. 나노페이먼트는 적은 비용으로 온라인 콘텐츠로 수익을 창출하는 데 사용된다.

전통적인 송금

비효율성이 어디에 있는지 알기 위해서는, 우선 전통적인 송금이 어떻게 이루어지는지 확인하는 것이 유용하다. 일반적인 트랜잭션은 세 단계로 수행된다. 먼저 고객은 인터넷, 전화 또는 이메일을 통해 송금 에이전트를 통해 송금한다. 이 송금 에이전트는 운영팀에 송금을 수령인의 국가로 보내도록 지시하고 수취인은 현지의 지불 에이전트로부터 자금을 받는다. 일반적으로 송금 에이전트와 지불 에이전트 간의 결제는 실시간으로 수행되지 않는다. 에이전트는 송금 거래를 정기적으로 상업 은행을 통해 정산한다.

송금 에이전트는 송금 거래에 대한 수수료를 청구하고, 송금인은 수취인의 현지 통화로 송금 지불하기 위해 환전 수수료도 지불한다. 소액 송금 사업자는 또한 환율의 예기치 않은 움직임을 커버하기 위해 송금을 받는 수취인에게 수수료를 요구한다. 이 과정에서 송금 에이전트는 자금을 수취인에게 전달하기 전에 하룻밤 동안 운용 이자 수익도 얻는다.

① 전통적인 송금 방법

송금하는 전통적인 방법에는 크게 3가지가 있다. 우편환(Money Order), 수표 및 어음이 그것이다. 국제적으로 송금을 보내는 가장 전통적이고 안전한 일반적인 방법은 여전히 우편환, 수표 및 어음을 사용하는 것이다. 국제 우편환은 가장 안전하고 편리한 방법이다. 수취인은 다양한 위치에서 현금으로 바꾸거나 은행계좌에 직접 입금할 수 있다.

전신 송금에는 SWIFT(World Society for Worldwide Interbank Financial Telecommunication) 메시지를 통해 돈을 처리하기로 동의한 금융기관이 필요하다. 송금 거래는 두 금융기관 간에 이루어지므로 송금인과 수취인 모두 수수료를 지불해야 할 수 있다. 돈은 MTO(Money Transfer Operator)를 통해 한 은행계좌에서 다른 계좌로 이동한다. MTO는 송금인으로부터 정보를 수집한 후 수취 금융기관으로 전신 송금 메시지를 트리거한다. 송금 절차가 성공적으로 이루어지려면, 송금인이 수취인의 이름, 주소, 계좌 번호 및 은행 정보를 제공해야 한다. 은행 간 거래 외에도 전신 송금은 머니그램(MoneyGram) 또는 웨스턴 유니언(Western Union)에서 일반적으로 제공하는 현금 송금을 통해 이루어질 수도 있다. 이 방법을 사용하면 송금 회사는 은행 송금 프로세스에 자체 자금을 사용한다. 개인은 회사 지사 중 한 곳으로 가서 회사 대표에게 다른 사람에게 보내려는 현금을 제공한다. 은행 송금 수수료는 송금 서비스에 따라 다르다. 빠른 서비스를 위해 송금 회사는 일반적으로 더 높은 수수료를 청구한다.

돈을 송금하는 또 다른 방법은 금융기관의 거래를 일괄 처리하는 네트워크인 ACH(Automated Clearing House)를 이용하는 것이다. 이것은 지불을 받고 청산하며 이를 금융기관에 알리는 중개자이다. 은행은 전 세계 어디로든지 송금을 원하는 고객에게 ACH 송금을 제공한다. 일반 전신 송금과 달리 ACH 송금은 다양한 금융기관으로 구성된 금융 허브인 자체 네트워크를 이용한다. NACHA(National Automated Clearing House Association)의 경우 미국의 모든 금융기관에 대한 ACH 송금을 관리한다. SEPA(Single Euro Payments Area)는 유럽에서 NACHA에 대응되는 기관이다.

ACH 송금에서 송금인은 네트워크를 통해 직접 지불한다. 은행은 은행 업무일 내에 주기적으로 다른 거래와 함께 묶어서 보낸다. 그런 다음 ACH 운영자는 거래 묶음을 정렬하고 이를 수취 금융기관에 보낸 다음, 수취 은행은 송금인이 송금한 금액을 받는다. ACH 송금은 전신 송금보다 시간이 오래 걸리지만 비용이 저렴하다.

② 온라인 송금

온라인 송금은 인터넷을 통해 수행되는 송금이며 송금인은 송금 사업자나 은행을 방문할 필요가 없다. 현재 대부분의 송금 사업자와 은행은 온라인 자금 이체 서비스를 허용한다.

이러한 유형의 자금 이제는 안전하고 편리하며 빠르다. 많은 은행 고객들은 은행계좌에 온라인으로 액세스할 수 있으며, 수취인이 은행계좌를 가지고 있는 한 전 세계 누구에게나 쉽게 송금할 수 있다. 송금의 백엔드 프로세스는 ACH 송금 또는 전신 송금일 수 있다.

반면 온라인 송금 회사는 사용자가 자신의 계정을 만들 수 있는 웹사이트를 가지고 있다. 사용자는 자금 이체를 시작하기 위해 직불카드, 신용카드 또는 은행계좌를 회사에 제공해야 한다. 또한 수취인 역시 은행계좌 정보를 제공해야 한다. 줌(Xoom) 같은 회사는 사용자의 은행계좌에서 수수료를 징수한다.

페이팔은 이메일 주소를 고유한 ID로 사용하여 송금 프로세스를 혁신했다. 페이팔 사용자는 신용카드 또는 은행계좌에서 자신의 페이팔 계정으로 지불하여 송금할 수 있다. 돈이 페이팔 네트워크에 들어오면 페이팔 사용자 간 거래는 즉시 발생한다. 그러나 수취인은 페이팔 계정에서 은행계좌 또는 페이팔 신용카드로 돈을 인출해야 한다.

송금 시장 규모와 동향

2015년 송금액은 6,460억 달러에 달했다. 세계 은행(World Bank)에 따르면 송금은 개발도상국에 제공되는 공식 개발 지원금보다 약 300%가량 많고 민간 자본 흐름보다 안정적이다. 또한 송금은 이러한 국가에 대한 포트폴리오 자본 및 민간 자본 유입 이상의 가치가 있다. 이미 10여 개 이상의 개발도상국에서 송금 규모는 국가의 외환 보유고보다 크며, 20여 개 이상의 개발도상국 준비금의 50% 이상의 규모가 되었다.

소비자 수요로 인해 전 세계적으로 스타트업이 등장하고 있다. 이러한 스타트업들이 시장 점유율을 흡수할 수 있는 큰 기회가 있기 때문에 은행들이 곧 어려운 시기에 직면할 수 있다. P2P 지불은 클라우드 기술을 사용하여 수분 이내에 의도한 수취자에게 돈을 보낼 수 있다. 핀테크 기술이 발전함에 따라, 송금을 보내고 받는 프로세스에 보다 효율적이고 안전하며 긍정적인 영향을 줄 것으로 기대된다.

첫 번째 주목할 만한 트렌드는 인프라 확장과 관련이 있다. ACH 및 카드 지불 체계에는 절차, 정책 및 표준이 이미 확립되어 있으므로 기회가 된다면 당연히 여기에 투자하는 것이 합리적이다.

두 번째 트렌드는 결제 수단과 현재 인프라를 결합하는 것과 관련이 있다. 대부분의 국가에는 기존의 결제 시스템이 있다. 혁신적인 제품 및 서비스와 함께 기존의 인프라를 사용하면 프로세스를 완전히 다시 정립하는 것보다 비용이 적게 든다. 송금 국가와 수령 국가의 일부 금융기관은 이주 노동자 가족이 ATM에서 송금을 인출하거나 지불에 사용할 수 있는 카드 기반 제품을 만들었다. 카드 인프라의 사용은 현금보다 저렴하고 안전하며 효율적이다. 그러나 일부 규제기관에서는 두 가지 이상의 사용 목적을 가지는 카드를 허용하지 않는 경우도 있다.

세 번째 트렌드는 국내 및 국제 결제 메커니즘을 결합하는 것이다. 일부 국가에서는 시민이 현금 대신 전자 지불을 선호하는 경향이 있다. 일부는 이 유형의 지불을 사용하여 다른 사람에게 자금을 이체하기도 한다. 비은행 및 은행은 해당 국가의 규제 기관과의 계약에 따라 전자 화폐를 발행한다. 결제 서비스 공급자 및 국제 송금 사업자는 기존 전자 지불 구조를 사용하여 해당 국가의 특정 수신자에게 자금을 보낼 수 있다.

네 번째 트렌드는 현재 결제 인프라를 최대한 활용하는 새로운 플레이어가 생기고 있다는 것이다. 새로운 회사들이 송금 시장에 진입하기 시작했으며 기존 네트워크의 잠재력을 높이고 국제적인 네트워크를 형성하고 있다. 이들 회사 중 일부는 금융기관이 소비자 기반의 소유권을 유지할 수 있도록 국경 간 서비스를 제공하며, 효율적이고 투명한 해외 결제 상품을 제공한다. 그들은 국내 및 국제 송금을 허용히는 허브를 만들었다. 페이팔과 같은 온라인 송금 서비스 사업자는 송금인이 은행계좌, 신용카드 또는 직불카드를 사용하여 결제할 수 있는 다양한 옵션을 제공한다.

다섯 번째 트렌드는 송금 서비스를 제공하는 비송금회사에 관한 것이다.

소매점과 수입 유통 업체도 송금 회사가 될 수 있다. 일부 온라인 회사는 현재의 결제 인프라를 통해 고객에게 송금 서비스를 제공하기도 한다. 예를 들어, 온라인 환전 정보를 제공하는 비즈니스도 송금 서비스를 제공할 수 있다. 고객이 은행계좌에서 인출하고 수취인의 은행계좌로 입금할 수 있도록 온라인상으로 요청할 수 있다.

혁신적인 송금 방법

① 모바일 송금

이제는 대부분 휴대폰을 사용하여 송금하는 것을 지원한다. 스마트폰을 이용하면 농촌 지역에서도 다양한 온라인 서비스와 앱을 사용할 수 있다. 일부 국가에서는 문자 메시지를 통해 송금할 수도 있다. 대규모 은행 및 송금 운영 업체는 고객에게 더 쉽게 송금할 수 있도록 모바일 앱을 고객에게 제공한다. 국제적으로도 모바일 앱은 편리하고 안전하며 빠른 송금 수단이 되었다. 2015년에는 모바일 기술을 사용한 국제 송금이 전년 대비 52%나 증가했다. 같은 해에 미국 이민자들은 해외 가족들에게 약 6,000억 달러를 보냈으며, 그 규모는 매년 증가하는 추세이다.

② 암호 화폐 거래

디지털 통화로서 비트코인과 같은 암호 화폐 거래는 은행을 거칠 필요가 없다. 그들은 높은 수수료 부담이 없으며 거래 당사자도 익명으로 유지된다. 디지털 통화 또는 암호 화폐는 사용자의 컴퓨터나 클라우드에 저장할 수 있지만, 이 방법의 한 가지 문제점은 환율 변동의 위험이 있으며, 거래소 등에 대한 해킹이나 사기와 같은 문제의 경우 은행이 제공하는 보호 기능이 부족할 수 있다는 것이다. 이러한 디지털 및 암호 화폐 통화가 성숙함에 따라 이러한 문제에 대한 보험도 등장하고 있다.

이러한 송금의 주요 모델은 순수 암호 화폐 간 송금 모델, 암호 화폐에서 법정 화폐로의 송금 모델 및 법정 화폐 간 송금 모델이다. 순수한 암호 화폐 간 모델에서 암호 화폐는 사람 간에 직접 전송된다. 암호화 화폐에서 법정 화폐로의 송금 모델에서는 암호 화폐 사업자가 법정 화폐로의 변환을 하게 된다. 이 경우 송금하는 국가에서 암호화 화폐에 대한 접근이 쉽다는 것을 가정한다. 이것은 일반적으로 선진국의 경우이며, 성공 가능성이 가장 높은 모델이다. 세 번째 모델에서는 송금인과 수취인 모두 물리적인 법정 통화를 사용하지만 송금 사업자는 전송을 위해 암호 화폐를 사용한다.

③ P2P 지불

전통적인 외환 거래에서 금융사는 온라인상에서 개인으로부터 특정 통화를 판매하거나 구매하여 그로부터 돈을 벌 수 있다. 반면 P2P 거래에서 개인은 시장에서 다른 개인과 통화를 직접 거래하는 대신, 플랫폼에 일정한 수수료를 지불한다. P2P 송금 회사는 거의 완벽에 가까운 투명성을 제공한다. 고객은 P2P 송금 회사의 플랫폼을 이용함으로써, 전통적인 외환 거래와 비교하여 낮은 환율과 적은 고정 수수료 혜택을 받는다. 쉽게 플랫폼에 등록하고, 사용자는 얼마든지 돈을 보낼 수 있다. 이러한 온라인 플랫폼은 안전하고 사용하기 쉽지만, P2P 지불에도 단점이 있다. 첫째, 이들은 비교적 최근의 신생 서비스이기 때문에 고객이 불안할 수 있다. 둘째, 일부 P2P 환전 회사는 사용자가 요율을 고정하지 않는 한 가격 변동을 허용한다. 전통적인 환전소는 계약일에 가격을 고정시킨다. 셋째, 일부 P2P 회사는 여전히 송금 수수료를 청구하는 경우도 있다.

주요 송금 및 지불 핀테크 업체로는 트랜스퍼 와이즈(TransferWise), 벤모(Venmo), 줌(Xoom), 월드레밋(WorldRemit), 아지모(Azimo), 커런

시 클라우드(Currency Cloud), 레미틀리(Remitly), 리플(Ripple), 머니그램(MoneyGram) 등이 있다.

소셜 미디어 기반 송금

소셜 미디어는 친구들과 연결하고 이야기와 사진을 공유할 수 있는 좋은 방법이다. 금융 기술의 도래와 함께 이제 전 세계 사람들에게 돈을 보낼 수도 있다. 송금 핀테크 회사는 소셜 미디어를 활용하여 전 세계에 보다 저렴하고 빠르게 송금할 수 있다. 일반적으로 위챗(WeChat), 트위터 및 페이스북과 같은 소셜 네트워킹 사이트를 통해 송금을 보내는 데 사용할 수 있는 앱이 있다. 현재 페이스북은 메신저 앱을 통해 P2P 결제에 대한 요금을 청구하지 않는다. 반면, 인기 있는 중국 소셜 미디어 사이트인 위챗은 송금에 대해 0.1%의 수수료를 청구한다. 페이스북과 위챗은 같은 국가 내의 사용자 간 결제를 허용하지만, 트랜스퍼와이즈는 국제 지불을 할 수 있도록 페이스북에 챗봇을 도입했다. 대부분의 경우, 핀테크 회사도 거래에 대한 수수료를 청구하며, 수취인은 현금 수령 지점에서 돈을 받거나 은행계좌로 송금할 수 있다. 소셜 미디어 기반 주요 송금 핀테크 업체로는 왓츠앱(WhatsApp), 페이스북, 스냅챗(SnapChat), 위챗, 바이버(Viber) 등이 있다.

나노페이먼트

영화 및 음악 산업의 경우 사람들이 무료로 얻을 수 있는 수익을 창출하는 것이 어려웠다. 페이스북 및 기타 소셜 미디어 사이트용으로 제작된 앱에도 동일한 문제가 있었다. 오늘날, 사람들이 이러한 서비스에 대해 소액을 지불할 수 있는 수단이 있다.

애플의 앱스토어에서 다운로드할 수 있는 다양한 앱에 대해 앱 구입자들은 $0.99~$4.99를 기꺼이 지불했고, 이렇게 소액의 돈을 지불하는 사람들로 인해 앱스토어가 성공했다. 소셜 네트워크는 이러한 성공을 재현하기를 원하므로, 안정적이고 사용하기 쉬운 결제 시스템이 필요하다.

대부분의 미성년 사용자는 신용카드에 액세스할 수 없다. 그래서 중국에서는 어린이가 편의점 같은 소매점에서 "QQ 코인"을 구매하거나 전화 요금으로 청구함으로써 텐센트(Tencent) 계정에 돈을 추가하게 했다.

예측

앞으로 지구촌 내에서 송금은 지속적으로 증가할 것이다. 또한 핀테크 업계는 이민자들이 돈을 집으로 보내는 저렴한 방법을 더 많이 찾아낼 것이며, 이러한 서비스에 대한 신뢰 수준도 따라서 높아질 것이다. 개발도상국, 특히 아프리카와 아시아에서 더 많은 사람들이 스마트폰을 이용할 수 있기 때문에 모바일 지갑도 이러한 거래를 수행하는 데 중요한 도구가 될 것이다.

🔩 디지털 대출 혁신

자금 대출의 혁신을 살펴보면, 전당포부터 시작하여 즉각적인 대출 승인을 제공하는 인터넷 전용 은행으로 어떻게 진화해갔는지 볼 수 있다. 디지털 대출에 대한 아이디어는 수년 동안 존재해 왔지만 이제는 진정한 변화를 가능하게 하는 혁신이 일어나고 있다. 디지털 소비자 대출, 학생 대출, 소기업 대출 및 모기지 모두 전례 없는 성장을 보이며 최근 몇 년간 급격하게 변화했다.

그중에서 가장 큰 변화는 P2P 대출 도입일 것이다. 지난 10여 년 동안 이 분야에 상당한 자금이 투입되었으며, 이들 회사의 비즈니스 모델이 여전히 변동하고 있지만, 이러한 유형의 대출은 단순한 유행 이상의 것으로 보인다. 신용 점수 및 대출 자격을 알리기 위해 고급 분석을 사용하는 것 또한 중요한 혁신이다. 이제 이러한 기술들이 대출 요청에 어떻게 적용되는지 다룬다.

대출의 역사

시간을 거슬러 가보면 자금 대출을 최초로 시작한 것은 다름 아닌 전당포다. 그들은 대출 위험을 최소화하기 위해 담보로 물품을 요청했다. 세상에서 최초로 안전한 대출을 확보한 것이다. 중세에는 그리스도인들은 이자를 받으며 돈을 빌려주는 것이 금지되었다. 그러나 비유대인들은 유대인들로부터 이자를 지불하고 돈을 빌릴 수 있었다. 돈을 빌려주는 사람들은 "banca"로 알려진 벤치에 앉아서 돈을 빌려주었다. 이는 후에 "bank"의 어원이 되었고, 그가 대출을 중지할 때 앉아 있는 "banca"를 내리치는데, 이를 "banca rupta"라고 하며, 이는 후에 "bankrupt"의 어원이 되었다고 한다.

18세기에 마이어 암셀 로스차일드(Mayer Amschel Rothschild)는 국제 은행을 발명했다. 그의 다섯 아들들은 5곳의 유럽 도시에서 은행 네트워크를 운영했다. 18세기 후반에 건축 조합 모임이 영국 버밍엄의 선술집과 커피 하우스에 등장하기 시작했다. 1775년에 부동산 소유주들이 세계 최초의 건축 협회인 Ketley's Building Society를 설립하여 회원 가입비로 회원을 위한 주택 건설에 자금을 지원했다. 1800년대 초에 설립된 필라델피아 저축 기금 협회(Philadelphia Savings Fund Society)는 일반 미국인을 위한 저축 및 대출 수단을 제공했다. 1932년 미국 의회에 의한 연방 주택

융자 은행 시스템의 설립은 은행 및 기타 금융기관의 주택 담보 대출을 위한 길을 열었다.

1950년, 사업가 프랭크 맥나마라(Frank McNamara)는 신용카드를 발명했으며 식당 청구서를 지불하기 위해 다이너스 클럽(Diners Club) 카드를 사용한 최초의 사람이었다. 1958년 뱅크 아메리카(Bank America)는 BankAmericard를 출시하였고 이는 이후 Visa가 되었다. 바클리카드(Barclaycard)는 1966년에 출시된 영국 최초의 신용카드였다. 1973년 Visa는 신용카드 시스템의 전산화를 통해 거래 시간을 단축했다. 컴퓨터화 이전에는 신용카드 발급사, 은행 및 소매 업체 간의 지불이 수동적이고 매우 느렸다. 신용 잔고와 도난당한 신용카드 목록을 확인해야 했기 때문에 일반적으로 전화 통화를 통한 확인 과정도 필요했다.

미국의 대출 기관은 1959년에 피코(FICO, Fair Isaac and Company) 점수를 사용하는 형태로 정보에 근거한 신용 평가를 하였다. 1970년에 미 의회는 연방 주택 담보 대출 회사(Federal Home Mortgage Corporation)를 설립하여 전통적인 모기지 시장을 조성했다.

온라인 대출 전문 기업들은 1980년에서 2000년 사이에 성장했다. 디트로이트에 기반을 둔 모기지 대출 기관인 퀴큰 론즈(Quicken Loans)는 1985년에 온라인 신청 및 검토 프로세스를 시작했다. First Internet Bank는 1999년에 온라인 전용 뱅킹을 시작하여 뱅킹 서비스 및 주택 담보 대출을 제공했다.

P2P 대출

Peer-to-Peer는 중재자가 없는 두 당사자 간의 상호작용을 의미한다. 이것은 원래 컴퓨터 네트워킹에서 사용된 용어였지만 이제는 P2P 파일 공유에서 P2P 대출에 이르기까지 다양한 용도로 사용된다. 금융 부문에서

P2P 대출은 중앙 시장에서 대출자와 대출자를 연결해주는 조파(Zopa)와 프로스퍼(Prosper)가 시작했다. 간단히 말해서, 차용인은 P2P 마켓플레이스로 가서 돈을 빌린다. 승인되면 위험 분류를 통해 이자를 지불해야 하는 금액을 결정한다. 그런 다음 대출은 하나 이상의 개인 투자자로부터 자금을 받는다. 이것은 은행이 제공하는 것보다 더 나은 금리를 얻음으로써 양측 모두에게 좋은 거래로 판명되었다. 성공을 거두려면 신용 점수와 펀드 다각화 프로세스를 잘 설계해야 한다. Prosper는 2016년에 최소 2백만 명의 회원을 확보했으며 당시 약 60억 달러의 대출이 이루어졌다. 조파는 대략적으로 14억 파운드의 대출금과 최소 11만여 명의 회원이 있었다.

최근 몇 년간 P2P 대출이 빠르게 성장했으며, 일부는 성장세가 계속 이어질 것이라고 믿고 있다. P2P 대출은 저축계좌에 돈을 보관하는 것보다 수익성이 높지만 위험도 역시 높다.

P2P 마켓플레이스 대출 비즈니스 모델

P2P 플랫폼은 대출자 및 대여자 모두의 비즈니스를 전통적인 은행에서 멀어지게 한다. P2P 플랫폼은 수익 및 관련 신용 위험을 대출 투자자에게 넘기고, 수입의 대부분은 새로운 대출을 받을 때 부과되는 수수료에 의존한다.

결과적으로 시장에 대출과 위험에 대한 수요가 없다면, P2P 대출의 성과가 크게 영향을 받아, 결국 수익과 대출 회사에 대한 평가에 반영된다. 그 결과, 어떤 사람들은 순수한 P2P 시장이 지속 불가능하다고 생각한다. 그래서 레이트세터(Ratesetter)와 같은 일부 회사는 비즈니스 모델을 변경했고, 이제는 대출 기간 동안 수수료를 청구한다.

대출은 일반적으로 5% 프리미엄으로 시작된다. 대출 기간이 4년이라고 가정하면 이는 연간 1.25%의 거래 수수료를 의미한다. 플랫폼은 통상

약 0.8%의 연간 유지 보수 비용을 청구하므로 평균 약 2%가 된다. 은행은 신용 손실을 공제한 후 순이자율이 약 7%이므로 일반적으로 P2P대출보다 더 많은 수익을 올릴 수 있다. 많은 P2P 대출 기업들은 여전히 수익성을 유지하기 위한 최적의 비즈니스 모델을 찾고 있다. 안정성을 향한 길은 P2P 대출이 다른 은행 서비스도 함께 제공하는 것이다. 이 경우 해당 서비스를 위한 은행업 면허를 받아야 하며 일부는 이미 이 방향으로 나아가기 시작했다. 대표적인 P2P 대출 핀테크 업체로는 렌딩클럽(Lending Club), 조파(Zopa), 프로스퍼(Prosper), 레이트세터(RateSetter), 루팍스(Lufax), 이른다이(Yirendai), 렌딩로봇(LendingRobot) 등이 있다.

소비자 대출

무담보 대출은 그에 대한 자산이나 유가 증권이 없으므로 대출 기관 입장에서 더 위험하다. 반대로 대출을 상환하지 않는 경우에 대한 담보 역할을 하는 재산이 없기 때문에 대출자에게는 덜 위험하다. 이 때문에 대출 기관은 위험을 상쇄하기 위해 더 높은 금리를 부과한다. 무담보 대출은 신용 대출, 개인 융자, 신용카드 대출, 학자금 대출 또는 P2P 대출 등 여러 유형이 될 수 있다. 대출자는 신용 조합 및 은행으로부터 신용 대출을 확보할 수 있다. 그들은 어떤 목적으로든 사용할 수 있으며 일반적으로 매월 대출을 상환한다. 신용 상태가 양호하면 낮은 이율로 대출을 상환할 수 있다. 신용카드는 신용카드 회사가 제공하는 또 다른 유형의 무담보 대출이다. 신용카드 소지자는 이를 사용하여 필요한 만큼 지불한다.

고객은 온라인 대출을 통해 무담보 대출을 받을 수 있다. 언제 어디서나 모바일 앱을 사용하여, 대출에 필요한 정보를 제공하고 몇 가지 질문에 대답하기만 하면 된다. 일반적으로, 고객은 단순히 대출 만기와 금액을 선택하면 된다. 시스템의 알고리즘이 과거 데이터를 수집하고 나머지 복잡한 프로세스를 처리한다. 이 프로세스에는 대출 상환 기록이 좋은 경우 인센티브를 제공하여 다음에 온라인 대출을 신청할 때 대출자에게 우대 조건과 더 나은 금리를 제공하는 것도 포함한다.

SAP Value Management Center와 Bain & Company의 연구에 따르면, 전통적인 은행 금융상품의 약 7%만이 디지털 거래와 호환되므로 디지털 대출의 도전에 취약하다. 금융 기술 스타트업, 통신 제공 업체 및 기존 소매 업체는 이 기회를 인식하고 활용하고 있다. 이 새로운 디지털 참여자들 은 기본 비용을 낮추고 특정 위험 시장을 더 잘 타겟팅할 수 있기 때문에 더 나은 가격으로 대출을 제공할 수 있다.

시장 점유율을 잃고 싶지 않다면 은행들은 디지털 대출에 투자해야 한다. 그들은 더 나은 고객 경험을 창출하고, 나쁜 상호작용을 제거하거나 피할 수 있고, 대출 신청 프로세스를 보다 쉽게 만들고, 보다 저렴하고 더 나은 대출 프로세스를 위한 민첩한 운영 모델을 만들어야 한다. 소비자 대출서비 스를 제공하는 주요 핀테크 업체로는 어펌(Affirm), 아반트(Avant), 크레디 테크(Kreditech), 제스트파이낸스(ZestFianance), 렌드업(LendUp) 등이 있다.

학생들을 위한 디지털 대출

많은 학생들이 대학 학비를 지원하기 위해 대출이 필요하다. 영국과 같은 일부 국가는 정부가 극히 낮은 금리로 대출 자금을 지원할 수 있기 때문에 학생들을 위한 훌륭한 지원 시스템을 갖추고 있다. 그러나 영국의 학생 대출이 약 700억 파운드로 영국 GDP의 16%에 해당하고, 적지 않은 대출이 상환되지 않기 때문에 투자 수익이 좋은 것은 아니다. 반면 미국에서 의 학자금 대출은 큰 사업이며 시장 규모는 약 1조 3,000억 달러이고, 담보 대출 다음으로 큰 대출시장이다. 이 시장을 이용하여 많은 회사와 스타트업이 온라인으로 학생들에게 대출을 시작했다. P2P 대출 회사는 두 가지 유형의 대출을 학생들에게 제공한다. 졸업생 대상의 통합 대출 상품과 자격을 갖춘 대학원 학생들을 위한 전통적인 대출의 두 가지이다. 두 가지 대출 모두 특정 학위, 프로그램 및 학교와 연결되어 회사의 위험을 줄인다. 주요 업체로는 소파이(SoFi), 커먼본드(Commonbond), 어니스트(Earnest), 스튜던트 론 히어로(Student Loan Hero), 렌드이디유(LendEDU) 등이 있다.

중소기업을 위한 디지털 대출

2008년의 경제 위기 이후, 유명한 은행들은 중소기업에 적은 대출을 주었고 다른 회사들은 그 빈 공간을 채우기 시작했다. 이 중에 혁신적인 단기 운전 자본, P2P 대출 및 송장 금융의 3가지 비즈니스 모델은 살펴볼 가치가 있는 흥미로운 모델이다.

① 단기 운전 자본

빠른 단기 대출을 원하는 회사에게 핀테크는 좋은 솔루션을 제공할 수 있다. 몇 년 전 까지만 해도 은행에는 적절한 대안이 없었다. 결국 급한 회사들은 매일 신용카드 매출의 일부를 대가로 일시금을 먼저 받는, 일종의 현금 서비스를 요청해야 했다. 유효 이자율은 100% 포인트 이상이어서 매우 비싸기 때문에 캐비지(Kabbage), 온덱(OnDeck) 및 PayPal Working Capital과 같은 회사는 저렴한 대안을 도입했다. 이 핀테크 기업들은 고객사의 특정 기간의 신용 기록, 매출액이 필요하며 소유자 또는 대표자의 개인 신용 점수도 본다. 좋은 점은 서류 작업이 거의 없으며 모든 것이 온라인으로 처리된다는 것이다. 이 회사들은 쇼퍼파이(Shopify), 이베이(eBay), 아마존(Amazon), 제로 어카운팅(Xero accounting) 등과 같은 다양한 소스로부터 수익성을 명확하게 파악한다. 전통적인 은행들은 이러한 혁신을 주목하고 있다. 제이피 모건 체이스(JP Morgan Chase)는 온덱과 협력하여 기존 대출 프로세스에 온라인 대출 플랫폼을 추가하고, 캐비지는 또한 스페인의 ING 및 영국의 산탄데르(Santander)와 유사한 파트너십을 맺어 은행의 배송 및 인수 서비스를 위한 플랫폼을 제공한 것이 그 예이다.

② P2B(Peer-to-Business) 대출

은행이 대출을 제한하면 일부 기업은 신용 대출 서비스를 받을 수 없다. P2B는 투자자가 이러한 기업에 돈을 빌려주어 수익을 창출할 수 있는 기회를 제공함으로써 이 문제에 대한 대안을 제공한다. 동시에, 기업은 필요한 자금을 확보할 수 있다. 기업은 자금을 낮은 이자율로 신속하게 구할 수 있다. 대출 기관은 투자로부터 더 높은 수익을 얻는다. 은행은 구조적으로 비용 단가가 높기 때문에 예금자에게 동일한 높은 마진을 제공할 수 없다.

영국의 금융감독원(FCA, Financial Conduct Authority)은 2014년 4월 기업 대출을 포함한 P2P 대출 규제를 시작하여 소비자를 보호하고 관련 자금 세탁 방지 조치, 판촉 및 기타 활동을 감독했다. P2P 대출 회사는 이제 FCA에 매월 보고해야 하며, FCA는 FCA 핸드북을 준수할 것을 P2P 대출 플랫폼에게 요구한다.

경매 P2B 대출 모델은 대출자가 원하는 금액과 상환 날짜를 지정하여 대출할 수 있음을 의미한다. 경매 기간이 끝나면 대출자는 평균 이자율에 따라 대출을 수락할지 여부를 결정할 수 있다. 대출자가 채무 불이행으로 대출을 상환하지 않으면, 대출 기관은 돈을 잃게 되므로, 각 대출을 면밀히 조사하고 대출자에게 질문을 하여 필요한 예방 조치를 취해야 한다. 또한 몇 개의 소규모 대출에 자금을 제공하여 투자를 분산시킬 수 있다. 그들은 대출자의 상황이 너무 위험하다고 느끼면 돈을 빌려주지 않을 수도 있다.

영국에서 옥포터스 투자(Octopus Investments)는 2016년 4월에 최소 55억 파운드의 자산 규모의 P2P 대출 사업에 진출했다. 2009년에 설립된 옥토퍼스프로퍼티(Octopus Property, 구 Dragonfly)는 약 3,500명의 대출자가 있으며, 손실률은 0.1% 수준이다.

Invoice Financing

송장 파이낸싱은 기업의 고객이 기업에 지불해야 할 금액에 대해 기업이 돈을 빌리는 방법이다. 그래서 송장 파이낸싱은 채권 파이낸싱(Accounts Receivable Financing)이라고도 한다. 송장 파이낸싱을 통해 기업은 현금 흐름을 개선하고 직원과 공급 업체에 비용을 지불할 수 있다. 고객사가 잔액을 완전히 지불할 때까지 기다릴 필요가 없기 때문에, 기업 운영 및 성장에 재투자하는 데 도움이 된다. 사업체는 송장 금액의 일부를 대출 기관에 돈을 빌리는 비용으로 지불한다.

세금계산서를 기준으로 거래하는 국내에서는 조금 생소할 수 있는 송장 파이낸싱은 송장 인수(factoring), 송장 거래 또는 송장 할인으로 구성될 수 있다. 주요 송장 파이낸싱 업체로는 캐비지, 온덱, 페이팔, 스퀘어(Square), 렌디오(Lendio), 펀데라(Fundera), 알리바바(Alibaba) 등이 있다.

디지털 모기지

주택 담보 대출은 매우 복잡하고 심하게 규제되는 금융 상품이기 때문에 다른 상품만큼 성장하지 않았다. 그러나 오히려 이 영역은 핀테크에서 가장 큰 기회 중 하나이다. 판매 및 서비스 기회를 고려할 경우 시장은 10조 달러 이상의 규모이기 때문이다. 미국의 경우 밀레니엄 세대는 부동산 중개인 서비스를 사용했으며 그중 45%는 모기지 절차에 어려움을 겪고 있다는 보고가 있다.

일부 혁신가들은 모기지 프로세스의 모든 단계에서 소비자 수요를 충족시키고 수익성을 높이기 위한 새로운 방법을 찾고 있다. 서브프라임 모기지 사태로 인해 주택저당증권의 구매자와 대출 기관들은 대출자가 모기지를 상환하는 능력을 신뢰할 수 없다는 것을 알게 되었다. 혁신가들은 다단계 및 다자간 프로세스를 연관시키고 단순화하며, 정보 출처를 교차 검증하여 대출자의 신용도를 보다 정확하게 측정하고자 한다. 검증 및 검증 기능의 자동화는 주관성과 비용을 줄이고 의사결정을 빠르게 하도록 도와준다. 다양한 데이터 포인트를 사용하여 담보, 차입 능력 및 현금 흐름의 가치와 품질을 결정하고 가능한 허위 진술 및 사기를 식별하기 위한 분석을 수행한다. 일부 최신 분석 모델은 고용 시장, 가계 현금 흐름, 인프라 투자, 인구 통계 추세 및 개인 취향을 고려한 새로운 기술을 사용한다. 담보 대출은 대출자 고용, 소득, 신용, 자산에 대한 풍부한 데이터 소스이지만, 많은 모기지 회사는 이 데이터의 사용을 제한한다. 그러나 비즈니스 분석 및 인텔리전스의 새로운 도구와 기술은 신용 중심 데이터를 보유한 모기지 회사가 잠재 고객을 더 잘 식별할 수 있도록 도와준다. 이 시나리오에서 개인정보에 대한 침해가 발생하는 경우가 많다. 이러한 디지털 모기지 분야의 주요 업체로는 하비토(Habito), 소파이(Sofi), 렌다(Lenda), 론디포(LoanDepot), 신데오(Sindeo) 등이 있다.

예측

대출은 기본적으로 상환을 전제로 하여 일시적으로 돈을 빌려주는 것이다. 여기서 주요 변수는 위험과 수익이다. 기술을 통해 위험을 보다 잘 이해하고 완화하고, 수익을 높일 수 있다. 이는 새로운 유형의 대출 기관과 다양한 유형의 대출자에게 새로운 기회를 제공함으로써 달성된다. 결국 대출 과정에서 손실이 적고 상품에 대한 만족도도 높은 방향으로 나아갈 것이다. 빅데이터, P2P 마켓플레이스 및 블록체인으로 인한 신용 점수 향상과 같은 혁신이 꾸준히 시도될 것이다.

🏍 상업 은행의 변신

상업 은행은 수익성이 혁신에 크게 의존한다는 것을 깨달았다. 신규 참여자들은 상업 은행이 변화에 빠르게 적응하고 중소기업 및 대기업에 혁신적인 솔루션을 제공하도록 강요하고 있다. 중소기업의 정확한 시장 규모를 정확하게 추정하기는 어렵지만, 전 세계 대부분의 경제의 중추가 되는 것은 확실하다. 따라서 새로운 '공유 경제' 업계는 핀테크 스타트업, 지불 서비스 제공 업체 및 중소기업을 본질적으로 연결하는 비즈니스 뱅킹 플랫폼을 개발하고 있다.

핀테크 스타트업은 고객 중심의 접근 방식으로 점점 더 큰 시장 점유율을 확보하고 있다. 현재 핀테크가 개선하고 있는 상업 뱅킹의 주요 영역에는 특수 플랫폼 도입, 가격 및 고객 선택 개선, 비용 절감 및 프로세스 최적화가 포함된다. 핀테크가 제공하는 다른 서비스로는 급여, 온라인 회계, 경비 관리 및 급여 관리가 있다.

경우에 따라 은행과 핀테크 기업 간의 파트너십은 은행이 디지털 혁신의 세계에 대한 통찰력을 얻고 핀테크를 잘 활용할 수 있는 효과적인 방법이다. 그럼에도 불구하고, 은행은 핀테크 기업들보다 규제 사항에 친숙하다는 경쟁 우위가 있다.

상업 은행 업무 방식

상업 은행은 신뢰할 수 있는 고객의 예금을 받아 더 높은 금리로 대출자에게 빌려준다. 또한 자금 이체, 신용 창출 및 기타 일반 서비스를 제공한다. 상업 은행의 이윤은 주로 순이자 수입, 즉 대출에 대한 이자 수입, 예금에 대한 이자 지출에서 기타 자금 조달원을 뺀 수입이다. 예를 들어, 6%의 이자를 받는 20억 달러의 대출 포트폴리오는 1억 2,000만 달러의 이자 수입을 창출한다. 고객 예금 포트폴리오 비용이 13억 달러이고 이자율이 2%로 고객의 수입이 2,600만 달러인 경우 은행의 순이자 수입은 9,400만 달러가 된다. 여기에는 예금 수수료, 거래 수수료, 연간 수수료 등과 같은 대출 이외의 지역에서 발생한 소득이 포함된다.

중소기업 시장 규모

맥킨지(McKinsey)와 IFC(International Finance Corporation)에 따르면 중소기업의 정확한 시장 규모를 계산하기는 어렵지만 전 세계적으로 약 400~500만 개 정도의 중소기업이 있는 것으로 추산된다. 2012년 기준으로 중소기업은 유럽연합(EU-27)의 모든 기업 중 99.8%를 차지했으며 전체 인력의 거의 67%를 고용했으며 총 부가가치(GVA, Gross Value Added)의 58%를 기여했다. BBVA의 보고서에 따르면 유럽 은행의 80%가 중소기업 시장을 중요한 성장 영역으로 보고 있으며 이 지역의 대출 잔고는 1,200억 파운드가 넘는다.

핀테크가 뱅킹에 미치는 영향

핀테크 스타트업은 고객 중심의 은행으로 자리 잡음으로써 점점 더 큰 시장 점유율을 확보하고 있다. 핀테크가 뱅킹을 개선할 수 있는 5가지 주요 영역은 특화된 플랫폼 도입, 소외된 부문에 대한 서비스, 가격 개선 및 고객 선택 제공, 비용 절감 및 프로세스 최적화이다.

지금까지 핀테크는 아마도 기업 고객의 복잡한 요구 사항들로 인해 기업 금융에 큰 위험이 되지는 않았던 것으로 보인다. 재무관리, 자금 통합 관리, 다른 은행 기관의 잔고 확인 및 계정 정리와 같은 고급 기능을 갖춘 정교한 포털이 이미 구축되었다. 그러나 기업 뱅킹의 가장 큰 위협은 이미 기업 부문에 있는 다른 은행에서 비롯된다. 핀테크 혁신을 비즈니스 모델에 통합하는 전략들은 게임 체인저가 될 수 있다. 전문화된 고객 서비스 및 효율성 향상은 가치 사슬을 변화시키고 기업 고객에게 우수한 고객 경험을 제공할 수 있다. 또한 핀테크 서비스는 대부분 규제를 받지 않는 상태에서, 빅데이터 분석 및 정제된 위험 모델링 사례를 기반으로, 고객에 대한 통찰력과 함께 상당한 수익을 제공할 수 있다.

맥킨지(McKinsey)의 최근 연구에 따르면 호주와 뉴질랜드, 홍콩, 싱가포르의 선진국 시장의 성장은 주로 모바일 채널을 통해 이루어지고 있다. 점점 더 많은 고객이 모바일 뱅킹으로 전환하면서 원활하고 신속한 뱅킹 경험을 추구하고 있다. 고객 관계를 개선하고 핀테크 기업들의 도전이 증가할 것이기 때문에 기업 뱅킹은 디지털화를 가속화해야 한다. 이를 인지한 기존 은행들은 최근 들어 여러 가지 형태로 핀테크 회사들과 전략적 제휴를 시작하고 있다. 중소기업을 대상으로 하는 주요 은행으로는 Cogni, Holvi, Revolut, Tide, Tochka 등이 있다.

중소기업을 위한 온라인 회계 및 비즈니스 뱅킹과의 통합

핀테크를 통해 중소기업에 필요한 부가 서비스를 제공할 수 있다. 클라우드 회계를 사용하면 자동화 및 단순화된 재무보고를 통해 중소기업의 시간과 비용을 절약할 수 있다. 이것은 은행들에게도 다시없는 기회이다. 차별화되고 디지털화된 서비스를 제공함으로써 더 많은 성장의 기회를 얻고 고객 관계도 재건할 수 있다.

중소기업을 위한 핀테크 서비스

① 급여

소규모 기업의 경우 급여는 신입 사원 채용, 계약서 발행, 휴일 요청 관리 및 경비 청구 처리를 포함하여 복잡한 작업이 될 수 있다. 일부 비즈니스 소유자는 사내 처리가 아웃소싱보다 비용 효과적이며 임금 정보를 보호하기를 원하기 때문에 이러한 작업을 아웃소싱하는 아이디어를 좋아하지 않는다. 실제로 적절한 소프트웨어를 사용하여 급여 업무를 아웃소싱하면 직원 교육, 소프트웨어, 하드웨어 및 IT 지원이 필요하지 않으므로 중소기업 비용을 절약할 수 있다. 대신, CEO 또는 HR 관리자는 소프트웨어로 생성된 모든 서류가 법적 요구 사항을 준수하도록 해야 한다.

② 온라인 회계

핀테크 부문의 저비용, 시간 소모 및 맞춤형 서비스 제공과 같은 장점이 부각됨에 따라 기존 은행도 압박을 받고 있다. 온라인 회계는 중소기업이 인보이스 발행, 미수금, 미지급금 및 직원 비용을 처리해야 하므로 매우 중요하다. 프레시북스(Freshbooks), 퀵북스(Quickbooks), 제로(Xero) 및 웨이브(Wave)와 같은 훌륭한 클라우드 기반 소프트웨어가 이러한 목적으로 만들어졌다. 핀테크 부문의 큰 잠재력을 이용하면서 전통적인 은행업에 대한 영향을 완화하려는 은행은 온라인 회계 제공 업체와 제휴하기도 한다. 예를 들어, 내셔널웨스트민스터 은행(NatWest)은 에딘버러에 있는 핀테크 기업인 프리에이전트(FreeAgent)와 파트너십을 맺어 중소기업에게 혁신적인 공유 경제 기능을 제공했다. 또한 이러한 온라인 회계 회사가 고객에 대한 많은 정보를 가지고 있다는 사실을 고려할 때, 전통적인 은행 업무를 단기간에 인수하려고 시도하는 것은 그다지 놀라운 일이 아니다.

③ 비용 관리

비용 관리는 중소기업에게 가장 큰 과제 중 하나이다. 핀테크가 제공하는 디지털 및 모바일 채널을 사용하면 중소기업에 현금 및 종이가 필요 없이 비용을 모바일로 처리할 수 있어 비용 관리가 향상되고 생산성이 향상된다.

④ 복지 관리

복지 관리는 중소기업이 자원을 관리하는 방식을 용이하게 하기 때문에 중요하다. 핀테크는 중소기업에 의료 혜택을 최적화하기 위해 인구 통계학적 데이터를 추적하고 직원 세그먼트를 분석한다. 중소기업은 직원의 구성 및 규모에 대한 모든 정보를 수집한 다음 적절한 그룹 계획 및 개별 범위를 결정함으로써 직원 복지 혜택을 관리할 수 있다. 결과적으로 채용 관련 비용을 낮추고 직원 충성도를 높이며 생산성을 높일 수 있다.

중소기업 대상으로 핀테크 서비스를 제공하는 주요 기업에는 파이낸셜포스(FinancialForce), 제네핏츠(Zenefits), 구스토(Gusto), 하이밥(Hibob), 스프라우트 소셜(Sprout Social), 제로(Xero) 등이 있다.

전망

기존 뱅킹은 핀테크 기술의 영향을 받아, 계정 개설 및 계정 서비스 프로세스가 크게 향상될 것으로 예상된다. 은행계좌 개설 및 관리가 쉬워질 것이며, 세금 및 회계 관련 소기업의 필수 보고 요구 사항을 모두 관리할 수 있는 적절한 소프트웨어를 도입하는 것이 쉽고 저렴해질 것이다. 그래서 기술을 올바르게 이해하고 정기적으로 투자하는 회사만이 새로운 환경에서 살아남을 것이다.

🛎 차세대 상거래

기술은 사람들이 쇼핑하는 방식을 바꾸고 고객의 기대를 높이고 있다. 여기에서는 다양한 상거래 영역을 살펴본다. 우리는 상점을 방문하여 물건을 산 뒤 일반적으로 POS 터미널에서 금액을 지불한다. 핀테크는 고객의 결제를 처리하기 위해 언제 어디서나 모든 모바일 기기에서 사용할 수 있는 모바일 POS를 도입하고 있다. 이 시스템은 벼룩 시장, 푸드 트럭, 전시회, 스포츠 경기장 등에서 인기가 있다. 모바일 기기에 카드 리더기를 부착하여 신용카드를 처리할 수도 있다.

같은 방식으로 태블릿 기반 POS 단말기는 고객이 대기하거나 청구서를 기다릴 필요가 없기 때문에 소매 및 서비스업 부문에 유리하다. 태블릿을 통해 POS는 고객에게 더 빠르고 편리한 서비스를 제공한다. 태블릿 기반 POS 시스템을 사용하면 소매점과 식당에서 원격 영업 이벤트를 받거나 야외 좌석을 마련하여 새로운 수익원을 확보할 수 있다. 직원은 어디서나 고객을 참여시키고 즉시 판매를 완료할 수 있다.

온라인 상거래는 판매자가 저렴하게 도입할 수 있으며, 고객에게 여러 가지 지불 옵션을 제공할 수 있다. 기술은 판매자뿐만 아니라 고객에게도 영향을 미친다. 휴대폰 사용이 증가함에 따라 모바일 지갑이 등장했고, 이를 통해 고객은 플라스틱과 지폐를 집에 두고 휴대 전화로 결제할 수 있다. 이러한 변화에 따른 고객의 행동 역시 변화하고 있다.

고객 쇼핑 행태의 변화

소매 산업은 이동성, 특히 상품 및 서비스를 비교, 연구, 구매 및 검토할 수 있는 인터넷을 지원하는 태블릿 및 스마트폰과 같은 모바일 기기의 인기가 높아지고 있다는 점을 주목했다. 고객이 기술에 익숙해짐에 따라 판매자도 적응했다. 인터넷은 원래 상품과 가격에 대한 비교를 하는 데에만 사용되었으며, 실제 거래는 직접 이루어졌다. 온라인으로 결제 정보를 제출하는 것을 사람들이 편하게 받아들이면서, 온라인에서 실제 구매가 이루어지기 시작했다. 모바일 기기는 소비자의 쇼핑 패턴을 확실히 변화시키고 있다.

모바일 상거래는 전자 상거래의 주요 부분이다. 소비자 조사에 따르면, 모바일 기기를 사용하는 쇼핑객은 컴퓨터를 사용하는 쇼핑객과 다르게 행동한다. 모바일 쇼핑객은 보다 개인화된 쇼핑 경험을 위해 정보를 제공하고 로열티 프로그램에 등록하는 경향이 있다. 모바일 쇼핑객은 매장에서 바코드를 스캔한 다음 리뷰를 읽을 가능성이 높다. 따라서 소매 업체는 서로 다른 서비스, 마케팅 및 판매 전략을 목표로 해야 한다. 그러나 모바일 쇼핑객들 사이에도 패턴의 차이가 있다. 예를 들어, 30대 이하 고객은 여성의 비중이 높은데 이들은 대부분 모바일 기기를 사용하여 늦은 밤에 쇼핑을 한다. 반면에 남성은 자신의 위치 근처에서 소매 업체 알림을 구독할 가능성이 더 높다.

POS(Point of Sales)의 진화

이전에는 출납원이 금전 등록기를 운영하기 위해 상품 가격을 수동으로 입력해야 했다. 사업자는 영수증 사본을 제외하고는 거래 기록이 없었다. 그런 다음 전산화를 통해 POS 데이터베이스가 진화하여 상품 데이터베이스가 시스템, 서버 또는 컴퓨터에 저장되었다. POS 시스템은 수동 가격 입력을 최소화하기 위해 바코드 리더를 포함하도록 발전했다. 그런 다음 바코드 리더를 통과한 거래는 사람의 개입 없이 전자적으로 저장되었다. 오늘날 일부 소매 업체는 데이터를 온라인으로 저장할 수 있는 클라우드 기반 POS 시스템을 사용한다. 현대의 POS 시스템은 금전 등록기, 영수증 및 바우처가 저장되는 금전함, 영수증 프린터, 바코드 리더 및 카드 기계와 같은 구성 요소를 가지고 있다. 금전 등록기는 컴퓨터 또는 서버에 연결된 POS 시스템이며 클라우드 기반 시스템에 연결된 태블릿 또는 iPad가 될 수도 있다. 최신 POS 시스템은 다른 데이터베이스 및 전자 시스템과 통합될 수 있다. POS 시스템에는 일일 거래의 자동 조정을 위한 재고 관리 및 회계 시스템이 통합될 수 있다.

mPOS 이해

모바일 POS 또는 mPOS는 고객 트랜잭션을 처리하는 휴대용 모바일 기기로 구성된다. 고정 POS 시스템은 소매점과 식당에 가장 유리하다. 대부분의 거래는 직불카드 및 신용카드를 통해 이루어지므로 POS 시스템에는 카드 리더 단말이 연결되어 있어야 한다. 모바일 POS 시스템은 동일한 기능을 수행하지만 원격으로 작동할 수 있다.

mPOS는 전자 상거래 비즈니스와 POS 시스템 사이의 다리 역할을 한다. 소매 업체는 초기 투자 비용을 절감하려는 경우, 모바일 기기를 대체 POS 시스템으로 사용할 수 있다. 게다가 mPOS 시스템은 수리 비용도 저렴한

편이다. mPOS 시스템은 체크아웃 시 지연 및 대기 상태를 방지할 수 있다. 소매점에서 계산대에서 대기 시간이 길면 고객이 구매하지 않기로 결정하는 경우가 있다. 직원들이 mPOS 시스템으로 무장하게 함으로써 고객에게 보다 신속하게 서비스를 제공하고 돈을 청구할 수 있다.

일반적인 휴대용 모바일 POS 시스템은 카드 스와이핑을 위한 슬롯이 있는 휴대용 등록기이다. 반면에 카드 리더기가 있는 mPOS는 카드 리더를 연결하기 위한 USB 포트 또는 오디오 잭이 있는 모바일 기기이다. 모바일 기기는 품목의 바코드를 스캔할 수 있는 POS 시스템이 있는 iPod Touch, 스마트폰 또는 태블릿과 같은 것이거나, 거래를 수동으로 입력할 수 있는 모든 것이 다 가능하다. 카드 결제를 수락하고 전자 서명을 인식하며, 휴대용 프린터를 통해 영수증을 생성할 수 있어야 한다.

mPOS 비즈니스 모델

대규모 소매 업체는 커스터마이징이 가능하고 강력한 mPOS 플랫폼이 필요하다. 그리고 이러한 플랫폼을 현재의 결제 시스템과 통합할 수 있어야 한다. 대규모 매장 소유자는 mPOS 시스템에 많은 투자를 하고 투자 수익을 기대한다. 따라서, mPOS 플랫폼은 실제 상점에서 판매와 직결되는 고객들의 방문을 이끌어내야 한다. 따라서 mPOS 제공 업체는 매장 내 지리적 위치, 소비자 데이터 분석 및 옴니 채널 통합과 같은 대규모 소매 업체의 요구 사항을 충족하는 개인화된 솔루션을 만드는 데 중점을 두는 경우가 많다.

반면 소규모 소매 업체는 모바일 및 카드 결제를 허용하는 간단한 결제 시스템이 필요하다. 소규모 소매점이나 개인조차도 비즈니스 트랜잭션에 mPOS 시스템을 사용할 수 있다. 예를 들어, 택시 운전사, 지역 카페, 소유자 및 소규모 공급 업체는 mPOS 시스템을 사용하여 전자 지불을 수락할 수 있다. 일반적으로 POS 시스템에는 하드웨어가 필요하며 비용이 많이 들지만, mPOS 시스템은 비교적 저렴하고 편리한 대안을 제공한다.

소규모 소매 업체를 위한 mPOS 솔루션도 맞춤화하고 단순화할 수 있다. 소매 업체의 예산 또는 요구 사항에 따라 다양한 기능을 통합할 수 있다. 소매 업체는 mPOS 시스템에 원하는 데이터와 기능을 선택할 수 있다.

현재, mPOS는 기업이 비현금 지불을 어디서나 받을 수 있기 때문에, 소매 산업 외부에서도 인기가 있다. 택배 회사, 홈 서비스를 제공하는 회사, 팝업 스토어 및 기타 유사한 회사에서 일반적으로 mPOS를 사용한다. mPOS 제공 업체는 고객 경험을 풍부하게 하고 고객이 비즈니스와 상호작용하는 방식에 영향을 준다.

일부 사람들은 스마트폰의 인기로 인해 카드 결제가 사라질 것으로 예상하기도 했지만, 카드 결제는 여전히 mPOS 시스템의 주요 대상이며, NFC 지원 모바일 기기의 도입으로 계속 번성하고 있다. 개발자는 휴대폰과 관련된 차세대 결제 서비스를 만드는 데 집중하고 있으며, 이제 전화나 카드에서 비접촉식 거래를 할 수 있는 NFC 기능이 있다. 이러한 유연성으로 인해 시간이 지남에 따라 mPOS 장비도 계속 변화하고 있다. mPOS 터미널의 중요한 장점은 옴니 채널 및 디지털 지불 환경에 적응할 수 있다는 것이다.

스퀘어(Square)가 휴대폰에 부착된 작은 사각형 장치인 스퀘어 모바일 카드 리더를 출시했을 때 지불 업계는 소규모 소매 업체가 신용카드 및 직불카드의 지불을 수락할 수 있는 모바일 POS를 고려하기 시작했다. 많은 회사에서 mPOS 응용 프로그램을 제공했지만 대부분의 회사에서 효과적인 수익 모델을 찾기 어려웠다. 이런 상황에서 BI Intelligence는 소매 업체의 mPOS 요구 사항을 분석하여 우려 사항을 발견했다. 소매 업체는 다양한 하드웨어 및 소프트웨어를 지칭하기 위해 mPOS라는 용어를 사용한다. mPOS 하드웨어에는 태블릿, 스마트폰 또는 스마트 등록기와 같은 장치가 포함될 수 있다. mPOS 소프트웨어는 일부 또는 전체 클라우드 기반일 수 있으며 모바일 운영 체제를 사용할 수 있다.

소규모 소매 업체는 mPOS 시스템을 활용하지만 거래량이 적기 때문에 mPOS 제공 업체는 지속 가능한 방법에 대한 도전에 직면하고 있다. 현재 mPOS 비즈니스 모델은 소프트웨어 기반 부가가치 서비스로 이동하고 있다. mPOS 공급 업체는 더 많은 판매자를 확보하는 대신 기존 고객에게 추가적인 부가 상품을 판매한다. 예를 들어, 급여 및 마케팅과 같은 다른 비즈니스 응용 프로그램을 신용 및 직불카드 지불을 허용하는 소규모 소매점에 판매하는 형태 등이다. mPOS 분야의 주요 기업으로는 스퀘어, 클라르나(Klarna), 섬업(SumUp), 올셋(AllSet), 원97(One97) 등이 있다.

태블릿 기반 금전 등록기

태블릿을 금전 등록기로 사용하는 것이 특히 체인점과 커피 숍에서 인기를 얻고 있다. 대형 디스플레이, 직관적인 인터페이스 및 휴대성으로 인해 저렴한 가격으로 소매 업체와 식당에 매력적이다. 더 많은 소매 업체가 이를 채택함에 따라 구글 월렛(Google Wallet) 및 애플페이(ApplePay)와 같은 비접촉식 결제 시스템의 문이 열리게 되었다.

태블릿은 사용하기 쉽고 저렴하며, 앱을 통해 영업 정보를 백 오피스로 전송하여 관리자가 영업을 모니터링하고 재고를 관리하며 보고서를 실시간으로 실행할 수 있도록 한다. 일부 태블릿 기반 앱을 통해 고객은 화면에 팁을 추가하고 신용카드 거래에 서명할 수 있다. 태블릿 기반 금전 등록기는 농산물 시장, 최신 유행의 의류 상점 및 슈퍼마켓에서도 인기가 있다. 대형 화면을 통해 소매 업체는 더 많은 고객 데이터를 볼 수 있으며 영업 직원은 고객 정보를 전자적으로 인코딩할 수도 있다.

mPOS 장치와 마찬가지로 비즈니스 모델은 기기 판매에서 큰 이윤을 얻는 데 적합하지 않다. 공급 업체는 mPOS 서비스를 제공하여 비즈니스에 액세스하고 이직률에 대한 정보를 얻는다. 이를 통해 수익 마진이 더 높은 다른 서비스를 교차 판매할 수 있다. 주요 회사에는 토스트(Toast), 쇼퍼파이(Shopify), 이라카르테(ElaCarte), 레벨 시스템즈(Revel Systems) 등이 있다.

온라인 매입(Online Acquiring)

온라인 매입은 인터넷을 통한 상품 및 서비스에 대한 지불에 사용되는 용어이다. 고객은 일반적으로 판매자의 웹 사이트에 필요한 정보를 입력하여 실제로 은행/금융 서비스 제공 업체에 판매자에게 구매 비용을 지불하도록 한다. 프로세싱 센터 또는 인수 은행과 연결된 서비스 제공 업체는 자금의 안전한 이체를 제공한다. 이들은 판매자 웹 사이트에서 고객 데이터를 암호화하고 인증 프로토콜을 사용한다. 온라인 매입은 인수 은행에 직접 연결하거나 지불 시스템 제공자 및 처리 센터와 같은 중개자를 사용할 수 있다. 새로 등장한 일부 핀테크 업체들은 결제 프로세스 흐름을 개선하고 있으며, 페이먼트 게이트웨이와 판매자 계정이 없는 경우도 있다. 핀테크는 암호 화폐를 포함하여 더 많은 결제 수단을 추가하고 거래를 더 저렴하게 만들 수 있을 것으로 보인다. 주요 업체에는 스트라이프(Stipe), 스퀘어, 페이팔, 브레인트리(Braintree), 클라르나(Klarna), 앤트 파이낸셜(Ant Financial) 등이 있다.

모바일 지갑

모바일 지갑은 직불카드 또는 신용카드 정보를 모바일 기기에서 디지털 형식으로 전송하는 방법이다. 실물 지갑은 소매치기에게 첫 번째 목표지만 최근에는 현금이 카드 및 모바일 결제로 대체됨에 따라 지갑에서 현금이 점점 줄어들고 있다. 그러나 모바일 지갑도 마찬가지로 범죄자(이 경우 사이버 범죄자)의 타겟팅에 취약하다. 모든 공급자에게 올바른 보안 방법을 설정하는 것이 필수적이다. 기기에 PIN, 비밀번호 및 생체 정보와 같은 여러 가지 인증 요소를 포함시킬 수 있다. 일반적으로 모바일 기기와 서버에 일부 정보를 유지하는 로컬-원격 복합 인증이 권장된다. 예를 들어, 로컬에서 생체 인증을 하고 원격으로 비밀번호를 인증하는 식의 복합 인증이 권장되는 보안 방법이다.

모바일 지갑의 첫 번째 용도는 신용카드, 직불카드 및 선불카드 정보를 저장하여 지불하는 데 사용할 수 있다. 고객은 앱을 다운로드하고 카드 세부 정보를 추가한 다음 지갑을 사용하여 NFC(Near Field Communication) 기술과 같은 근접 결제 기술을 사용하여 매장에서 결제할 수 있다. 모바일 지갑의 두 번째 용도는 식당, 슈퍼마켓 및 기타 상점의 로열티 카드와 같은 쿠폰, 쿠폰 및 할인을 저장하는 등의 상거래용으로 사용할 수 있다. 세 번째 용도는 식별이다. 액세스 제어 카드, 인증 및 개인 서명의 세부 사항 및 사용자의 생체 정보도 저장할 수 있다. 이 분야는 앞으로도 여러 업체들이 참여하여 많은 발전과 변화가 있을 것으로 예상된다. 주요 업체 및 서비스로는 안드로이드 페이(Android Pay), 애플 페이, 삼성 페이, 페이팔 등이 있다.

스마트 신용카드

모바일 기술은 현금과 플라스틱을 대체할 수 있는 좋은 방법일 수 있지만, 모바일 기기의 배터리 전원이 부족할 때는 문제가 된다. 이러한 경우 일부 회사에서는 보안을 유지하면서 편의를 제공하는 지능형 카드를 만들었다.

런던에 설립된 커브(Curve)는 모바일 앱을 사용하여 선택한 모든 마스터 카드 및 비자 카드에 연결할 수 있는 실제 카드를 제공한다. 동시에 여러 카드를 휴대할 필요가 없다. 미국 회사인 스트라토스(Stratos)는 동시에 최대 3개의 카드를 저장할 수 있으며 자체 배터리를 가지고 있으며 2년 동안 지속된다. 유망한 다른 회사로는 플라스틱(Plastc)과 스와이프(Swyp)가 있으며 20개의 직불카드, 신용카드, 로열티 및 기프트 카드를 동시에 저장하고 관리할 수 있는 카드를 제공한다. 대신 터치스크린이 내장되어 있기 때문에 주기적인 충전이 필요하다.

현금은 범죄 행위와 탈세의 여지가 있기 때문에 일부 국가에서는 동전에서 지폐, 플라스틱으로의 전환을 고려하였고, 일부는 이미 더 이상 동전을 생산하지 않을 것이라고 발표하기도 했다. 그러나 세계의 규모와 개발도상국의 수를 염두에 두면, 적어도 향후 수십 년 동안 현금이 없는 세계를 상상하기는 어렵다.

T-Commerce

텔레비전 상거래는 대화형 텔레비전을 통한 구매 및 판매를 설명하는 데 사용되는 용어이다. 시청자는 다양한 제품을 검토한 다음 구매하고 주문을 추적할 수 있다. T-커머스 애플리케이션의 첫 번째 시도는 2013년 삼성전자의 스마트 TV와 함께 시작되었다고 할 수 있다. 이는 주요 신용카드, 직불카드 및 페이팔을 사용한 지불을 허용하는 체계인 Samsung 'Pay on TV'로 발전됐다. PIN 코드 입력을 포함하여 간단한 3단계 프로세스이다. 텔레비전 상거래는 NFC(근거리 통신) 및 ARC(Audio Return Channel)와 같은 다양한 기술을 사용하며, 텔레비전 프로그램에 등장하는 의류 및 장식의 판매에 편리하다. 방송 중에 고객은 구매하고자 하는 품목의 희망 목록을 만들 수 있다. 이제 전화, 태블릿 또는 화면 간에 전환할 수 있는 다중화면 기능을 활용할 수 있다.

전망

지구촌 세계에서 기술은 상거래를 보다 쉽고 저렴하게 만든다. 모바일 기기 및 태블릿과 같은 기계의 발명은 구매자와 판매자 모두에게 편리함을 주며 전문화된 지불 제공 업체는 국제적으로 구매를 보다 간단하게 처리할 수 있다. 지불이 더욱 단순해지도록 이 분야가 더욱 진화될 것이며, 언젠가는 완전히 디지털화된 지불 경제가 될 수도 있을 것이다.

🧑‍🦽 크라우드펀딩

기업가에게 자금을 확보하는 것은 항상 어려운 일이었으며 많은 노력과 시간이 필요했다. 크라우드펀딩은 개인 또는 단체가 다른 목적으로 다른 사람이나 사업체로부터 돈을 모을 수 있도록 도와준다. 프로젝트 자금 조달이나 노력을 위해 자금 풀에 액세스하는 수단이다. 기술 혁신을 통해 이제는 많은 사람들이 자금을 지원할 수 있으며 각자 소액을 투자할 수도 있다. 개인이나 단체는 어떤 이유로든 돈을 기부할 수 있다. 이러한 크라우드펀딩 프로젝트 중 일부는 이벤트 티켓, 책 표지에 대한 승인 또는 선물과 같은 보상을 제공한다. 크라우드 투자를 통해 투자자는 투자를 하며 회사의 이익을 공유한다.

기업들이 전통적으로 자금을 조달하는 방법

자금 조달에는 일반적으로 초기 단계, 시드, 성장, 확장, 메자닌 및 IPO의

6단계가 있다.

① 초기 단계

회사의 초기 자금은 시쳇말로 3F(Family, Friends, Fool)로 시작한다고 한다. 그 외에 저축, 개인 대출 및 크라우드펀딩도 초기 자금의 중요한 구성 요소가 된다. 또는 엔젤 투자자는 초기 단계의 회사에 대한 좋은 시작점이 될 수 있다. 이들은 미래에 높은 수익을 제공할 것이라고 생각하는 스타트업에 투자한다. 그들은 강력한 경영진, 높은 성장 잠재력 및 탄탄한 사업 계획을 가진 회사를 찾고, 다른 비즈니스 동료 및 신뢰할 수 있는 회사를 찾아 공동 투자한다. 그들은 가장 익숙한 기술 또는 산업을 기반으로 벤처를 선택하므로 멘토링 및 상담을 제공할 수 있다.

② 시드(Seed) 단계

스타트업은 사업을 시작하기 위해 종자 자금을 받는다. 사업주는 사업 계획을 잠재적인 투자자에게 제시한다. 투자자가 자신의 아이디어에 자금을 지원하기로 동의하면 프로토타입을 만들거나 추가 테스트를 수행하기 위해 돈을 받고, 투자자는 사업에서 주식을 얻는다.

③ 성장 단계

이 단계는 벤처 자본가들이 일반적으로 참여하는 첫 번째 라운드이며 보통 시리즈 A라고도 불리는 단계로 마무리된다. 일반적으로 시리즈 A는 2~4백만 달러 규모이다. JE Young과 JC Ruhnka의 연구에 따르면 벤처 캐피탈리스트는 이 단계에서 돈을 잃을 확률이 66.2%이므로 약간의 도박이다. 아이디어가 실현 가능하다면 벤처 캐피탈리스트는 세부적인 사업 계획을 요구하고 회사의 이사회 멤버가 될 것이다. 사업은 투자자의 기대에 부응하기 위해 전문화되기 시작하고 회사는 시장에 출시될 솔루션을 개발하고 테스트할 것이다. 몇 명의 고객에게 프로토 타입을 보여주고 피드백을 요청한다. 그런 다음 벤처 자본가가 전체 프로세스를 모니터링하면서 생산을 준비한다.

④ 확장 단계

다음의 일련의 자금은 시리즈 B, C 및 D의 연속이다. 사업은 꾸준히 성장하고 제품 또는 서비스를 성공적으로 생산 및 판매할 것이며, 기업의 가치는 일반적으로 3,000만 달러 이상이 될 것이다. 경쟁사와 마주하고 시장 점유율을 확보하기 위해 노력할 것이다. 이 단계에서는 수익-지출 균형(break-even)을 목표로 한다. 벤처 자본가는 경영진이 올바른 결정을 내리는지 면밀히 모니터링하게 될 것이다.

벤처 캐피탈리스트는 경영진이 경쟁 업체와 경쟁할 수 있는 것으로 입증되면 다음 단계를 지원할 것이다. 그러나 회사가 요구 사항을 충족시킬 수 없는 경우 팀을 재구성하거나 이 단계를 반복할 것을 제안할 수 있다. 이 단계 중에 요구 사항이 제대로 수행되지 않으면 프로젝트 자금 지원을 중단한다.

⑤ Bridge 또는 Mezzanine 단계

이 단계에서는 초기 공모를 위해 비즈니스를 준비한다. 벤처 캐피탈리스트는 투자에서 이익을 받고 사업을 떠날 것이다. 비즈니스는 다른 회사와 합병하거나 나른 경쟁 업체를 제거하거나 새로운 플레이어가 시장에 진입하지 못하게 할 수 있다. 기술 회사의 약 1%만이 브리징 자금을 받는다. 더 많은 고객을 유치하고 시장 점유율을 높이기 위해 시장에서의 포지셔닝을 조정할 수 있다. 일반적으로 이 단계는 회사가 더 많은 고객을 유치하기 위해 더 많은 제품과 서비스를 제공하기 시작하는 단계이기도 하다.

⑥ IPO 단계

마지막 단계에 도달하는 것은 대부분의 기업가들이 꿈꾸는 것이다. 주식 시장에 상장되면 주식의 일부를 현금화할 수 있다. 사모 펀드와 퍼블릭 펀드는 투자자의 유형이 다르며 장단점이 있다. 기업은 공개적으로 거래소를 통해 주식을 판매한다. 경우에 따라 초기 공모는 여전히 규모가 작고 입증되지 않았기 때문에 언론과 대중에 대한 관심이 제한적이다. 주식을 공개하려면 회사는 먼저 주식 매각에 도움이 되는 증권인수업자가 있어야 한다. 일반적으로 이 증권인수업자는 투자 은행이며 주가 설정 및 투자자에게 주식을 판매하는 책임이 있다. 증권인수업자는 투자자가 관심을 가질 수 있을 정도로 주가를 낮게 책정해야 한다.

크라우드펀딩 비즈니스 모델

크라우드펀딩은 인터넷을 통해 자산이나 자본을 모아서 사업이나 프로젝트에 자금을 조달하는 것이다. 크라우드펀딩이 자금을 조달할 수 있는 4가지 방법으로 기부, 보상, 대출 또는 투자가 있다. 크라우드펀딩은 자본 조달 외에도 사전 영업, 제품 검증, 주주 구조 정리, 가격 및 수요 측정과 같은 비재무적 이점이 있다. 기업은 투자자를 사용하여 새로운 제품 및 서비스에 대한 피드백과 아이디어를 생성하고 집단적인 의사결정을 장려할 수 있다. 사업에 자금을 지원하는 사람들은 대사가 되어 입소문을 통해 제품을 홍보하고 마케팅하는 데 도움을 준다.

① 크라우드펀딩의 동기

기본적으로 사회적 동기가 있는 프로젝트는 매우 인기가 있다. 비영리 단체에서 광범위하게 사용하는 기부 기반 크라우드펀딩은 일반적인 목적 또는 창의적인 활동에 자금을 지원한다. 소규모 캠페인을 목표로 하며 커뮤니티 기반 또는 로컬 프로젝트에 중점을 두어, 투자자들이 프로젝트가 실현된 것을 보고 만족을 얻을 수 있게 한다. 개인이 자신의 크라우드펀딩 캠페인을 빠르고 쉽게 만들 수 있는 크라우드펀딩 플랫폼이 있다.

보상 기반 크라우드펀딩은 투자자에게 제품 또는 서비스를 제공한다. 투자자들은 종종 소규모 또는 창조적인 프로젝트나 사업에 자금을 지원한다. 일반적으로 이 유형의 파이낸싱은 제품의 초기 수요를 테스트하는 데 사용된다. 신기술이 적용되었지만 시장의 수요를 파악하기 어려운 경우에 적합한 방법이 될 수 있다. 기술, 영화 및 음악 산업의 기업가들도 보상 기반 크라우드펀딩을 사용하여 자금을 조성한다. 주요 크라우드펀딩 플랫폼에는 킥스타터(Kickstarter), 인디에고고(Indiegogo), 크라우드펀더(Crowdfunder), 고펀드미(GoFundMe), 로켓허브(RocketHub), 고겟펀딩(GoGetFunding), 스타트섬굿(StartSomeGood) 등이 있다.

크라우드 투자

크라우드 투자는 주식의 대가로 스타트업에 투자하는 크라우드펀딩이다. 그들은 대기업이 해당 기업 또는 사업을 인수할 때 투자를 종료하고 이익을 얻는다. 기업가들은 자본에 접근하는 기존 방법보다 더 빠른 프로세스이기 때문에 크라우드 투자를 고려한다. 크라우드 투자 풀은 개별 투자자의 자금을 모아서 아이디어나 프로젝트에 투자한다. 여타 비즈니스와 마찬가지로 투자 손실, 배당금 부족, 지분 희석 및 비유동성과 같은 위험이 수반된다.

투자자는 수익을 얻지 못할 수 있기 때문에 어렵게 번 돈을 특정 사업 시작에 투자하는 데 주의를 기울여야 한다. 사실 일반적인 규칙은 그들이 잃을 여유가 있는 돈만 투자해야 한다는 것이다. 잠재 투자자는 투자의 시장 변동도 고려해야 한다. 대부분의 스타트업은 돈을 사용하여 사업을 확장하거나 더 많은 제품과 서비스를 창출하기 때문에 배당금을 분배하지 않는다. 또한 새로운 주식을 발행하여 스타트업이 더 많은 자본을 확보할 경우 지분이 희석될 수 있다. 자금을 조달하는 대부분의 스타트업에는 정상적인 실적이 없는 경우가 많아서 투자자가 달성 가능한 성과를 예측하기가 어려울 수 있다.

투자자는 포트폴리오를 다양화해야 한다. 그들은 다른 사업에 소규모로 투자하여 위험을 분산시킬 수 있다. 또한 스타트업에 모든 자본을 투자하지 말고 대부분의 돈을 더 안전하거나 유동적인 자산에 투자해야 한다. 또한 투자자는 사업에 대한 결정을 내릴 수 없으므로 스타트업의 이사진들의 역량과 경험에 의존한다. 투자자는 이러한 스타트업이 가까운 장래에 상장을 결정하지 않을 수도 있다는 점을 고려해야 한다. 따라서, 그들은 자신의 주식에 대한 구매자가 없기 때문에 투자금을 돌려받기가 어렵거나, 가격 변동으로 인해 처음에 투자한 것보다 적은 돈을 회수할 수도 있다. 경우에 따라서는 세금 감면에 대한 보장이 없을 수도 있다. 크라우드 투자를 통해 명의 구조가 투자자들의 지분을 보유할 수 있고, 경우에 따라 플랫폼은 직접 주식 보유 모델을 따르기도 한다. 투자 금액에 따라 투자자가 다른 종류의 주식(예: 우선주)을 받는 경우도 있다. 이러한 복잡성으로 인해 개인은 크라우드 투자에 참여하기로 결정하기 전에 상당한 주의를 하는 것이 좋다. 주요 크라우드 투자 플랫폼으로는 에퀴티넷(EquityNet), 크라우드큐브(CrowdCube), 시더스(SeedRs), 서클업(CircleUp), 펀더블(Fundable), 위펀더(WeFunder), 로컬스테이크(Localstake), 컴파니스토(Companisto) 등이 있다.

전망

크라우드펀딩 및 크라우드 투자 플랫폼은 더욱 커지고, 빅데이터 및 보다 효율적인 지불 메커니즘과 같은 핀테크의 다른 혁신 분야도 도입하게 될 것이다. 기부 부문을 살펴보면 작은 제품과 제공품으로 기부금이 보상된다. 사람들이 투자 기회에 쉽게 접근할 수 있도록 소셜 네트워크와의 통합도 기대된다. 크라우드펀딩이 기존의 관리형 투자 형태를 대체할 것으로 기대할 수 없지만, 엔젤투자자 및 벤처캐피탈과 더불어 스타트업의 출발 투자처로서 좋은 옵션이 될 것이다.

🔧 자산관리

자산관리에 변화의 바람이 불고 있다. 새로운 세대가 새로운 기술을 수용하면서 더욱 기대가 높아지고 있는 분야 중 하나이다. 로보어드바이저는 저렴한 비용으로 조언을 제공하는 데 사용되는 가상 로봇이다. 그들은 머지않아 전 세계 부의 20% 이상을 관리하게 될 것으로 예상된다. 분석을 통해 고객에게 적합한 투자 제안을 제공하는 자산관리 회사에 중요한 통찰력을 제공한다. 소셜 투자 플랫폼을 통해 투자자는 전문가 비용을 지불하지 않고도 성공적인 투자 전략을 따라할 수 있다. 개인 재무관리 도구를 사용하면 서로 다른 계정에 대해서도 통합 관리가 가능하다. 이들은 투자 상품 및 기타 데이터베이스와 융합되어 개인 및 재무 상황에 대한 전체적인 관점을 제공한다.

자산관리의 작동 방식

자산관리는 많이 논의되는 주제이지만, 모든 사람이 그 전체 의미를 이해하는 것은 아니다. 부유한 사람에게 자산관리는 재무 상태를 향상시키는 과학적 방법이고, 재무 고문이나 재무설계사에게는 부유한 개인에게 다양한 금융 상품과 서비스를 제공하는 것을 의미할 수 있다.

자산관리에는 다양한 금융 상품 및 서비스, 투자, 포트폴리오 관리 및 재무 계획이 통합되어 있다. 가족, 기업가 및 순자산 가치가 높은 개인은 자산관리 서비스를 활용하여 투자 관리, 세무 전문가, 법률 자원, 부동산 계획 및 소매 은행 업무를 조정할 수 있다.

이론적으로 자산관리자는 시장에 금융 상품을 제공할 수 있다. 그러나 실제로 이러한 관리자의 대부분은 고객에게 성공적으로 판매할 수 있는 특정 상품 및 서비스를 전문으로 한다. 양질의 자산관리를 위해 자산관리자는 상담 방식으로 고객 프레젠테이션을 제공해야 한다. 즉, 금융 상품 및 서비스를 선택할 때 고객이 스스로 결정을 내릴 수 있도록 해야 한다. 우리가 불확실한 세상에 살고 있기 때문에 그 누구도 100% 확신을 가지고 투자 수익을 보장할 수 없기 때문이다.

훌륭한 자산관리자의 목표는 고객의 요구를 이해하는 것이다. 고객이 다른 전문 지식을 가진 사람이 필요한 경우 다른 전문가가 참여할 수 있다. 고객의 작업 환경, 인생 목표 및 지출 패턴을 파악하는 데 중점을 두어야 한다.

고객 기대치의 변화

베이비 붐 세대라고 투자하지 않는 건 아니지만, 새로운 세대의 투자자는 주로 X세대와 Y세대로 구성되어 있다.(물론 시간이 지나면 밀레니얼 세대가 투자의 주축이 될 것이다.) 이들은 독특한 개인으로 대우받고 맞춤형 조언을 받기를 원하므로 재무 고문과 기존과 다르게 상호작용한다. 이 새로운 투자자는 또한 그들의 가계 재무를 책임지고 있다. 그들은 재무 조언을 이해하고 자신의 지식을 바탕으로 결정을 내린다. 그들은 많은 재량의 서비스를 구매하지 않으며 일반적으로 스스로 공부도 한다. 그들은 권위에 대한 신뢰가 적고 재무 고문, 전문가 및 동료의 의견을 묻고 다양한 정보를 모은다. 그들은 다른 장치와 채널을 통해 재무 조언에 액세스하기 위한 핵심 도구로 기술을 사용한다. 특히 자산관리용 모바일 앱은 투자자, 특히 새로운 유형으로 인기가 높아지고 있으므로 모바일 앱을 제공하는 것이 필수가 되었다.

재무 고문의 변화

기술은 재무 조언의 성격과 전달 방법을 바꾼다. 로보어드바이저는 사람을 포함하지 않는 알고리즘 기반의 자동화된 자산관리 조언을 제공하는 전자 서비스이다. 주로 포트폴리오 관리 조언을 제공하며 온라인으로 액세스할 수 있고 높은 평균 잔액을 필요로 하지 않기 때문에 밀레니얼 세대를 끌어들이는 저렴한 서비스이다. 로보어드바이저는 복잡한 알고리즘을 사용하여 고객 데이터를 분석하여 개인화된 자산 할당 및 재무 계획을 수립할 수 있다. 일부 금융 기술 회사는 투자자의 선호와 역사에 맞춰 실시간 투자 및 거래 추천을 제공하는 방법과 도구를 개발했다.

알고리즘을 사용하여 개인의 퇴직 계획을 관리하는 로보어드바이저도 있다. 수량화 위험이 있는 자산에만 사용할 수 있으며, 갑작스러운 시장 붕괴와 같이 피할 수 없는 위험은 처리할 수 없다. 사회보장 및 세금 안내가 필요한 고객은 재무설계가 가능한 실제 담당 직원 또는 하이브리드 로보어드바이저를 사용할 수 있다.

반면에 과세되는 계정에서 가능한 가장 낮은 세금을 지불하고자 하는 투자자를 위한 자동화된 로보어드바이저 서비스도 있다. 핀테크 기업들은 금융 상품 및 서비스를 제공하므로 핀테크 기술을 사용하여 투자자가 저렴한 비용으로 접근할 수 있다. 로보어드바이저는 저렴한 관리 비용으로 투자 포트폴리오를 추적하고 재조정할 수 있다.

로보어드바이저는 관련된 시장을 크게 흔들 가능성이 있다. 광범위한 분배 기능과 자금력이 있는 기존 자산관리 회사는 이제 핀테크 기업과 협력하여 로보어드바이저를 개발하고 있으며 일부는 사내에서도 개발하고 있다.

하지만 로보어드바이저의 기술적 향상에도 불구하고, 많은 투자자들은 여전히 인간의 맞춤형 서비스를 선호한다. 어려운 시기에 고객을 안심시키고 조치를 취하도록 설득하고 다양한 솔루션을 합성하려면 여전히 인간의 상호작용이 필요하다. 따라서 우수한 고객 자문 경험을 위해 로보어드바이저 및 사람의 기능이 통합되어야 하며, 자산관리 회사는 로보어드바이저가 고객 관계를 향상시키고 보완하는 방법을 이해해야 한다.

로보어드바이저는 자산관리 회사의 비즈니스 모델에도 영향을 줄 수 있다. 투자자들이 가치 측면에서 사람의 조언과 차이를 느끼지 못하고, 효과적인 대안을 저렴한 가격으로 얻을 수 있다는 것을 알게 된다면 수수료를 기꺼이 지불하지 않을 수 있다. 하지만 그렇다고 사람의 조언이 완전히 사라지지는 않을 것이다. 액센추어(Accenture) 설문 조사에 따르면 고객의 77%가 여전히 재무 고문을 신뢰하고 그들과 함께 일하는 것을 선호한다. 81%는 대면 상호작용을 주장하므로 인간 고문은 여전히 자산관리에 중요한 역할을 한다. 그러나 로보어드바이저는 특히 재무 고문에게 새로운 기능을 제공할 수 있으므로 자산관리 회사는 이를 통합하고 채택하는 것이 바람직하다.

데이터 분석의 변화

빅데이터는 다양한 산업에 혁명을 일으키고 있으며 자산관리 회사는 최첨단 데이터 관리 및 분석 기능을 만드는 데 투자하고 있다. 현재 많은 자산관리 회사는 간단한 분석을 사용하여 고문 실적, 고객 분류, 교육 프로그램 효과 및 제품 침투에 대한 중요한 비즈니스 통찰력을 제공한다. 그러나 이 같은 회사들은 보다 정확하고 통찰력 있는 고객 프로파일을 위해 외부 및 내부 데이터 소스와 비정형 및 구조적 데이터를 결합하여 보다 예측적이고 설명적인 분석을 가능하게 하고 있다. 미래에 자산관리 회사는 실시간으로 투자 결정을 지원하는 알고리즘 분석을 개발할 수 있을 것이다.

금융상품에 대한 접근성 개선

기술을 통해 투자자는 온라인 자산관리 및 앱을 사용하여 재무 고문의 조언을 구할 필요 없이 어디에 투자할지 결정할 수 있다. 웰스프론트(Wealthfront), 베터먼트(Betterment) 및 넛메그(Nutmeg)와 같은 핀테크 회사는 모든 사람이 투자에 참여할 수 있는 더 쉽고 저렴한 방법을 제공한다. 핀테크 앱은 대부분의 사람들이 접근할 수 있을 뿐만 아니라 적극적 투자에서 소극적인 투자로 전환할 수 있는 길을 열고 있다. 이러한 앱의 대부분의 고객은 밀레니얼 세대이므로 이미 두 번의 큰 시장 붕괴를 경험한 적이 있기 때문에 그들이 소극적 투자를 선택하는 것이 그리 놀라운 일은 아니다.

핀테크 앱을 사용하면 금융 상품을 테마별로 그룹화할 수 있으므로 투자자가 선호도와 가치에 따라 포트폴리오를 선택할 수 있다. 웰스프론트 또는 베터먼트와 같은 혁신적인 핀테크 기업들은 정보 비대칭성을 줄여 고객에게 부가가치 제품을 제공한다. 그들은 이해하기 쉽고 투명한 방법으로 투자자에게 정보를 제공함으로써 금융 산업에 큰 영향을 미치고 있다. 이들은 전문 포트폴리오 관리자의 전략을 그대로 이용하거나 헤지 펀드 관리자의 전자 거래 전략을 활용하여 정교한 거래 전략을 제공한다. 어떤 의미에서는 핀테크가 투자 상품에 대한 접근성을 보편화시키고 있으므로, 조금 비약하자면 경제 민주화의 일종으로도 볼 수 있다.

사회적 투자

자산관리 회사는 전 세계 수십억 명의 SNS 사용자를 잠재적인 투자자로 활용할 수 있어야 한다. 그러나 이러한 회사들은 대부분 소셜 채널을 통한 협업을 허용하지 않는 경우가 많다. 따라서 투자 산업에 진출한 핀테크 기업은, 규모가 크고 안정적인 자산관리 회사보다 더 좋은 여건이라고 할 수 있다. 실제로 이토로(eToro), 줄루트레이드(Zulutrade) 및 아욘도 (Ayondo)와 같은 여러 사회적 거래 네트워크가 등장할 수 있었다. 온라인 거래를 제공하는 혁신적인 회사인 이토로는 사용자에게 전략과 거래에 대해 논의할 수 있는 자체 플랫폼을 제공한다. 사용자는 인기 있는 사용자의 전략을 차용하고 포트폴리오의 일부를 미러링할 수도 있다. 이토로는 인기 있는 상인과 전문가를 확인하여 이 사람들이 실제 이름과 사진을 사용하도 록 한다. 이토로는 2016년 7월에 잘 알려진 투자자가 다른 사용자와 의사소 통할 수 있도록 고객 관계 관리 앱을 도입했다

몇 가지 새로운 투자 아이디어

① 투자 변화

에이콘즈(Acorns)는 투자에 대해 걱정이 많은 사람들을 위한 앱이다. 에이콘즈 사용자는 모든 신용카드 또는 직불카드와 심지어 계좌 확인을 앱에 연결한다. 에이콘즈는 이 카드와 당좌계좌를 사용한 구매에서 변경된 사항을 사용하여 저렴한 비용으로 ETF(Exchange Traded Fund)에 투자한

다. 예를 들어, 사용자가 점심에 11.49달러를 소비하면 12달러를 지불하고, 그 차이인 51센트를 투자한다. 이 자투리 투자방법을 통해 평균적으로 사용자는 한 달에 $30에서 $180정도를 투자하게 된다. 또한 자동 및 정기 예금을 설정하여 더 많은 돈을 투자하거나 당좌예금계좌를 사용하여 일회성 대규모 투자를 할 수 있다. 에이콘즈는 매월 1달러의 요금과 매년 총 투자액의 최대 0.5%를 청구한다. HSBC도 영국에서 동일한 기능을 가진 앱을 제공하기 시작했다.

② 게임으로 투자

과거에 주식 시장은 부유한 개인 투자자와 대규모 기관을 위한 것이었다. 그러나 기술의 출현으로 이제는 모든 사람이 쉽게 주식에 투자할 수 있다. 베스틀리(Vestly)는 주식 투자를 게임으로 만든다. 개인은 포트폴리오에 대한 가상 주식을 선택하고, 그들은 이러한 주식의 성과에 따라 포인트를 적립하며, 실제 돈을 잃지 않고도 주식 거래에 대해 배운다. 매월 말에 포트폴리오가 상위 100위 안에 들 경우 최대 3,000달러를 벌 수 있다.

③ 여성 투자

엘레베스트(Ellevest)는 투자에 관심이 있는 여성을 위한 로보어드바이저를 제공하는 새로운 회사이다. Sallie Krawcheck가 설립한 이 회사는 컴퓨터 엔지니어, 기업가 및 재무 분석가와 협력하여 여성을 위한 투자 앱을 제공한다. 엘레베스트는 여성 투자자를 위해 수백 가지의 맞춤형 포트폴리오를 제공한다. 투자자의 일정과 목표에 따라 투자 포트폴리오를 제안하며, 투자자가 목표를 변경하면 포트폴리오를 변경할 수 있다. 여성들은 앱의 일일 포트폴리오 모니터링 기능을 통해 포트폴리오의 진행 상황을 추적하고 포트폴리오가 제대로 작동하지 않을 경우 알림을 받을 수 있다.

엘레베스트는 여성 투자자에게 21 종류의 ETF를 제공한다. 이 펀드는 유동성, 수수료 및 세금 효율성이 높다. 엘레베스트는 관리 중인 모든 자산의 0.5%를 청구하며 최소 초기 투자금이 필요하지 않으며, 기존 계정에서 개인퇴직연금계좌에 이르기까지 다양한 계정 유형을 제공한다.

개인 투자자를 위한 주요 핀테크 업체로는 베터먼트, 웰스프론트, 로빈후드(Robinhood), 넛메그(Nutmeg), 모티프(Motif), 트리거(Trigger) 등이 있으며, 투자 관리자들을 위한 주요 핀테크 업체에는 리스칼라이즈(Riskalyze), 아데파(Addepar), 섬제로(SumZero) 등이 있다.

개인 재무관리

개인 재무관리에는 다양한 서비스가 포함되지만 종종 사용자의 저축, 예산 책정 및 투자 결정에 도움이 되는 도구를 말하는 경우가 많다. PFM(Personal Finance Management) 도구는 은행에서 제공되거나, 3rd party 앱 및 수집 도구를 포함할 수 있다. 은행은 개인 재무관리 도구가 다른 서비스와 연결되어 있을 때만 가치가 있다는 것을 인식하지 못할 수도 있지만, 챌린저뱅크가 이러한 도구를 사용하여 사용자의 모바일 경험을 최우선으로 개선한다. 사용하기가 직관적이며, 대부분 강력한 시각적인 자료도 제공한다. 그러나 개인 재무관리 도구는 계정 정보만 기반으로 개인의 재무 상황에 대한 실질적인 통찰력을 제공하지 않는다. 통합된 결합 정보가 없으면 사용자가 기대하거나 원하는 대로 기능하기 어려울 수 있다. 스웨덴 PFM 앱인 팅크(Tink)와 같은 3rd party 앱은 사용자 신용 점수를 제공하는 기능을 통합하고 추가한다. 유럽에서는 지급결제 서비스 지침2(PSD2, Revised Payment Service Directive)가 오픈 뱅킹을 의무화함으로써 PFM 도구의 발전을 촉진시키고 있다. 민트(Mint)는 1,000만 명 이상의 고객을 보유하고 있으며 고객이 지출, 자산 및 수입을 보고

총 재무 상태를 이해하도록 도와준다. 응용 프로그램은 청구서를 지불할 수 있으며 런베스트(LearnVest) 및 크레디트 카르마(Credit Karma)와 같은 다른 응용 프로그램에 연결하여 재무 조언을 제공할 수 있으며 신용카드 및 제3자 대출도 제공한다.

전망

미래의 자산관리 산업은 투명성과 개방성을 향해 발전하고 있다. 더 많은 사람들이 자산관리 서비스에 접근할 수 있고, 자신의 자산을 한눈에 파악하기 위해 서로 다른 자산들을 통합하여 관리하게 될 것이다. 적은 노력으로 더 많은 것을 달성할 수 있을 것이며, 소규모 투자자들도 위험에 적게 노출되면서도 자본의 수익을 높일 수 있다. 오픈 뱅킹과 미래의 혁신은 로봇의 조언이 점점 더 좋아지고, 단순히 돈을 분산 할당할 뿐만 아니라 인생 목표를 설정하고 달성하는 데 도움이 되는 우리에게 옳은 것에 대해 조언할 수 있다는 것을 의미한다. 즉, 단순한 재무관리를 넘어 재무설계의 영역으로 확장될 것으로 보인다.

재무설계를 통상적으로 6단계로 나누는데 그중 두 번째 단계가 고객 관련 정보의 수집이다. 재무설계로 자산관리 서비스가 확장하려면 개인정보가 필요하다는 의미로, 결국 핀테크 기술이 고도화될수록 개인정보에 대한 수요가 필연적으로 생기게 된다. 필자는 EU GDPR 개인정보보호 전문가 자격과 함께 재무설계사 자격을 가지고 있다. 개인정보를 보호하면서 개인정보를 활용하여 재무설계를 해야 하는 딜레마에 대한 해결 가능한 대안들을 이 책의 중간 중간에 제시하고자 한다.

주요 핀테크 적용 ICT 기술

2장에서는 핀테크 분야에 적용되는 주요 ICT 기술을 간략히 소개한다. 향후에 적용될 기술 및 분야들이 많이 있지만, 가장 주요한 기술 및 적용 영역들만 다루기로 한다.

🔑 빅데이터와 인공지능

빅데이터는 보통 일반적인 데이터베이스 소프트웨어 도구로 저장 및 분석할 수 없는 대용량 데이터 세트를 일컫는다. 데이터 집합을 빅데이터로 사용할 수 있는 미리 정해진 크기는 없지만 데이터 집합은 머신 러닝 도구가 분석할 수 있는 유일한 도구여야 할 만큼 큰 경우가 보통이다. 일반적으로 빅데이터는 수 테라 바이트를 초과하며 여러 다른 시스템에 저장된다. 그러나 데이터 양이 기준이 되는 것은 아니며, 빅데이터를 제대로 이해하려면 데이터의 다양성 유형, 속도 및 정확성을 이해하는 것이 중요하다고 할 것이다.

또한 빅데이터의 정의는 사용되는 소프트웨어 툴의 유형과 저장 및 분석해야 하는 데이터 세트의 크기에 따라 산업마다 다르므로, 한마디로 정의하는 것은 바람직하지 않다. 금융 서비스 산업은 고객 경험과 관련된 전통적인 기업 데이터뿐만 아니라 산업, 거래 활동, 혁신, 성장 등에 대한 예측을 고려하면, 그 산업 특성상 가장 큰 데이터 집합을 보유한 것으로 간주된다. 따라서, 금융 서비스 분야의 빅데이터는 페타 바이트(1,000테라)에 이를 것이다.

데이터의 역사

사용 가능한 데이터의 거의 90%가 2000년대에 기록되었다. 그러나 기원전 2400년 메소포타미아 바빌론에 주판이 도입되면서 고대 세계에서 데이터 사용과 그 작동 방식을 이해할 필요가 있었다. AD 200년에 그리스 과학자들은 점성학적 목적으로 안티키테라 메커니즘(Antikythera Mechanism)으로 알려진 최초의 중앙처리장치(CPU)를 도입했다. 1663년 존 그

랜트(John Graunt)의 첫 회계 원칙이 현대 시대에 빅데이터를 사용하는 길을 열었다. 1865년 리처드 밀러 데븐스(Richard Miller Devens)는 처음으로 "비즈니스 인텔리전스"라는 용어를 사용하여 데이터 수집 및 분석이 어떻게 경쟁 우위를 제공할 수 있는지 설명했다. 그런 다음 1880년 미국 인구 조사국의 직원인 허만 홀러리스(Herman Hollerith)는 Hollerith Tabulating Machine을 생성했으며 이 시스템은 자동화된 계산의 아버지가 되었다. 1950년대 중반, 토머스 데븐포트(Thomas H. Davenport)는 구조적 데이터 분석을 통해 설명적인 분석 및 보고 데이터를 제공하는 Analytics 1.0을 도입했다. Analytics 1.0은 여전히 엑셀에서 스프레드 시트 분석에 사용된다. 1965년에 미국 정부는 자기 테이프에 2억 7,800만 건의 세금 환급과 1억 7,500만 건의 지문 저장을 목표로, 첫 번째 연방 데이터 센터 계획을 발표하였다. 1990년대에 빅데이터에 대한 첫 번째 언급이 마이클 콕스(Michael Cox)와 데이비드 엘스워스(David Ellsworth)가 시각화 회의를 위해 작성한 논문에서 나타났다. 2000년에 피터 라이만(Peter Lyman)과 할 배리안(Hal R. Varian)은 컴퓨터 스토리지 용어에서 정보 정량화에 관한 최초의 포괄적 연구인 "How Much Information?"을 발표했다. 2011년 맥킨지(McKinsey)의 "Big data: The next frontier for innovation, competition, and productivity"라는 보고서에서 금융 서비스 및 투자 부문이 다른 산업보다 회사 당 더 많은 저장 데이터를 보유하고 있다고 밝혔다. 또한 2010년에는 기업이 7.4엑사 바이트의 데이터를 저장하고 소비자가 6.8엑사 바이트의 데이터를 저장한 것으로 추정했다.

현재는 Analytics 1.0(전통적인 분석)을 Analytics 2.0(빅데이터)과 통합하여 측정 가능한 비즈니스 영향을 생성하려는 조직에서 Analytics 3.0이라는 용어를 사용하고 있다.

빅데이터 작동 방식

빅데이터 플랫폼은 대형 비행기와 같은 큰 엔진으로 생각할 수 있다. 매우 강력하며 정보를 연료로 사용한다. 시스템은 기능적이거나 작동 가능한 정보를 제공한다. 서버 로그와 센서는 정보뿐만 아니라 웹 페이지, 소셜 네트워크 및 정보 제공 업체와 같은 외부 소스도 제공할 수 있다. 이 큰 엔진 내에서 데이터를 의미 있는 통찰력으로 변환하기 위해 캡처하고 관리한다. 다른 빅데이터 제공 업체는 다른 사례를 분석하는 데 전문화될 것이다. 가장 좋은 것은 구조화된 데이터와 구조화되지 않은 데이터를 모두 이해할 수 있다는 점이다. 시스템이 제대로 작동하려면 우수한 데이터 디자인 및 아키텍처를 개발해야 한다. 사람의 도움이 거의 없는 의미 있는 통찰력을 제공할 수 있는 시스템이 마지막 승자가 될 것이라는 점에서 향후 AI의 역할이 매우 중요하다. 또한 빅데이터 플랫폼에는 경영진과 분석가가 사용하는 프런트 엔드도 있어서, 이를 통해 비즈니스를 관리하고 시나리오를 실행할 수 있다.

빅데이터를 혁신적으로 사용하는 방법

빅데이터의 혁명은 비즈니스 조직, 운영 및 가치 창출 방식을 변화시키고 있다. 이 규모의 변화에는 효과적인 리더십이 필요하며, 이 기회를 활용하는 CEO는 회사의 장기적인 성공을 높일 것이다.

① 고객 세분화

빅데이터는 기업이 개인 소비자에게 권한을 부여하고 기존 시장을 조사할 수 있는 새로운 방법을 찾을 수 있도록 지원하고 있다. 빅데이터는 예측 모델을 사용하여 기업이 고객에게 다가가 연령, 성별, 지리적 위치, 온라인 구매, 웹 클릭, 소셜 미디어 활동, 스마트 커넥티드 장치 등을 기반으로 인구를 분류할 수 있도록 한다. 동시에 소셜 미디어 지원 플랫폼의 사용이 증가함에 따라 소비자는 비즈니스와 연결하고 고객 설문 조사에 참여하여 고객의 요구에 대한 유용한 통찰력을 얻을 수 있다. 이러한 방식으로 기업은 제품을 사용자 정의하고 타켓 마케팅 캠페인을 효율적으로 운영할 수 있다.

② 고객 개인화 및 맥락화

오늘날 기업들은 빅데이터 수집 및 처리를 통해 온라인 쇼핑을 맞춤형 소비자 경험으로 전환하는 것을 목표로 하고 있다. 개인화는 고객에게 고유한 경험을 제공하는 것으로, 특히 소매 및 금융 서비스 산업에서 사용 가능한 광범위한 제품 및 서비스로 인해 개인화는 점점 중요해지고 있다.

맥락화란 고객의 상황에 따라 시간, 날씨 및 지리적 위치를 포함하여 다른 경험을 제공하는 것을 말한다. 온라인 소매점뿐만 아니라 은행, 중개 회사 및 금융 회사는 빅데이터 분석을 사용하여 소비자 선호도, 구매 행동, 지리적 위치 및 디지털로 기록할 수 있는 기타 정보를 수집한다. 이를 통해 고객의 관심사를 파악하고 현재 및 미래의 요구를 예측할 수 있다. 그런 다음 이 정보를 사용하여 고객에게 개인화 된 경험을 제공하여 고객이 원하는 시기에 원하는 가격으로 최상의 가격을 찾을 수 있도록 도와준다. 개인화 및 맥락화는 또한 비즈니스 시간을 절약하면서 고객의 시간을 절약하고 고객 만족도를 높일 수 있다.

③ 마케팅

비즈니스는 실시간 데이터를 사용하여 마케팅에 대한 고객 중심 접근 방식을 채택할 수 있다. 빅데이터 분석은 콜센터 데이터, 거래 데이터 및 고객 정보를 사용하여 고객 선호와 요구를 결정하고 최적의 상품과 서비스를 제공한다. 맥킨지에 따르면, 평균적인 회사 수익의 75%가 표준 제품 라인에서 생성되며 가격 결정의 30%가 최상의 가격을 제공하지 못한다. 판매량의 손실이 없다고 가정할 때 1%의 가격 인상이 영업 이익의 8.7% 증가로 전환되면서 최적 가격은 회사의 수익성을 향상시킬 수 있는 상당한 잠재력을 제공한다.

DataMeer에 따르면 Customer Analytics는 판매 및 마케팅(48%)에 활용되는 빅데이터의 가장 보편적인 용도로, 마케팅 담당자는 고객 확보 전략을 채택하고 고객 당 수익을 높이고 기존 제품을 개선할 수 있다. 고객 분석에는 운영 분석(21%), 사기 및 규정 준수(12%), 신제품 및 서비스 혁신(10%), 엔터프라이즈 데이터웨어 하우스 최적화(10%)가 이어진다.

④ 온라인 평가

과거에는 빅데이터 사용이 널리 보급되지 않았지만 오늘날에는 빅데이터 기술과 분석을 사용하여 많은 새로운 플레이어들이 진입하였다. 시장에 진입하기 쉬워짐에 따라 온라인 대출 서비스가 급격히 증가하는 한편, 이러한 서비스에 대한 수요 역시 증가했다. 온라인 평가는 은행 기록과 같은 기존 데이터와 소셜 네트워크 및 모바일 운영자의 데이터를 모두 고려한다. 이를 통해 신용 한도를 개설하기 전에 대출업자가 고객을 교차 점검할 수 있는 몇 가지 방법을 제공한다.

몇몇 회사는 비전통적인 데이터를 사용하여 고객의 대출 승인 여부를 결정하는 프로세스를 개발하고 있다. 대출 부문에서 어펌(Affirm)을 포함하여 이 분야의 회사들이 개발하고 있다. 아이르(Aire.io) 및 브랜치(Branch) 같은 회사들의 경우 대체 신용 점수를 참고한다. 런던에 본사를 둔 아이르는 신용 근거가 적은 사람들을 대상으로 새로운 신용 점수 시스템을 개발하고 있다. 소셜 네트워크의 데이터와 가상 인터뷰에서 수집한 자체 정보를 사용한다. 전 세계적으로 45억 명 이상이 신용의 근거가 많지 않기 때문에 매우 거대한 시장이다. 특히 중국의 중앙 집중식 데이터베이스조차도 국민의 22%의 데이터만 모아져 있기 때문에 그 기회는 엄청나다 할 것이다. 중국은 사람들의 평생을 다루는 사회 신용 시스템을 개발하고 있다. 그것은 사람들이 무엇을 할 수 있고 할 수 없는지를 결정하는 빅 브라더처럼, 상업, 사회 및 신용 요소에 근거하여 모든 시민을 평가하게 될 것이다. 중국의 정치적인 환경과 인권 측면의 여건을 고려했을 때, 프로파일링 관련 개인정보의 우려가 커질 수밖에 없는 부분이다.

⑤ 위기 관리

빅데이터 기술은 금융 서비스 산업의 위험 및 규제 문제를 해결할 수 있는 중요한 기회를 제공한다. 포괄적인 실시간 데이터는 위험 모델의 예측 능력을 향상시킬 수 있다. 또한 응답 시간과 시스템 효율성을 혁신하고 현재 위험 범위를 확장하며 비용을 절감할 수 있다. EIU(Economist Intelligence Unit) 보고서에 따르면 소매 은행은 상업 및 투자 은행보다 신용 위험에 더 관심이 있고(53% 대 43%), 시장 위험에 대해 상업 및 투자 은행에 비해 약간 더 관심이 있는 경향이 있다(28% 대 23%). 반면, 투자 은행은 소매 은행보다 운영 위험(29% 대 19%) 및 규정 준수 위험(20% 대 1%)에 대해 더 많은 관심을 가지고 있다.

6개 대륙 55개 국가의 소매 은행(29%), 상업 은행(43%) 및 투자 은행(28%)에서 208명의 위험 관리 및 규정 준수 임원 중 응답 프로필의 42%가 빅 프로필을 통합하고 쿼리한다. 반면 응답자의 47%는 빅데이터에 투자할 것으로 보고되었다. 예측 분석 및 데이터 시각화와 관련하여 응답자의 41%는 현재 고급 빅데이터 분석을 사용하고 있으며, 44%는 2020년까지 이를 수집할 계획으로 조사되었다.

운영 위험은 신용 위험에서 발견되는 것보다 손실이 커지는 또 다른 주요 영역이다. 여기에는 내부 및 외부 사기, 시스템 오류, 비즈니스 중단 및 클라이언트 관련 문제가 포함된다. 데이터 학습을 운영 위험에 적용하는 데 사용되는 새로운 도구는 비용을 크게 절약하고 위험을 완화할 수 있다.

⑥ 고객 관계 개선

많은 기업에서 빅데이터 이니셔티브는 고객 관계 개선과 관련이 있다. 은행은 고객 파악 프로세스를 수행하기 위해 레코드를 검토하고 수백만 고객에 대한 정보를 검토한다. 대부분의 경우 외부 데이터 소스가 규정을 충족하는 데 필요한 정보를 제공할 수 있으므로 고객을 접촉하여 이 작업을 완료할 필요는 없다. 일부 기업은 고객에 대한 단일 시각을 제공하기 위해 내부 및 외부 데이터 소스를 통합하는 것을 지원하므로 고객 접촉이 최소화될 수 있다. 이를 통해 고객과 잠재 고객을 모든 시각에서 안정적으로 파악할 수 있다.

⑦ 금융 서비스 산업의 빅데이터

금융 서비스 부문은 비즈니스 중심 이니셔티브를 구현하여 성장을 가속화하고 고객을 참여시키며 혁신을 통해 경쟁 차별화를 달성한다. 2008년 금융 위기 이후, 금융 서비스 회사는 비용을 절감하고 다양한 시장과 고객에 걸쳐 빅데이터가 생성한 귀중한 통찰력을 활용하려고 노력했다.

44개의 포춘 1000대 기업과 주요 기업 및 기술 의사결정자를 대상으로 하는 NewVantage Partners의 최근 조사에 따르면 금융 서비스 회사의 69.6%가 빅데이터를 비즈니스 성공에 매우 중요하다고 생각한다. 투자와 관련하여 빅데이터에 투자한 회사는 2013년 31.4%에 비해 2015년 62.5%로 증가하였다. 5,000만 달러가 넘는 빅데이터에 대한 예상 투자를 보고

한 기업의 비율은 2014년에 5.4%에 불과했지만, 2017년에 26.8%였다.

금융 회사의 주요 과제는 광범위한 빅데이터를 사용하여 고객을 입체적으로 파악하는 것이다. 이러한 맥락에서 데이터 중심 문화가 필요하다. 주요 빅데이터 분석의 업체로는 클라우데라(Cloudera), 데이터브릭스(Databricks), 아반트(Avant), 위랩(WeLab), 퀄트릭스(Qualtrics), IBM(Watson), 알터릭스(Alteryx), 굿데이터(Gooddata), 도모(Domo) 등이 있다.

전망

빅데이터의 사용은 경쟁의 핵심이 되어 혁신과 성장을 촉진할 것으로 예상된다. 소셜 미디어 및 사물 인터넷의 증가와 함께 기업이 수집하는 정보의 양과 세부 사항이 증가함에 따라, 향후 몇 년 동안 빅데이터의 기하급수적인 성장이 가속화될 것으로 예상된다. 데이터가 증가함에 따라 데이터를 분석하는 도구가 향상되고 Business Objects 또는 SAS와 같은 비즈니스 분석 소프트웨어와 함께 인공 지능의 적용이 업계 표준 솔루션의 형태로 제공될 것으로 예상된다. 또한 실시간 통찰력이 품질을 향상시키고 점점 더 많은 사용 사례가 나타날 것으로 예상된다. 데이터 수익 창출은 수익성 있는 영역이 될 것이다. 은행은 고객에 대한 많은 정보를 보유하고 있으며 새로운 기술을 통해 가치 있는 통찰력과 개인정보 보호와의 균형을 맞추려는 노력도 나타날 것이다. 데이터 관리는 항상 복잡하여 데이터가 올바르게 처리되도록 하기 위해 더 많은 규정이 도입될 것으로 예상할 수 있다. 경험을 선도하는 숙련된 CIO(Chief Information Officer)가 있으면 도움이 될 것이므로 더 많은 회사에서 이러한 유형의 직책을 만들 것으로 기대할 수 있다.

🔑 사물 인터넷(Internet of Things)

"사물 인터넷(IoT)"은 많은 산업 영역에서 빠르게 자리 잡고 있다. 특히 무형 자산을 활용한 금융 서비스 산업에서 IoT는 비즈니스를 혁신할 수 있는 좋은 기회를 제공하며 IoT 애플리케이션은 큰 잠재력을 가지고 있다. IoT에 대한 단일 정의는 없지만, 간단히 내장된 센서가 있는 장치를 인터넷에 연결하여 데이터를 교환할 수 있도록 하는 기술 및 응용 프로그램으로 정의할 수 있다. 이러한 장치는 전자 제품, 소프트웨어, 맥박 조정기, 주방기기 및 자동차도 될 수 있다. 방대한 잠재력을 감안할 때 IoT는 광범위한 산업에서 다양한 용도로 사용된다. 여기에는 소매업, 제조업, 건강, 서비스업, 폐기물 관리 및 금융 서비스가 포함된다. IoT 네트워크는 물건 대 물건 관계뿐만 아니라 물건 대 사람 관계도 구축하고 있다.

사물 인터넷의 성장 동력

가트너에 따르면, 2020년까지 260억 개 이상의 연결된 장치로 IoT의 폭발적인 성장세를 예측하였다. 또 다른 보고서는 2020년까지 340억 대의 장치가 연결되고 그중에 240억 대가 IoT 장치, 100억 대는 스마트폰, 태블릿 및 기타 기존 컴퓨팅 서비스로 예측하고 있다. 기업은 IoT를 채택하여 운영비용을 낮추고, 생산성을 향상시키기 위해 IoT를 구현했다. 이를 통해 새로운 시장으로 확장하거나 새로운 제품 라인을 개발할 수 있었다. 동시에 소비자들은 삶의 질을 향상시키기 위해 IoT 기술을 채택하고 있으며, 정부는 점점 더 IoT를 사용하여 지출을 줄일 수 있다. 아래에서는 IoT의 성장 동력을 다룬다.

① 도시화

도시화는 IoT 성장의 주요 원동력이다. 도시의 인구가 증가함에 따라 소비자 지출이 증가한다. 예를 들어, 동남아시아에만 인구가 1백만 명 이상인 도시가 26개가 있으며 2025년까지 전체 인구의 약 49.7%가 도시 지역에 거주할 것으로 예상된다. 세계에서 가장 인구 밀도가 높은 도시는 도쿄-요코하마(3,780만), 자카르타 수도권(3,130만), 델리 수도권(2,780만) 및 서울/경기(2,360만) 같은 지역이다. 대륙별 인구 분포와 관련하여 아시아는 56.6%, 북미 12.9%, 아프리카 10.7%, 유럽 10.2%, 남미 8.1%, 오세아니아 1.4%를 기록했다.

도시의 성장은 도시가 실용성을 유지하기 위한 효율성과 전략의 개발을 요구한다. IoT는 도시를 보다 지속 가능하고 적응 가능하게 만들 수 있다. 특히 IoT는 부족한 자원(주로 물, 전력, 천연 가스, 음식 및 건강관리)을 관리할 때 매우 유용할 수 있다. 도시는 이러한 자원의 활용을 최적화하는 모델을 사용하여 삶의 질을 향상시킬 수 있다.

② 스마트폰의 성장

2020년 스마트폰 보급률은 2015년 18.6억 명에서 54.3% 증가한 28.7억 명에 이를 것으로 예상된다. 2018년 말 기준으로 스마트폰 보급률이 가장 높은 나라는 바로 대한민국(94%)이다. 두 번째 높은 호주는 총 인구 약 2,550만 명 중 89%가 스마트폰을 가지고 있다. 약 990만 명의 아랍에미리트도 유사한 수준이며, 이스라엘의 스마트폰 보급률은 약 2,300만 인구의 83% 수준이다. 미국도 77%가 조금 못 미치는 5위 수준으로, 대체적으로 개발도상국에서 스마트폰의 보급률 및 밀도가 높아서 IoT의 성장 잠재력이 더 높다고 할 수 있다. 스마트폰에는 보통 3축 가속도계, 자이로스코프, 자력계, 나침반 및 기압계가 내장되어 있다. 또한 스마트폰은 연결된 모든 장치에 대한 논리적 원격 제어로, 피트니스 트래커의 데이터를 저장하고, 지능형 주택을 관리하는 등 다양한 용도로 사용할 수 있으면서도, 가장 개인적인 디바이스라고 할 수 있다. 또한 스마트폰과 더불어 연결된 장치는 매우 빠른 속도로 개발되고 있으며, 소비자의 새로운 요구 사항에 응답하고 있다.

③ 재고 관리 필요성 증가

재고 관리는 주문 및 스토리지 비용과 제품 사용을 제어할 수 있게 하므로 비즈니스에 중요하다. IoT를 사용하는 RFID(Radio-Frequency Identification)를 사용하여 재고를 실시간으로 추적하는 것은 재고 관리에서 매우 중요한 일이다. 실제로 응용 프로그램은 제품의 바코드 레이블을 인식하고 내장 GPS 위치를 사용하여 기업이 제품을 실시간으로 추적할 수 있도록 도와준다. 따라서 기업은 제품 위치와 재고 수준을 즉시 확인하고 수요를 예측할 수 있다. 2020년까지 약 132억 달러의 RFID 태그가 누적 공급될 것으로 예상된다.

④ 클라우드 기반 플랫폼 성장

점점 더 많은 비즈니스, 정부 및 소비자가 연결되고 있거나 연결될 것으로 기대한다. 이러한 맥락에서 클라우드 기반 플랫폼은 경쟁 우위를 확보한다. 인프라 규모 측면으로는 2016년 380억 달러에서 2026년에는 총 355% 증가한 1,730억 달러가 될 것으로 예상된다. 또한 아마존 웹서비스(AWS, Amazon Web Services)는 2016년 3분기에 32억 3,000만 달러를 기록하며 전년 20억 8,000만 달러 대비 59.3% 성장한 것으로 보고했다.

IoT가 비즈니스에 미치는 영향

기업은 더 똑똑하고 기술적으로 진보된 제품을 생산하고 있다. 여기에 여러 가지 방법으로 IoT가 비즈니스에 영향을 미친다. 많은 산업이 새로운 표준에 맞게 조정하거나 이미 조정되었기 때문에, 가장 눈에 띄는 효과는 비즈니스 환경 자체라고 할 것이다. 예를 들어, 물류 산업은 IoT 자동화로 인해 서비스 수요가 낮아질 것으로 예상되는 첫 번째 영역 중 하나이다. 사물 인터넷의 성장과 소셜 네트워크, 모바일 사업자 및 "스마트" 장치의 확산으로 많은 비즈니스 모델들이 변경되었다.

① 실시간 데이터

정보의 디지털화와 상호 연결된 장치 간 데이터의 즉각적인 교환 및 보고는 데이터 제어를 용이하게 하고 프로세스를 최적화한다. 회사는 이제 재고 수준을 확인하고 비효율성을 보고할 수 있으며 제품 부족 또는 잉여가 있는지 알 수 있다. 실제로 IoT는 실시간 제어 기능을 도입하여 폐기물 관리를 새로운 수준으로 전환함으로써 회사 비용을 대폭 절감할 수 있다.

② 원격 액세스

IoT의 인기가 높아지고 점점 더 많은 비즈니스가 광대한 네트워크를 활용하기 시작함에 따라 클라우드 기반 소프트웨어는 생산 라인 또는 전체 비즈니스를 원격으로 보다 쉽게 관리할 수 있어 처리 속도가 빨라진다. 예를 들어, 정기적으로 탱크를 점검하기 위해 출장에 막대한 금액과 시간이 소요되는 점검업무를 수행해야 하는 가스 회사는 IoT를 통해 소요 시간을 절약하고 비즈니스 비용을 효과적으로 통제할 수 있다. 이는 궁극적으로 운영비용 절감 및 ROA(Return on Asset) 개선으로 인해 수익률을 개선하는 효과가 있다.

③ 생산성 향상

IoT를 통해 비즈니스를 원격에서 보다 생산적으로 운영할 수 있다. 이러한 맥락에서 결과적으로 기업은, 실시간 데이터, 원격 액세스 및 빠른 처리는 IoT를 사용하는 비즈니스의 생산성을 향상시킬 수 있다. 비즈니스를 위해 IoT로 업그레이드하기 위해 필요한 유무형의 비용이 있지만 결국에는 보다 효율적으로 생산된 제품 및 서비스로 전환해야 생산성을 향상시킬 수 있다.

사물 인터넷 카테고리

회사가 IoT를 개발하는 범주는 대략 9가지이다.

- 웨어러블: 신체에 부착된 모든 장치를 일컬으며, 스마트 양말과 같은 스마트 의류 및 유아 추적기도 포함되지만 대부분 피트니스 트래커 및 스마트 워치이다.
- 커넥티드 홈: 가정을 디지털화 하는 것으로 조명, 사운드 시스템, 난방 장치, 문 열기, 스마트 초인종까지 포함한다.
- 인프라: 장치가 올바르게 작동할 수 있도록 올바른 네트워크 및 센서를 제공하는 것을 고려한다.
- 헬스 케어: 당 수치 추적기, 맥박 조정기 및 온도계와 같은 의료 기기를 다룬다.
- 유틸리티: 사용을 최적화하기 위해 전기, 가스 및 물의 사용을 추적하는 기술을 다룬다.
- 산업: 광업이나 농업과 같이 값비싼 자산이 필요한 산업에 대한 IoT 적용을 다룬다.

- 소매: 연결된 센서 및 모바일 앱을 사용하여 보다 인터랙티브한 쇼핑 경험을 창출하는 데 중점을 둔다.
- 드론: 드론을 사용하여 보다 자율적으로 행동하고 건설 및 기타 프로젝트에 대한 데이터를 수집하는 데 도움을 준다.
- 자동차: 자동차 보험 시장에 변화를 가져오고 사용자의 운전 습관을 변화시킨다.

IoT와 블록체인 결합

IoT는 종종 블록체인과 연동되어 제안된다. 기본적으로 블록체인은 임의 수정이 불가능한 체인 형태의 분산원장 기술이다. 블록체인은 IoT 영역에서 암호화 데이터 사용을 확장하여 고객 정보를 보다 안전하게 보호하고 거래를 더 빠르게 할 수 있다. 기업은 IoT의 디지털화를 활용하여 가상의 비용 효율적인 분산 네트워크에 대한 입증된 기록을 보유한 블록체인을 사용하여 복잡성을 관리하고 비용을 절감할 수 있다. 그렇게 하면 고객 관계에 대한 신뢰를 구축하고 잠재적 실패 지점을 제거하며 보다 유연하고 안전한 거래를 보장할 수 있다.

이러한 기술을 결합하기 위한 구체적인 응용 사례 중 하나는 고유한 장치의 이력과 다른 장치와의 상호작용을 추적하여 감시하는 보호 수단으로서 활용하는 것이다. 다른 사례로는 스마트 장치가 자체 트랜잭션을 수행하는 독립적인 에이전트가 될 수 있도록 하는 것이다. 일반적인 예는 재고 및 재주문을 관리하는 자판기나, 유지 보수가 필요한 시기를 식별하고, 예약하고, 차고로 운반하고, 비용을 지불하고, MOT(Moment of Truth)를 기록할 수 있는 스마트 자동차가 그 예이다. 오스트레일리아의 커먼웰스 뱅크(Commonwealth Bank of Australia), 웰스 파고(Wells Fargo) 및 브리컨 코튼(Brighann Cotton)은 IoT와 블록체인 기술을 결합한 최초의 세계 무역 거래를 했다. 미래의 공유 경제에서 IoT와 블록체인을 통합하면 일상적인 작업을 완전히 자동화할 수 있을 것으로 예상된다.

금융 서비스의 IoT

IoT는 전례 없는 방식으로 금융 산업을 변화시킬 것이다. 오늘날의 최고 재무 책임자(CFO)들은 비재무적 책임, 특히 IoT를 포함한 기술 관련 문제에 직면해 있다. 맥킨지의 설문 조사에 따르면 CFO의 33% 미만이 비즈니스를 디지털화하고 경쟁력을 강화해야 할 필요성이 커지고 있다고 응답했다. 동시에, 데이터 분석가들은 2020년까지 15조 달러의 추가적인 경제적 가치를 기대하고 있다. IoT 영역에서 금융 서비스 산업이 더욱 활성화될 때, IoT로부터 유도되는 이익도 증가할 것이다.

연결된 장치에 내장된 원격 액세스 및 포괄적인 데이터는 보험, P2P 대출 및 부동산에 사용되는 등 전통적인 금융산업에 새로운 변화를 가져올 것이다.

① 보험

보험 회사는 IoT를 채택하여 보상 정책, 보험료 및 고객을 포괄적이고 쉽게 액세스할 수 있는 데이터베이스에 통합함으로써 적용 범위 비용을 낮출 수 있다. 예를 들어, 자동차 보험에서 IoT는 추적 장치를 통해 보험에 가입한 실제 마일리지 및 운전 행동을 계산하는 데 사용된다. 주택 보험에서 스마트 임베디드 장치는 화재, 누수 또는 높은 수준의 일산화탄소를 감지할 수 있으므로 보험 회사의 위험이 낮아짐에 따라 보험료가 낮아질 수 있다. 건강관리에서 애플 또는 삼성과 같은 대기업은 정교한 모니터링 장치를 통해 개인의 건강을 추적하고 있으며 바이탈리티(Vitality)는 보험 계약자가 수행한 활동 수준에 따라 보상을 제공한다. 보험 부문에 IoT를 통합하고 핀테크/인슈어테크 신생 기업의 수가 증가함에 따라 농업 보험, 자동차 보험 및 건강 보험을 포함한 새로운 분야에서 이 부문의 성장이 더욱 가속화될 것으로 예상된다.

② 부동산

핀테크 스타트업은 사물 인터넷을 사용하여 상업용 부동산에 새로운 기회를 창출하고 있다. IoT 기술을 통해 스타트업은 수리, 유지 보수 및 에너지 사용에 대한 데이터를 수집하여 자산 가치를 보다 잘 평가할 수 있다. 또한 센서를 통해 에너지 비용을 조절할 수 있으며 특히 산업 단지 내 건물 유지 보수를 최대 30%까지 줄일 수 있다. 이 데이터가 공개되면 거래 시장이 생겨 입찰 시 투자자에게 더 높은 투명성과 정확성을 제공할 수 있다. 이는 부동산에 IoT가 관여하면 실시간 입찰 시장에 혁명을 일으킬 수 있음을 의미한다.

핀테크의 O2O 및 IoT

알리바바와 아마존과 같은 전자 상거래 거대 기업은 기존 소매 유통업을 흔들기 위해 열심히 노력했다. 그러나 얼마 지나지 않아 온라인에서만 운영하는 것이 장기적인 지배력을 발휘할 수 없다는 것을 깨달았다. 아마존은 2000년 아마존 프레시 스토어를 오픈하기 시작했으며 알리바바는 중국의 할인 슈퍼마켓에 3억 달러 이상을 투자하고 있다.

O2O(Online-to-Offline) 상거래는 온라인 상점에서 오프라인 비즈니스로 고객을 전환하기 위해 일반적으로 사용되는 비즈니스 전략이다. O2O는 인터넷 광고 및 이메일 마케팅 캠페인을 통해 온라인에서 잠재 고객을 식별하고 오프라인 비즈니스로 전환한다. 따라서 실제 제품을 보고 싶어하는 고객은 온라인 상점을 방문하여 원하는 제품을 선택하고, 실제 구매는

오프라인 매장에서 이루어진다. 온라인과 오프라인 모두에 존재하는 회사는 교차 판매 수단으로 O2O 비즈니스 전략을 사용한다.

핀테크 산업에서 O2O는 점점 인기를 얻고 있다. 이미 시장에서도 확인된 바와 같이, IoT 관련 통계는 많은 인구, 신속한 도시화 및 높은 스마트폰 보급률 증가로 인해 동남아시아에 가장 유리할 것으로 보인다. 인프라 측면에서 중국, 인도네시아, 싱가포르 및 서울은 핀테크 허브가 되기에 유리한 환경이다. 중국은 인구가 많고 기술 사용에 대한 개방성으로 인해 O2O의 선두 주자이다. Click-and-Collect 서비스(온라인으로 주문하고 오프라인 상점에서 찾기로 한 주문)에 주로 중점을 둔 영국 및 미국 시장과 달리 중국의 O2O 마켓에는 주문형 서비스, 일일 거래 사이트 및 Click-and-Collect 서비스가 포함된다. 중국 소비자는 콰이디(Kuaidi)의 택시 앱을 사용하고 택시비 60% 할인을 받거나 58 다오지아(58 Daojia)의 홈 서비스를 사용하여 리베이트를 받을 수 있다. 중국의 O2O 시장은 여행, 운송, 세탁 서비스, 음식 배달 등 온라인 식료품 쇼핑을 넘어섰다.

IoT가 직면한 과제

사물 인터넷은 특히 은행, 보험 및 의료 분야에서 엄청난 기회를 제공하지만 해결해야 할 과제가 있다.

① 초단타 매매

IoT를 사용하면 알고리즘 및 초단타 매매(HFT, High-Frequency Trading)를 더욱 자동화할 수 있다. 사람의 개입을 제거하고 실시간 알고리즘 데이터를 보다 포괄적으로 사용할 수 있게 함으로써 초단타 매매가 더 빠르고 정확해질 수 있다. 그러나 전체 시스템이 더욱 효율적이 되기는 하지만, HFT는 글로벌 경제 및 정치 이벤트가 창출하는 모멘텀에 따라 기술적으로 시장을 끌어 올릴 수 있다. 따라서 알고리즘이 실제 이벤트를 설명하지는 않지만, 이러한 이벤트에서 파생되는 효과를 따르게 되므로, IoT와 결합하여 전례가 없는 무한 거래가 이루어져 이를 따라잡는 것이 거의 불가능해진다. 궁극적으로 IoT 데이터가 제대로 처리되지 않으면 거품 거래를 만들어낼 수 있다.

② 자료 관리

모든 비즈니스가 직면하게 될 또 다른 주요 과제는 막대한 양의 IoT 생성 데이터를 관리하는 것이다. 무결성과 신중한 처리가 필요한 금융 부문 데이터 관리에 실패하면 정보 흐름이 중단될 수 있다. 또한, 금융 부문 규제가 심하고 각 사례마다 신중한 접근이 필요하다는 점을 고려할 때, 데이터의 유효성이 매우 중요하다. 분산 원장과 빅데이터는 이러한 문제를 해결하는 데 도움이 될 수 있다.

금융 부문의 성공적인 IoT 활용 사례

금융 부문은 혁신적인 솔루션을 서비스에 통합하고 고객 서비스를 개선하고 고객 중심 접근 방식으로 업무 혁신을 추구하기 위해 고심하고 있다. 2008년 금융 위기 이후 소규모 금융 은행과 소규모 상업 은행 및 보험사들은 새로운 기술을 실험하고 있다. IoT는 광범위한 잠재력을 가지고 기술을 금융 부문에 성공적으로 통합하여 위험을 줄이고 고객 가치를 향상시킬 수 있는 길을 열어준다.

끊김 없는 결제 솔루션의 글로벌 리더인 인제니코 그룹(Ingenico Group)과 인텔은 IoT를 위한 안전 결제 솔루션을 위해 2016년 4월 협업하기로 했다. 이 협업은 유로페이(EuroPay), 마스터카드(MasterCard) 및 비자(Visa, EMV1) 결제와 NFC(Near Field Communication) 결제를 지원하는 모바일 태블릿의 공동 개발이었다.

마스터카드의 Groceries 앱은 소비자가 IoT를 사용하여 식료품 쇼핑을 할 수 있는 앱이다. 이 앱은 Samsung Family Hub 냉장고의 Wi-Fi 지원 터치 스크린을 통해 소비자를 주요 식료품 점에 연결하여 식료품 쇼핑을 관리하고 좋아하는 브랜드를 선택할 수 있도록 한다. 이 앱은 삼성전자 및 전자 상거래 플랫폼 프레시다이렉트(FreshDirect) 또는 숍라이트 (ShopRite)와 협력하여 마스터카드에 의해 개발되었다.

Start Path Global 프로그램은 전 세계의 스타트업들을 모아서 마스터카드 네트워크에 액세스하고 새로운 시장에 진입할 수 있도록 한다. 이 프로그램에는 실제 참여 및 가상 참여가 있으며, 은행, 물류, 웨어러블 등 여러 분야에서 스타트업을 발굴한다.

Mobile Location Confirmation 앱은 Visa가 개발한 IoT 앱으로 신용카드 거래를 즉시 기록하고 이를 카드 소지자의 실제 위치와 비교한다. 이 앱은 신용카드 사기의 위험을 제거하고 여행하는 동안 카드가 거부될 가능성을 줄여준다. Visa의 이 IoT 앱은 지리 공간 분석 분야의 선도 기업인 핀스피어(Finsphere Corporation)와 공동으로 모바일 위치 데이터를 실시간으로 사용한다.

알파 액티비티(Alfa Activity)는 모스크바의 마케팅 컨설팅 및 광고 대행 사인 포티투 에이전시(42 Agency)와 협력하여 러시아 최고의 은행인 알파 은행(Alfa Bank)에서 시작한 IoT 앱이다. 이 앱을 사용하면 알파 은행 소매점 고객이 온라인 계정을 추적 장치에 연결할 수 있다. 은행은 저축예금 계좌에서 더 높은 이자율로 운동하는 고객에게 보상한다. 앱은 핏빗(Fitbit), 조본 업(Jawbone Up) 및 런키퍼(RunKeeper) 플랫폼을 통해 실행된다.

전망

IoT는 차세대 산업 혁명이 될 수 있다. IoT는 분명히 현실 세계에서 이용될 것이며, 새로운 세대가 태어날 때 휴대 전화처럼 자연스럽게 받아들일 것이다. IoT 장치는 어디에나 볼 수 있게 될 것이며 관리와 높은 보안이 필요하다. 로봇 및 연결된 기계와의 상호작용은 일상이 될 것이다. 점점 수동 작업이 덜 필요하고 프로세스가 점점 효율적으로 진행될 것이다. 또한 우리의 신원을 확인하며, 이를 통해 자연스럽게 프로필 관리를 시도하게 될 것이다. 바로 이 지점에서 보안 및 개인정보의 중요성이 부각될 것이며, 이에 대한 대비 역시 필요하게 될 것이다.

블록체인 및 분산 원장

블록체인은 전 세계 금융 서비스의 다음 세대 혁명으로 여겨진다. 블록체인 기술의 구성 요소가 무엇이며 어떻게 작동하는지 이해하기 위해 기본적인 사항을 짚고자 한다. 이 기술은 일상 생활에서 스마트 컨트랙트 생성, 지불 개선, 의료 기록 유지 및 신원 디지털화 등 여러 가지 방식으로 사용될 것으로 보인다.

암호 화폐(화폐나 통화로 명칭하기에는 이견이 많을 수 있다. 그래서인지 최근에는 크립토 에셋(crypto asset), 암호화 자산이라는 용어도 많이 쓴다. 이 또한 블록체인 기술이 응용 분야를 찾아가는 과정이라는 반증이라 하겠다.)는 블록체인의 응용 사례 중 하나이다. 이 새로운 형태의 통화는 지불을 더 저렴하게 하고 화폐(물리적 또는 종이)의 필요성을 없앨 수 있다. 가장 인기 있는 암호 화폐인 비트코인과 두 번째로 중요한 암호 화폐인 이더리움에 대해 언급하고자 한다.

분산원장에 대하여

최근 수십 년 동안 우리는 은행이 어떻게 잘못 운영될 수 있는지 보았다. 투자 그룹에 대한 신뢰는 착취로 이어지기 쉬운 구조였음이 입증되었다. 궁극적으로 사람들은 사기가 미연에 방지되는 돈 거래 시스템을 찾고 있었다.

많은 재무 시스템의 현재 문제를 해결하는 데 도움이 되는 혁신적인 기술은 분산 원장이다. 금융 거래에는 신뢰가 필수적인데 은행이 문제를 일으키는 이유 중 하나는 서로에 대한 신뢰 부족이다. 분산 원장을 통해 사람들은 서로를 전적으로 신뢰할 수 있다.

분산 원장은 데이터베이스 유형이다. 주요 특징은 여러 사이트, 국가 또는 기관에서 복제 및 공유된 데이터를 보유한다는 것이다. 이 데이터는 합의하여 저장되므로 데이터의 신뢰성에 대해 의심의 여지가 없으며 일반적으로 공개된다. 트랜잭션을 블록으로 그룹화하는 대신 레코드는 연속 원장에 연속적으로 저장되며 참여자가 정족수에 도달한 후에만 새 블록을 추가할 수 있다. 분산 원장을 사용하면 실시간(여기에는 여러 이견이 있을 수 있다)으로 안전하게 데이터를 공유할 수 있다. 분산 원장에는 여러 가지 유형이 있으며 주요 차이점은 합의가 달성되는 방식이다. 분산 원장의 예는 리플(Ripple), 멀티체인(Multichain) 및 하이퍼레저 프로젝트(Hyperledger Project) 등이 있다. 원장은 공개 또는 비공개일 수 있다. 공개 원장(Public Ledger)은 누구나 데이터를 제공할 수 있으며 모든 참가자는 동일한 원장 사본을 볼 수 있다. 이에 대한 예는 검열에 반대하는 데이터베이스인 비트코인이 있다. 비공개 원장(Private Ledger)은 원장과 동일한 사본을 배포할 수 있지만 제한된 수의 참가자에게만 배포할 수 있다. 은행이 블록체인 기술에 투자할 때 고려하고 있는 원장은 주로 비공개 원장인 경우가 대부분이다.

블록체인?

블록체인은 데이터를 공유할 때 합의와 보안을 제공할 수 있는 데이터 구조의 한 유형이다. 어찌 보면 디지털 세계에서 금융 거래를 구축할 수 있는 가장 안전한 데이터베이스 모델일 수 있다. 기존 데이터베이스에 대한 일반적인 개념은 데이터베이스를 관리하기 위해 위임된 서버와 함께 단일 서버에 저장되는 반면, 블록체인 데이터베이스에는 데이터베이스 관리와 관련된 많은 상호 의존 컴퓨터가 있는 분산 시스템이 있다는 것이다. 따라서 단일 컴퓨터를 신뢰할 수 없으므로 데이터베이스를 해킹하는 것이 사실상 불가능하다.

그러나 이더리움이 2016년 6월 17일에 공격을 받은 후 블록체인 기반 통화의 불변성이 문제로 제기되었다. 해킹은 누군가가 코드에서 버그를 사용하여 DAO(Decentralised Autonomous Organization)에서 돈을 인출하는 방법을 발견했고, 4시간도 채되지 않아 해커는 4천 5백만 달러를 인출하여 이더의 가격이 40%, DAO 토큰이 70% 하락했다.

사이버 공격이 성공하기 위해서는 동일한 데이터베이스의 여러 공유 사본을 동시에 공격해야 하기 때문에 원칙적으로 분산 원장은 공격하기가 더 어렵다. 그러나 누군가가 한 사본을 '합법적으로' 수정하는 방법을 찾을 수 있으면 원장의 여러 사본을 모두 수정할 수 있기 때문에 분산 원장 기술이 사이버 공격에 취약하지 않다는 것을 의미하는 것은 아니다.

블록체인 시스템은 일반적으로 2가지 주요 구성 요소로 구성된다. 이 두 구성 요소는 P2P 네트워크와 데이터베이스이다. 네트워크와 관련하여 블록체인은 P2P 네트워크라는 통신 모델을 통해 연결된 컴퓨터 그룹으로 구성된다. 이것은 컴퓨터가 해당 데이터베이스에 대한 새로운 변경 사항을 전달하는 메커니즘이다.

블록체인 시스템의 두 번째 주요 구성 요소는 데이터베이스 자체이다.

데이터베이스는 트랜잭션 히스토리의 누적이다. 이 시스템을 통해 거래가 발생한 순서대로 거래를 기록할 수 있다.

블록체인의 구성 요소

이러한 두 가지 구성 요소에 대해 좀 더 자세히 살펴보면, 우선 P2P 네트워크는 "노드"라고 하는 많은 컴퓨터로 구성된 네트워크이다. 이러한 노드 네트워크는 단순히 서로 연결된다. 네트워크 내에서 연결할 수 있는 노드 수에는 제한이 없다. 실제로 오늘날 체인에 연결된 수천 개의 노드가 있는 네트워크가 있으며 전체 노드의 수는 매일 증가하거나 감소한다.

이 노드들을 서로 연결하면 단일 컴퓨터로 인해 트랜잭션 실패가 발생할 수 없으므로 단일 실패 지점이 없음을 의미한다. 다른 모든 노드가 단순히 데이터베이스의 정보를 전파할 수 있기 때문에 네트워크의 단일 노드가 데이터베이스의 데이터베이스 또는 센서 정보를 해킹할 수 없다.

새 트랜잭션이 나타나면 어떤 노드로나 보낼 수 있으며 어떤 특정 노드인지는 중요하지 않다. 트랜잭션은 일반적으로 시작부터 많은 노드로 전송되며 추적하기가 어렵다. 노드가 트랜잭션을 받으면 트랜잭션을 모든 인접 노드 등으로 보낸다. 그러면 트랜잭션이 전체 네트워크에 빠르게 전파되며, 이것이 P2P 네트워크에서 블록체인이 작동하는 기본 방식이다.

이러한 노드는 다양한 위치에 있으며 트랜잭션은 한 번에 여러 위치에 나타나므로 트랜잭션의 출처를 정확히 알 수 없다. 이러한 방식이기에 트랜잭션을 검열하기는 어렵다.

트랜잭션이 누적되면 트랜잭션을 모아 블록을 만들기 시작한다. 트랜잭션들이 모여 블록이 되며, 이 블록을 누가 생성할 것인지 등에 대한 합의를 한다. 같은 방식으로 새 블록이 네트워크에 추가되면 이전 블록에 연결된다. 이러한 트랜잭션을 보호하기 위해 블록 끝에 암호화 서명이 포함된다.

그래서 암호화 서명은 블록체인 시스템에서 매우 중요하다. 암호화 서명의 여러 속성이 데이터베이스를 보호하며 서명은 이전 블록에 대한 링크를 설정한다. 첫 번째 블록은 제네시스(Genesis) 블록에 대한 링크를 설정한다. 이후의 모든 블록은 암호화 서명을 통해 이전 블록과 연결된다.

본질적으로는 서명을 통해 이러한 블록이 체인을 형성하게 만든다고 할 수 있다.

그렇다면 암호화 서명은 얼마나 신뢰할 수 있을까? 서명은 메시지의 진위 여부를 확인하는 데 사용되는 수학적 기술이다. 누군가 블록 내에서 트랜잭션 히스토리의 정보를 변경하면 서명이 유효하지 않게 된다. 더 이상 유효하지 않으면 네트워크의 모든 노드에 신호를 보내 누군가 특정 블록을 방해하거나 변경하려고 시도했음을 알릴 수 있다.

네트워크에 이미 많은 블록이 있고 누군가 이전 이력으로 돌아가서 이전 트랜잭션을 변경하거나 제네시스 블록을 직접 변경하면, 이후 모든 블록들의 해시값이 변경되기 때문에, 모든 블록의 서명이 유효하지 않은 것으로 간주된다. 간단히 말해서, 블록체인 시스템은 데이터베이스에 대한 변경 불가능한 영구 변경 기록의 모음이라고도 말할 수 있다.

암호 화폐

돈은 사회의 기본 기둥이고 경제의 생명줄이다. 돈은 거래를 촉진하기 위해 존재하며 이제는 사람, 회사 및 국경을 넘어서 모든 곳에서 발생한다. 거래 기록은 원장에 보관되며 원장의 정보는 따로 보관되어 대중에게 공개되지 않는다. 거래를 촉진하기 위해 은행, 정부, 지폐 및 회계사와 같은 제3자 또는 중개인이 필요하다.

그러나 디지털 기술의 출현으로 실제 현금은 과거보다 훨씬 적게 사용되고 있으며 점점 더 줄어들 것이다. 전자적 형태의 모든 화폐의 목적 중의 하나는 돈의 이체를 디지털화하는 것이다. 암호 화폐의 기본 기술은 블록체인이고, 이를 통해 컴퓨터 네트워크가 클라우드에서 집합적인 장부를 유지한다. 암호 화폐는 교환의 매개체로도 활용하여 이를 통해 디지털 정보 교환도 가능하며, 암호화 기술은 그러한 거래를 보호하는 데 사용된다.

최초의 암호화 화폐는 2009년의 비트코인이었다. 2년 후, 비트코인의 첫 번째 알트코인인 네임 코인이 만들어졌다. 분산 도메인 이름 서버(DNS)를 구성하고 검열을 훨씬 어렵게 하기 위해 만들어졌다. 2019년 11월 기준 온라인 거래에 3,000개가 넘는 암호 화폐가 사용되고 있다. 디지털 통화는 현재 일반 지폐 통화가 직접 연결되는 법률, 규칙 및 규정에 구속되지 않기 때문에, 이러한 거버넌스의 부족은 테러리스트와 돈세탁자가 거래할 수 있게 되는 문제가 있다. 다른 자산과 마찬가지로 암호 화폐는 가격과 관련하여 빠르게 상승 및 하락할 수 있으며, 이는 매우 변동성이 높고 위험하다. 화폐로서의 기능을 하려면 가치의 저장이 가능해야 하나, 자산가치 자체의 변동성이 매우 높고 위험하기 때문에 화폐로는 활용이 어렵다. 그래서 법정화폐와 연동하는 스테이블 코인 종류의 암호화 화폐도 등장하였다. 여기에서는 유통이 많이 되었던 암호 화폐 중 일부를 살펴보고자 한다.

① 비트코인(Bitcoin)

비트코인이야말로 모든 것이 시작된 암호화 화폐라고 해도 과언이 아니다. 2008년 논문에서 처음 정의된 후 2009년 사토시 나카모토(Satoshi Nakamoto)라는 이름으로 발표되었다. 사토시 나카모토는 실제로 사람이 아니라 신원이 확인되지 않은 온라인 프로필이다.(물론 몇몇 사람들이 본인이 사토시라고 주장하는 경우들이 있지만, 이를 의심의 여지없이 증명하지는 못했다.) 비트코인은 컴퓨터 연산을 통해 어려운 수학 문제를 해결함으로써 만들어지는데, 이를 흔히 '채굴'이라고 부른다.

여러 가지 논쟁에도 불구하고, 비트코인은 거래 수행 방식에서 새로운 지평을 열었다. 은행 시스템에 대한 대안을 제공하기 위해 만들어졌고, 전 세계의 컴퓨터 네트워크를 활용하여 온라인 지불 수단으로 사용 가능한 P2P 결제 시스템을 위해, 디지털 토큰인 비트코인의 소유권을 추적할 수 있도록 하는 개방형 회계 시스템으로 볼 수 있다.

사토시의 이 창작물은 전 세계의 프로그래머와 개발자들 사이에서 널리 인정되었으며, 비트코인과의 첫 번째 알려진 거래는 2010년 10월에 이루어졌다. 플로리다의 한 거주자는 피자를 주문할 사람에게 10,000개의 비트코인을 제공했다. 런던에 사는 누군가가 그 제안을 받아 파파존스에 장거리 전화를 걸었다. 오늘날 그 피자에 지불한 금액은 약 수백만 달러로 증가했다.

비트코인은 더 많은 시가 총액을 확보하고 번창하기 위해 더 광범위하게 접근할 수 있어야 했다. 이는 실제 통화와 달리 암호 화폐의 가치는 그 자체의 활용이나 가맹점 및 기타 사용자의 채택에 의해 결정되기 때문이다. 처음에는 비트코인은 포럼 내부에서 거래되었다. 천천히 위키릭스(Wikileaks)와 같은 다른 조직들이 기부와 지불 수단으로 비트코인을 받기 시작했다.

시장에서 최초의 비트코인 거래소는 도쿄의 마운트곡스(Mt.Gox)이다. 2010년 11월까지 비트코인의 총 가치는 약 4백만 달러였고, 환율은 비트코인 당 50센트 수준이었다. 비트코인의 가치는 계속 상승했으며 2011년 2월에는 이미 미국 달러와 동등한 수준이었다. 이를 기점으로 더 많은 사용자와 투기꾼이 비트코인에 투자했다.

2011년에 마운트곡스 시스템이 해킹되어 비트코인 가격이 하락했으나, 2012년에 다시 상승했고, 2017년 12월 중순경 비트코인은 시가 총액이 약 3,314억 달러에 달했다.

비트코인 생태계 내에서 지갑, 교환, 지불 처리를 제공하는 여러 플레이어가 있었다. 지불 보증을 포함한 전체 서비스 제품군을 제공하는 Coinbase, Xapo, Circle 및 itBit과 같은 플랫폼도 있다. 주목할 만한 흥미로운 부분은 Colored Coins 프로토콜을 만드는 것이다. 비트코인마다 색을 칠하는 개념으로 서로 다르게 구별함으로써 사람들은 비트코인 네트워크를 훨씬 더 유용하게 만들면서, 거래하고자 하는 대상을 의미하는 토큰으로 바꿀 수 있다. 본 발명을 통해 사람들은 물리적인 통화의 전달 및 수령이나 smart barter 메커니즘을 사용한 물물교환을 하지 않아도 된다. 현금을 사용하는 대신 여러 형태 및 색깔의 Colored Coin으로 지불 가능하다.

② 이더리움(Ethereum)

이 암호화 화폐는 비트코인과 유사하지만 분산된 조직을 블록체인 위에 구축하고, 특정 이벤트가 발생하면 스마트 컨트랙트가 자동으로 실행된다. 이더리움 블록체인은 비탈릭 부테린(Vitalik Buterin)이 설계하고 2015년 7월에 출시했다. 이 플랫폼은 P2P '스마트 컨트랙트'를 실행하여 블록체인을 통해 자동화된 거래를 한다. 이는 내장된 알고리즘을 사용하여 사용자가 블록체인을 통해 다른 사용자에게 암호 화폐인 Ether를 전송할 수 있음을 의미한다. 코드로 작성된 스마트 컨트랙트는 이더리움을 단순한 분산 원장 이상의 것으로 만들었다. 이더리움을 통해 개발자는 이더리움 블록체인의 스마트 컨트랙트를 통해 프로젝트를 만들 수 있다. 가장 주목할 만한 이더리움 프로젝트는 DAO(Decentralized Autonomous Organization)였다.

DAO는 이더리움 데이터베이스에 지장된 계약으로 구성된 오픈 소스로 작성된 리더가 없는 조직이었다. 2016년까지 DAO는 Ether에서 1억 5,000만 달러 상당의 계약을 수금했다. 그러나 6월에 공격을 받아 360만 Ether를 잃었다. 이 공격으로 이더리움 커뮤니티는 투표를 했다. 참가자 대부분은 도난당한 자금을 되찾기 위해 이더리움 코드를 변경하기로 합의했다. 그러나 소수의 사용자가 이에 동의하지 않았다. 소수자들은 건전한 역사를 만들어가기 위해 블록체인에 무단 변경이 없어야 한다고 주장했다. 그래서 그들은 이전 버전의 블록체인을 계속 채굴했다. 이것이 플랫폼이 이더리움(ETH)과 이더리움 클래식(ETC)으로 나뉘어진 방식이다. 이더리움 클래식은 원래 이더리움 블록체인의 연속이다. 이력은 변경되지 않으며 외부 간섭이 없다. 이와 반대로 이더리움(ETH)은 소유자에게 자금을 복구하기 위한 조치를 취해서 하드포크한 블록체인이다. 2017년 2월 중순 이더리움의 시가 총액은 11억 달러를 넘어섰으며 이더리움 클래식의 시가 총액은 10억 달러 수준이었다.

③ 리플(Ripple)
2012년에 출시된 Ripple은 실시간 총액 결제 시스템, 환전 및 송금 네트워크이다. Santander와 같은 몇몇 은행은 Ripple을 이 시스템을 운영에 통합했다(일반적으로 거래되는 Ripple 코인과는 별개이다). 2018년 1월 초 시가 총액은 1,467억 달러에 달했다.

암호 화폐 지갑
실제 세계에서 지폐는 지갑에 저장되듯이, 디지털 세계에서 암호 화폐는 '클라이언트'에 저장된다. 암호 화폐 지갑은 디지털 화폐를 저장하여 사용자가 어디서나 돈을 옮길 수 있도록 제어하게 되며, 이 전자 지갑에는 디지털 돈을 안전하게 지키기 위한 보안 기능이 있다.

암호 화폐 지갑은 여러 곳에 보관할 수 있다. 랩톱, 데스크톱 또는 휴대폰 같은 모든 장치에 설치할 수 있으며, 사용자가 지갑을 보관하고 있는 기기를 분실한 경우 지갑의 비밀번호를 백업하여 별도의 메모리 장치에 저장하는 기능을 대부분 지원한다. 사용자가 계정을 등록 및 생성하고 돈을 버는 온라인 암호 화폐 지갑도 있다. 온라인 지갑의 장점은 사용자가 언제 어디서나 다른 기기에서 돈을 이용할 수 있다는 것이다. 많이 쓰이는 암호 화폐 지갑에는 마이셀륨(Mycelium), 홀리트랜잭션(HolyTransaction), 크립토네이터(Cryptonator) 및 잭스(Jaxx)가 있다.

블록체인이 금융 서비스에 미치는 영향

블록체인은 글로벌 금융 시스템을 탈중앙화하고 더 나아가 민주화하는 데 기여할 것으로 보인다. 모든 사람에게 동등한 액세스 권한이 부여되는 형태이므로 금융기관은 금융 산업에서 블록체인의 중요성을 인식해야 한다. 기술이 발전함에 따라 금융 당국은 일상생활의 모든 측면에서 블록체인의 막대한 영향에 주의하고 있다. 블록체인은 결국 거래를 수행하는 전통적인 방법론을 쓸모없게 만들 수 있다. 자산, 가치, 주식, 옵션 또는 파생상품을 거래하든 이 기술은 보다 효율적이고 유연한 금융 시스템을 만들 수 있다. 예를 들어, 거래 후 합의에서 많은 중복성과 실수가 제거되고, 신뢰할 수 있는 제3자에게 지불하는 막대한 금액을 절약할 뿐만 아니라 글로벌 금융 시스템을 보다 효율적으로 만드는 데 도움이 된다. 물론 이는 제한적인 영역에서의 이야기이지만, 기술과 제도의 변화에 따라 금융에서 블록체인의 영역이 확장될 것임은 분명해 보인다.

블록체인에 대한 투자

다보스 포럼(WEF, World Economic Forum)은 2016년 8월 "The future of financial infrastructure"라는 금융 인프라의 미래에 대한 보고서에서, 여전히 장애물이 있지만 블록체인 기술에 대한 인식이 급격히 증가하고 있다고 말한다. 금융 부문은 혁신에 계속 집중할 것이다. 2016년 첫 6개월 동안 블록체인 기술과 비트코인 회사에 대한 총 벤처 캐피탈 투자액은 2억 9,000만 달러였다. 현재 은행 부문은 블록체인으로 창출된 기회에 적극적으로 참여하고 있다. 은행이 미래에 금융 서비스를 제공하는 방식에 큰 변화를 가져와야 하기 때문에 은행이 자신의 자원을 블록체인 기술에 투입하는 것이 그리 놀라운 일이 아니다.

Greenwich Associates의 "Blockchain Adoption in Capital Markets" 라는 조사에서 응답자의 대부분이 향후 5년 내에 시장에서 게임 체인저로서의 블록체인의 엄청난 잠재력에 동의했다. 조사 참가자에는 은행 임원, 자산관리자 및 블록체인 기술 회사가 포함되었다.

블록체인 사용 사례

블록체인은 많은 용도에 활용 가능하다. 블록체인을 통해 최종 소비자로서 거래를 하는 우리의 능력은 실제 세계에서 디지털 세계로 옮겨지고 있고, 이 혁신적인 시스템은 다양한 산업의 비효율성을 해결한다. 다음은 현재 진행 중인 적용 사례이다.

① 스마트 컨트랙트

일반적인 서류상 계약은 법적으로 표현되는 것이 특징이며 계약의 집행 및 분쟁 상황을 제3자인 공공 사법 시스템에 의존한다. 반면 스마트 컨트랙트는 프로그래밍된 컴퓨터 코드를 사용하여 계약을 실행한다. 스마트 컨트랙트는 자동화되고 자체 실행 가능한 중개인의 필요성을 제거할 수 있다. 특정 조건을 프로그래밍함으로써 계약은 예를 들어, 특정 이벤트가 발생한 경우 벌금을 부과하는 등 자체적으로 실행될 수 있다. 이것은 변화를 일으키는 가장 큰 영역이다. 계약의 도구로 블록체인을 사용하면 많은 변화가 일어날 것이다. 블록체인을 사용하면 공유 원장에 무언가를 기록할 수 있으며 일단 기록되면 거래가 데이터베이스에 표시되며 거래가 두 당사자 사이의 특정 날짜에 발생했다는 반박할 수 없는 디지털 증거가 되는 것은 물론, 디지털 세계에서의 계약의 이행까지 완료할 수 있다. 이는 계약법의 영역에서도 연구가 많이 필요한 분야이다. 스마트 컨트랙트를 기존의 법률상의 계약의 청약, 승낙, 성립, 이행, 해지 등의 행위와 비교하여 해석이 달라질 수 있는 여지가 있기 때문이다.

스마트 컨트랙트의 좋은 적용 사례 중 하나는 음원 산업이다. 음원의 공개 시에 블록체인을 설정하면 음원을 판매하고 가치 체인의 여러 당사자 간에 실시간으로 혜택을 분배할 수 있다. 유가 증권, 신디케이트 대출, 무역 금융, 스왑 및 파생 상품과 같은 많은 분야 역시 활용 가능하다.

② 지불

지불 거래는 전통적으로 은행 및 송금 센터와 같은 신뢰할 수 있는 제3자를 사용한다. 그러나 블록체인을 사용하면 지불 거래가 번거롭지 않고 일반적으로 중개인이 청구하는 지불 전송 수수료를 절약할 수 있다. 이것은 금융기관 및 규제 당국에 큰 영향을 미치기 때문에 중요한 영역이다. 블록체인은 단 몇 분 만에 결제를 처리하지만 제3자를 사용하여 결제하는 데는 수 시간에서 수일까지 걸린다. 혹자는 여기에서 청산절차를 언급할 수 있으나, 이는 블록체인을 이용한 지불결제 시스템에 대한 이해의 부족에서 오는 비교이다. Clearing으로 불리는 청산 자체가 기존 금융시스템에서 지불 결제의 완결을 짓는 절차이지만, 블록체인과 같은 탈중앙화 시스템에서는 청산이라는 개념 자체가 없다고 보는 것이 더 합당하다. 기존 금융시스템과 1:1로 비교를 하자면, 거래 완결성이 없는 시스템으로도 볼 수 있지만, 거래의 완결이라는 것 역시 그 근본적인 개념을 따져보면 결국 사회적 합의이기 때문에 단순한 1:1 비교는 어렵다.

분산 원장 아키텍처의 기본 기능은 거래 내역을 유지 관리한다는 것이다. 개방적이고 투명한 방식으로 체인을 검증하고 인증하여 네트워크의 모든 참가자가 각 거래를 확인하고 검증한다. 또한 송금은 송금인과 수취인이 개인 키를 사용하여 기록할 수 있어서, 송금인과 수취인을 추적하는 것이 점점 어려워질 것이다.

R3 CEV 컨소시엄은 블록체인을 사용하여 전 세계의 복잡한 금융 거래를 처리하는 선도적인 회사이다. 분산 데이터베이스 기술 회사로서 세계 최대 금융기관 중 70곳 이상과 컨소시엄을 이끌고 있다. 이 컨소시엄은 코다(Corda)라는 오픈 소스 분산 원장 플랫폼을 만들었다.

③ 디지털 의료 기록

헬스 케어 산업에서 주목해야 할 것은 환자의 기록 관리 방식에서 블록체인의 파괴적인 영향력이다. 사용자는 이제 자신의 집에서 편안하게 건강 기록을 볼 수 있을 것이다. 블록체인 기술을 통해 사람들에 관한 의료 정보를 실시간으로 액세스하고 저장할 수 있다. 이것은 또한 건강과 관련하여 공동체가 아이디어를 공유할 수 있는 기회를 제공하고, 결과적으로 다른 질병에 관한 많은 질문에 대한 보다 정확한 답변을 생성하는 데 도움이 된다.

그러나 고객 레코드를 안전하게 보호하기 위해서는 여러 가지 고려사항들이 필요하다. 특히 블록체인의 특성상 체인에 일단 기록이 되면 변경이 불가능하므로, Off-Chain 방식이 권고된다. 비식별화 및 익명화를 통해서 보호된 정보는 활용에 한계가 있고, 가명화된 정보는 식별정보로 바뀔 가능성이 항상 상존하기 때문이다.

④ 전자 투표

블록체인의 또 다른 응용 프로그램은 온라인 투표이다. 디지털 장치에서 바로 투표할 수 있다. 이 조치는 데이터베이스에 트랜잭션으로 기록된다. 블록체인은 투표의 기록을 추적한다. 블록체인은 변경 불가능하고 영구적인 거래 기록이므로 모든 사람이 최종 투표 수에 동의할 수 있게 된다.

호주에서 Australia Post는 의회 선거 문제위원회에 제출된 논문에 이 아이디어를 제안하였다. Australia Post는 블록체인을 활용한 투표 시스템이 민주주의를 강화할 것이라고 믿고 있다. 그들은 블록체인이 프라이버시를 중요시하는 유권자들이 확인할 수 있는 투표용지의 암호 표현을 저장하는 데 사용될 것이라고 생각한다.

전자 투표에 활용하는 경우에도 역시 선거의 4대 원칙 중 하나인 비밀선거가 보장되어야 실제 활용 가능할 것으로 보인다. 현재 다양한 형태의 영지식증명(Zero Knowledge Proof)에 대한 연구가 활발히 진행되고 있으며, 머지않아 실생활에서 접하게 될 것으로 기대된다. 필자도 영지식증명의 활용에 대한 연구를 진행 중이며, 블록체인의 투명성으로 인해 생기는 개인정보 보호의 문제를 해결할 중요한 영역이 될 것으로 기대하고 있다. 투표 이외에도 많은 분야에서 향후 여러 가지 응용이 가능한 연구 영역이다.

⑤ 청산 및 정산

거래 후 정산은 거래 과정에서 중요한 부분이다. 이는 평균 2일이 걸리고 비용이 많이 들고 여러 중개자가 필요하므로 매우 느릴 수 있다. 현재로서는 다양한 트랜잭션 중개자를 통과하고, 기록은 중앙 원장에 저장된다. 거래를 용이하게 하는 주체는 관리인, 보관소, 중개인 및 청산 소이다. 블록체인은 돌이킬 수 없는 거래와 실시간 활동을 가능하게 하여 높은 수준의 정확성과 낮은 수준의 결제 위험을 달성한다. 중앙집중식 원장은 블록체인 기술을 사용하여 분산 원장으로 바뀔 것이다. 일반적으로 청산소에서 유지 관리하는 중앙 원장은 이제 각 당사자의 인증이 필요한 분산 원장이 된다. 어느 당사자도 인증하지 않으면 거래가 유효하지 않게 된다. 이것을 기술이 아닌 현실로 만드는 데 있어 가장 큰 장애물은 업계의 다른 플레이어들 사이의 합의에 도달하는 것이다. 이 부분은 법과 제도의 변화가 따라야 할 부분으로 향후 업계 동향 예측이 어려운 영역이다.

⑥ 스마트 자산

스마트 자산은 소유권이 블록체인에 기록된 자산이다. 블록체인은 거래 내역에 대한 기록이므로 자산의 거래 내역이 기록되며, 감사 내역은 구매하기 전에 자산에 대한 사실을 확인할 수 있도록 유지된다. 개인 수준에서 보험 및 판매를 보장하기 위해 구매한 모든 품목의 명확한 기록을 저장하는 것이 유용하다. 이는 비즈니스에도 유용하게 적용될 수 있다. 예를 들어, 무역 금융에는 많은 문서가 필요하다. 문서화는 프로세스 속도를 늦추므로 디지털화함으로써 속도가 향상된다. 또한 블록체인은 자산을 보내는 사람, 만료시기, 납세 등의 다양한 관련 정보를 기록할 수 있다. 더 많은 정보를 가지면 자산의 가치가 높아지고 효율성을 높일 수 있다.

⑦ 디지털 신원(Digital Identification)

전통적으로 우리는 실제 여권, 운전 면허증 및 기타 정부 발급 신분증을 사용하여 신분을 증명하는 데 익숙하다. 블록체인 기술을 사용하여 디지털 신원을 제공하는 여러 회사가 있다. 우리의 신원을 인터넷에 안전하게 저장한다는 아이디어는 매우 매력적이다. 신뢰할 수 있고 분산된 정보의 특성으로 인해 블록체인은 네트워크의 불변성뿐만 아니라 핵심 요소가 된다. 이 적용 사례는 2권에서 자세히 다루기로 한다.

전망

블록체인으로 인해 파괴적인 혁신이 예상되는 영역은 다음과 같다.

1. 암호화를 사용하여 아이덴티티가 더욱 강력하고 안전하게 보호되는 식별
2. 규제 기관이 재무보고 및 감사 회사를 보다 쉽게 검토할 수 있는 투명성을 제공하는 회계
3. 보험 계리적 위험이 개인과 회사에 대해 더 쉽게 계산될 수 있는 보험
4. 지불 및 구매가 더 빠르고 저렴한 가치의 이전
5. 현재 및 저축계좌에 혁명을 일으킬 수 있는 가치의 저장
6. 블록체인을 발행, 거래 및 정산에 사용할 수 있는 대출

2017년 말 암호화 화폐의 부흥에도 불구하고, 블록체인 기술은 여전히 초기 단계라고 보는 것이 합당하다. 앞으로 몇 년 동안 성공적인 파일럿 및 실험을 기반으로 성장을 시작할 것이다. 전 세계적으로 구현될 새로운 운영 모델이 등장할 것이다.

핀테크 보안과 개인정보 보호

보안이 필요치 않은 서비스가 있을까 싶기는 하지
만, 핀테크 서비스 특성상 보안은 기본 중 기본이
다. 아무리 혁신적인 서비스인들 보안적으로 취약
하다면 결코 유지 가능하지 않다. 또한 혁신적 서비
스를 위해 대부분 고객에 대한 통찰을 바탕으로 하
는 경우가 많은데, 그 통찰은 기본적으로 고객에
대한 분석 및 프로파일링을 통해 얻는 경우가 많다.
바로 이 지점에서 개인정보에 대한 침해가 종종 일
어난다. 3장에서는 혁신적인 핀테크 서비스 제공을
위한 바탕이 되어야 할 보안과 개인정보 보호 측면
을 소개하고자 한다.

🔧 인슈어테크

|

핀테크 보안과 개인정보 보호에 대한 이야기를 하는데 갑자기 인슈어테크를 언급하는 것이 조금은 의아할 수 있다. 하지만 조금만 따져보면 보험 분야야 말로 보안 및 개인정보 보호 측면에서 가장 취약한 영역이라는 것을 금방 알 수 있다. 머지않아 어떠한 형태로든 인슈어테크의 영역은 더욱 넓어질 것이고, 그 여정에서 보험 영업 및 판매과정에서의 개인정보수집 및 활용부터 보상금 청구 과정 및 클레임에 대한 위변조 시도에 이르기까지 전 과정에서 보안 및 개인정보 이슈들을 거치게 될 것이다. 심지어 보험 상품의 개발 역시 일정 부분 개인정보를 이용하지 않을 수 없다. 전체 라이프 사이클 측면에서 기존의 핀테크와는 조금은 다른 양상을 보이기 때문에 핀테크로 통칭하기보다 인슈어테크라는 별도 용어를 쓰는 이유기도 하다. 인슈어테크야 말로 개인정보 및 보안이 총체적으로 필요한 분야가 될 것으로 예상되기 때문에 본 세션에서 자세히 언급하고자 한다.

보험 산업에서 핀테크 기술을 사용하면 혁신을 이끌어 내고 현대의 요구를 충족시킬 수 있다. 혁신 기업들은 비용을 줄이고 고객 참여를 높이는 최첨단 방법을 제공할 수 있다. 고객 습관의 변화는 핀테크가 기존의 보험회사가 시장 점유율을 잃게 만들 수 있는 맞춤형 제품과 서비스를 제공할 수 있음을 의미한다.

블록체인 및 스마트 컨트랙트를 인슈어테크에 활용할 수 있으며 가치 있는 자산의 불변의 원장을 만들 때 유리하다. 인슈어테크는 또한 보험 자산에 부착된 장치에서 중요한 정보를 심색할 수 있기 때문에 IoT의 이점을 활용할 수 있다. 보험사는 인슈어테크를 사용하여 동적 환경에 적응할 수 있도록 제품을 사용자 정의할 수 있으며, 웨어러블의 이점을 활용하여 보험 상품을 개인화하고 건강관리 제공 기능을 업그레이드할 수도 있다.

마지막으로, P2P 네트워크는 표준 보험 비즈니스 모델을 변경하여 보다 효율적인 end-to-end 프로세스를 제공할 수 있다.

보험의 원리

보험의 개념은 범선이 손상되거나 화물을 잃어버린 시대로 거슬러 올라간다. 상인들은 상품을 여러 선박으로 나누면 큰 손실로부터 자신을 보호할 수 있다는 것을 깨달았다. 즉, 한 선박이 손상을 입으면 화물의 일부만 잃게 된다. 그렇게 하여 그들은 완전히 망하는 것으로부터 스스로를 보호했다.

오늘날 보험은 다양한 형태를 띤다. 보험에 가입한 사람들이 청구한 금액을 지불하고, 보험을 구매할 때 보험증서(policy)라는 법적 문서를 받는다. 이 정책에는 보험 대상 품목, 보험료 및 지불 빈도를 포함한 보험 세부 정보가 포함된다. 잠재 고객이 서명하기 전에 자신의 보험 정책을 이해하는 것이 중요하다.

보험은 우발적이거나 예기치 않은 사건에 대한 보호이며, 그 종류와 주요 내용은 다음과 같다.

- 예상치 못한 날씨와 작물에 대한 농업 보험
- 의료비를 보장해주는 건강 보험
- 소송 및 청구금 상환에 대한 책임 보험
- 사망 시 가족의 생계를 보장하는 생명 보험
- 실직 시 모기지 상환을 위한 모기지 보험
- 화재, 도난 및 날씨 피해와 같은 재산과 관련된 대부분의 위험을 포괄하는 화재 보험
- 보험사고에 대해 지불할 돈이 충분하지 않을 위험을 관리하는 보험 회사의

화재 보험

보험 회사는 개인의 자금을 모아 보험 보호의 제공 및 판매에 대한 청구 및 비용을 지불한다. 또한 외부에 투자하여 얻은 투자 수익은 보험 비용을 상쇄하게 된다.

다른 제품과 달리 보험료 설정은 복잡하다. 개인은 보험료를 미리 지불하므로 보험사는 실제 발생하게 될 보험 비용을 알지 못한다. 본질적으로, 그들은 모든 청구 비용과 청구 빈도에 따라 보험료를 계산한다.

보험 사기는 중대한 재난 후와 경기 침체 중에 만연한다. 개인 및 심지어 조직범죄 조직은 실제 청구를 부풀리거나 존재하지 않는 손해, 부상 또는 의료 서비스 청구서에 대한 청구서를 제출하는 등 사기성 보험 거래를 할 수 있다.

많은 국가들이 피보험자뿐만 아니라 보험 회사도 보호할 수 있도록 법으로 규제하지만 이러한 법령은 국가마다 다르다.

시장 규모

2015년에 인슈어테크 분야는 최소 30억 달러의 투자를 받았다. 자동차 보험 회사가 매년 마케팅에 최소 60억 달러를 소비한다는 점을 고려할 때 그다지 놀라운 규모는 아니다. 그러나 대형 보험 회사들은 디지털 세계의 요구를 충족시키기 위해 적응하고 있다. 벤처 캐피탈 회사들은 이 분야에 생명을 불어넣을 수 있는 스타트업에 베팅하고 있다. 2015년에 디지털 헬스케어를 위한 벤처 자금은 약 58억 달러를 기록했고, 건강관리 스타트업의 수는 계속 증가하고 있다. 이들은 고객으로부터 개인 데이터를 수집하여 보험사 고객과의 관계를 개선하고 위험을 방지하고 비용을 절감하도록 하며, 보다 나은 고객 서비스를 제공한다.

기술 연구 및 자문에 중점을 둔 회사인 테크나비오(Technavio)에 따르면, 인슈어테크는 온라인 비즈니스의 성장을 위한 생태계를 위해, 고객 만족, 거래 절차 합리화의 필요성에 초점을 맞추게 될 것이다. 수많은 보험사 및 금융기관은 제품 및 서비스를 향상시키거나 핀테크 회사와 협력하여 향상된 온라인 경험을 요구하는 고객에게 혁신적인 솔루션을 제공하게 되고, 새로운 기술 덕분에 고객의 거래 프로세스는 더욱 쉬워질 것이다. 예를 들어, 보험 회사는 이제 전자 지불 시스템을 사용하여 결제 시스템의 기능을 향상시키는 기술 채택에 투자할 것이다. 또한 위험을 확인 및 제어하고 줄일 수 있는 시스템을 갖추고 사이버 공격 방지에 돈을 쓸 것이다.

베이비 붐 세대의 퇴장과 새로운 세대의 출현과 함께 인슈어테크 회사는 인슈어테크 상품에 맞춤형 서비스 및 보험 보증 지원을 제공하여 이러한 새로운 기회를 활용할 수 있다. 다양한 벤처 자본가들이 포트폴리오 관리 및 보험 상품 용 소프트웨어를 사용하는 인슈어테크 기업에 투자하고 있다. 이러한 인슈어테크 회사들은 강력한 분석 도구와 빅데이터를 사용하여 보험 산업을 뒤흔들 수 있다.

변화의 원인

보험사는 조금씩 혁신하여 고객의 기대에 부응하고 있다. 그러나 새로운 비즈니스 모델과 혁신을 위한 기회는 여전히 많다. 혼란의 주요 원인은 고객 기대 증가, 혁신 속도 증가 및 새로운 플레이어의 출현으로 요약할 수 있다.

다른 부문과 마찬가지로, 클라우드 컴퓨팅, 오픈 소스 프레임 워크 및 on-demand형 개발로 인해 이 산업에 대한 장벽이 많이 무너졌다. 새로운 플레이어는 현재 보험 회사가 할 수 없는 격차를 메우기 위해 혁신할 수 있다.

보험 회사의 대부분은 금융 기술의 혁신이 그들에게 도전하고 있다고 생각하면서도 여전히 현업에서는 소수만 인슈어테크를 활용하고 있다. 새로운 트렌드에도 불구하고 전통적인 보험 회사는 충분히 빠르게 혁신하지 않고 있다. 소비자의 습관은 변화하고 있으며, 고객의 요구에 맞는 보다 개인화된 상품과 서비스를 기대한다. 핀테크 기술은 금융 상품과 서비스를 보다 비용 효율적이고 개인화되고 사용하기 쉽게 만들 수 있다. 인슈어테크는 아직 초기 단계이지만, 종량제 보험 및 소액 보험과 같은 새로운 비즈니스 모델이 이미 등장했다.

P2P 보험

많은 회사가 P2P 보험에 베팅하고 있다. 이 모델에서 보험 회사의 책임과 위험 중 일부는 보험 계약자에게 전달된다. P2P 보험 사업에 대한 판단에는 리스크 풀을 정의하고, 풀의 수익금을 어디에서 사용할 것인지 결정하고, 누가 클레임을 판단할 것인지에 대해 결정하는 것이 포함될 수 있다.

모델은 국가의 법규와 다루는 위험 유형에 따라 다르다. 일부 회사는 특정 한도를 초과하는 클레임을 관리하는 보험사가 있는 모델(브로커 모델)을 지원하고, 다른 회사는 전혀 보험에 의존하지 않고 자금이 소진되면 재보험에 의존한다(캐리어 모델). 두 모델 모두 연말에 남은 자금이 있는 경우, 나중에 사용할 수 있도록 보험 계약자에게 적립된다.

이 모델을 사용하려면 선호도 네트워크를 만드는 것이 중요하다. 이렇게 하면 사람들이 주장을 부풀리거나 사기 주장을 제기하는 것을 막을 수 있다. 입소문이 매우 효과적이기 때문에 획득 비용을 낮추는 데도 중요하다.

해외의 주요 플레이어는 미국의 레모네이드(Lemonade)와 독일의 프렌드슈어런스(Friendsurance)이다.

블록체인 보험 및 머신러닝

핀테크 서비스는 이미 블록체인을 활용하고 있으며 인슈어테크 분야도 예외는 아니다. 분산 보험 시장을 통해 블록체인에 구축된 평판 시스템은 보험사가 모든 고객에 대해 보험 계리적 위험을 더 잘 계산할 수 있게 하여, 궁극적으로는 고객의 보험 부담을 줄이는 데 도움을 준다.

블록체인은 사기 및 위험 예방에도 도움이 된다. 분산된 디지털 저장소를 보유함으로써 과거 기록을 고려하여 정책, 트랜잭션 및 고객을 확인할 수 있다. 이를 통해 중복 거래 및 의심스러운 당사자가 수행한 거래를 탐지할 수도 있다.

2016년 9월, 루터 시스템즈(Luther Systems)라는 블록체인 기술을 전문으로 하는 영국 회사는 Accelerator Program에 채택되어 파운더스 팩토리(Founders Factory)와 아비바(Aviva)에 멘토링 및 지원을 제공하였다. 루터 시스템즈는 아직 비교적 알려지지 않았지만 고객이 온라인으로 서명할 수 있는 템플릿을 통해 스마트 컨트랙트를 단순화하기 위해 아비바와 협력하고 있다. 또한 트랜잭션 관리 시스템의 효율성과 투명성을 향상시키는 것을 목표로 하고 있다.

주니퍼 리서치(Juniper Research)는 머신 러닝과 블록체인 기술을 결합하여 보다 개인화된 상품을 만들어서 인슈어테크의 사용으로 인해 보험 상품 판매 수익이 증가할 것으로 예측했다. 또한 블록체인 투자를 통해 성장을 주도하고 우수한 모바일 애플리케이션을 만들 수 있다고 언급하며, 블록체인이 보험 회사가 변화하는 고객 환경에 맞게 제품을 사용자 정의하는 데 도움이 될 것으로 예측했다.

보험 웨어러블

이제는 건강 보험 구매가 쉬워졌다. 고객은 양식을 작성하고 건강 상태

요약을 제공해야 하지만, 나중에 건강이 바뀌면 보험 위험에 영향을 줄 수 있으며, 이는 보험회사에 잠재적인 리스크이다. 웨어러블이 여기에 활용될 수 있다.

웨어러블이 보험에 활용되는 방법은 크게 2가지가 있다. 첫째, 보험사가 데이터 신호를 생성할 수 있는 웨어러블을 활용하여 고객의 건강을 점검할 수 있다. 웨어러블을 사용하면 보험사는 피보험자로부터 실시간 데이터를 얻을 수 있다. 사람이 더 건강해지면 보험료가 줄어들 여지가 있다. 둘째, 의료 서비스 제공과 관련하여 상황이 바뀔 수 있다. 의료 종사자는 웨어러블을 통해 환자의 상태에 대해 알 수 있어서 보다 저렴하고 신속하며 효과적으로 건강관리를 제공할 수 있다. 의료 문제가 있는 개인은 웨어러블을 사용하여 심박수, 혈압 및 맥박을 모니터링 할 수 있다. 의료진은 웨어러블의 데이터를 확인하여 결정을 내릴 수 있다.

건강한 직원은 생산성이 높고 건강관리 비용이 적게 들기 때문에 직원에게 자가 보험을 제공하는 회사는 웨어러블을 사용할 수 있다. 벤처 자본가는 제품과 서비스가 필요하기 때문에 건강 보험에 투자한다.

그럼에도 불구하고 웨어러블은 여전히 많은 과제에 직면해 있다. 첫째, 현재 모든 사람이 웨어러블을 원하지는 않는다. 둘째, 웨어러블로 당뇨병과 같은 의학적 상태를 감지할 수 있는 기기를 착용했을 때, 건강이 악화되면 개인의 보험료가 올라갈 수 있다. 셋째, 국가는 프라이버시를 규제하지만 규정은 다양하다. 실제로 미국에서는 규제가 주마다 다를 수 있다. 보험사는 가격 책정 시 개인 데이터를 고객에게 공개할 것이라고 공개해야 한다. 보험 계약자는 데이터를 보험사와 공유할 수 있어야 하며 데이터 해킹 및 유출의 가능성을 알고 있어야 한다. 따라서 보험사는 시스템의 보안을 보장해야 하는 부담이 있다.

전통적인 보험 회사가 할 수 있는 일

인슈어테크가 급성장하고 있기 때문에 보험사는 보험 업계에 대해 기꺼이 배우고자 하는 기술 혁신 핀테크/인슈어테크 업체들과 협력하고 있다. 이러한 핀테크/인슈어테크 스타트업이 항상 즉각적인 솔루션을 제공하지는 않지만 채택할 의향이 있는 것으로 보인다. 보험 회사는 스타트업과 의사소통하며 혁신을 수용하면서도 이 혁신적인 접근들이 실패할 수 있음도 이해해야 한다.

독창적인 솔루션은 손실을 줄이고 고객 클레임 경험을 향상시킬 수 있다. 보험 회사는 혁신적인 솔루션 검색을 이끌 수 있는 전문가를 고용해야 한다. 협력할 올바른 파트너를 찾는 것이 어려울 수 있으며 핀테크/인슈어테크 회사들은 수많은 글로벌 보험사와 연결될 수 있을 것이다.

흥미로운 인슈어테크 아이디어들

① 소액 보험

소액보험(Microinsurance)는 최단 시간 동안 고객에게 적절한 수준의 보호를 제공하는 최소한의 기능을 제공한다. 2016년 8월 4일 아게아(Ageas)는 개인이 보험에 포함시키려는 항목을 지정하여 개인이 정책을 개인화할 수 있도록 하는 앱 기반 보험 적용 범위인 Back Me Up 서비스를 시작했다. Back Me Up은 더 나은 보험 상품과 서비스를 찾고 있는 밀레니얼 세대를 위해 특별히 고안된 것이다. 연간 계약 요금 및 페널티 요금은 없으며, 사용자는 보험이 적용되는 항목의 사진을 업로드할 수도 있다.

한 달에 15파운드로 개인은 3가지 항목을 악의적이고 예상치 못한 파손, 분실 및 도난으로부터 보호할 수 있다. 한 달에 최대 3,000파운드를 청구할 수 있다. 3가지 적용 대상 품목 외에 매년 휴대 전화 액정 수리를 청구할 수 있으며 의료 응급 상황, 도난 및 분실된 품목에 대해 영국 및 전 세계 여행 보험이 적용되며 집이나 자동차 열쇠나 자물쇠 교체 시 최대 1,500파운드를 청구할 수 있다.

② 초간단 자동차 보험

2015년 10월에 출시된 쿠바(Cuvva)는 10분 이내에 자동차 보험 가입을 원하는 개인을 위한 iOS앱이다. 사람은 앱을 다운로드하고 운전 면허증 이미지와 함께 사진을 업로드하고 예상 차량 가치 및 등록 번호와 같은 차량 세부 정보를 입력하면 여러 종의 복수 견적을 받는다.

고객은 견적을 받은 후 요구 사항에 맞는 보험요율을 선택할 수 있다. 차량 사진을 업로드하고 결제를 승인한다. 그들은 한 시간 안에 보험 커버리지를 얻을 수 있고, 다음에 동일한 보험을 사용하면 세부 정보가 이미 저장되어 있으므로 그 프로세스는 더 빨라진다.

에딘버러에 본사를 둔 쿠바는 위험에 대해 배우고 규제 기관 및 위험위원회와의 협력을 목표로 한다. 쿠바의 CEO이자 설립자인 프레디 맥나마라(Freddy Macnamara)에 따르면, 보험업자는 자동차의 운행 시간을 필수적으로 요구한다. 보험업자는 이 시간, 개인의 운전 이력, 위치 및 차량 가치에 따라 보험료를 결정한다. 쿠바는 소비자가 가장 원할 때 진정한 가치를 제공한다. 간단하고 호의적이며 단순하고 깨끗한 고객 경험을 제공한다. 예를 들어, 고객은 매우 짧은 시간을 위한 보험에도 가입할 수 있다.

③ P2P 자동차 보험

영국에 본사를 둔 게바라(Guevara)는 2014년에 P2P 자동차 보험 플랫폼의 초기 버전을 출시했다. 이 앱을 통해 사용자는 프리미엄을 결합하여 공유 프리미엄을 줄이고 초과 자금을 반환할 수 있다. 2015년 이후 앱 사용자의 90%가 보험료 인하 효과를 보았다.

가족이나 친구가 초대한 경우 개인이 P2P 풀에 참여하도록 선택할 수 있다. 또는 Guevara는 위치 및 위험 프로필에 따라 가장 적합한 풀을 선택할 수 있다. 결과적으로 회사는 사용자가 상호 그룹에 참여하도록 유도하여 보험료를 낮추고 P2P 기능을 옹호하도록 요구한다.

게바라의 앱은 그룹 및 사고 보고서에서 데이터를 수집한다. 더욱이, 이 회사는 사용자가 보험금 청구를 심의하고 공동으로 결정할 수 있는 메시지 보드를 제공한다.

④ 디지털 비즈니스를 위한 맞춤형 보험

디지털 리스크스(Digital Risks)는 미디어와 기술을 사용하여 디지털 비즈니스에 보험을 제공하는 중개인이다. 이 회사는 아비바(Aviva)와 협력하여 자사 제품이 빠르게 성장하는 중소기업 및 스타트업의 요구 사항을 충족하는지 확인한다. 이 제품은 월 구독 형태로도 이용할 수 있다. 디지털 리스크스는 수년 동안 보험 산업을 괴롭힌 디지털화 및 레거시 문제에 중점을 두고 있으며, 최신 기술 프레임 워크를 사용하여 회사에서 제공하는 시스템은 확장 가능하고 변화에 대응한다. 혁신적인 보험 회사인 디지털 리스크스는 고객 요구에 맞는 우수한 제품과 서비스를 제공한다.

아비바와의 협력을 통해 디지털 리스크스는 빠르게 성장하는 비즈니스로 범위를 확장하였고, 자동화된 중개 인프라 덕분에 보험 구매 프로세스를 변경할 수 있었다. 디지털 리스크스는 전통적인 가격 비교 기능을 제공하는 대신 개별 위험과 위치를 고려하여 가장 적합한 보험사를 제공하는 플랫폼을 제공한다.

⑤ 인공 지능 보험

영국에는 브롤리(Brolly)라는 자체 AI 보험 자문 앱이 있으며 모바일 앱과 웹 사이트를 통해 중요한 통찰력을 제공한다. 브롤리의 응용 프로그램을 통해 고객은 보험이 일부 보험인지 초과 보험인지를 알 수 있으며, 자신의 요구를 충족시키는, 소위 가성비가 높은 보험을 제공하는 보험사에 대한 정보를 받는다.

브롤리는 디지털 시대에 중점을 둔 보험 회사이다. 목표는 중앙집중식 접근 방식과 데이터 분석을 기반으로 고객 경험을 재설계하는 것이다. 브롤리는 보험 계약자를 위한 영국의 보험 허브가 되고 제품을 사용자에게 직접 배포하는 것을 목표로 하고 있다.

보험사 경험이 풍부한 경영자가 설립한 스픽스(Spixii)는 상용 상품을 판매하는 사업을 시작했다. 그것은 자동 보험 에이전트 챗봇을 통해 고객과 연결하는 브랜드가 되는 것을 목표로 하고 있다. 보험 고객은 온라인으로 실제 보험 에이전트와 이야기하고 있다고 생각하도록 하는 것이다. 스픽스의 궁극적인 목표는 동적 데이터를 기반으로 자동화된 언더라이팅 기능을 통해 높은 수준의 커스터마이징 수준을 달성하기 위해 고객과 동적으로 상호작용하는 것이다. 보험사는 특정 여행에 대한 예외적인 정보를 기반으로 위험도를 평가할 수 있으며, 이는 보험료가 고객의 요구사항을 더 반영한다는 것을 의미한다.

⑥ 서비스로서의 보험

인스탄다(Instanda)는 보험 산업을 위한 맞춤형 플랫폼을 제공한다. 이 서비스는 실무 경험이 있는 전문가가 소프트웨어 개발자 및 보험사와 협력하여 만든 셀프 서비스 제품이다. 인스탄다 팀은 시장 기회에 대한 도전과 요구로 인해 반복되는 문제를 해결하는 솔루션을 보험사에 제공한다.

보험사는 개발자를 고용할 필요없이 인스탄다의 비즈니스 툴킷을 사용하여 비즈니스를 관리할 수 있고, 변경을 빠르고 쉽게 구현할 수 있다. 디자이너, 개발자 및 선임 컨설턴트와 함께 경험이 풍부한 실무자 및 전문가로 구성된 인스탄다의 팀은 주요 보험사를 위한 대규모 프로젝트를 제공한다. 인스탄다는 기업가가 게임 체인저가 되도록 힘을 실어주는 Microsoft Accelerator Program의 일원이기도 하다.

인슬리(Insly)는 보험 중개인을 위해 설계된 SaaS(Software-as-a-Service) 플랫폼이다. 현재 영국, 미국 및 기타 국가에서 고객이 증가하고 있고, 플랫폼은 7개 언어로 실행되지만 고객 지원은 영어로만 제공된다. 클라우드 기반 서비스 형 소프트웨어 플랫폼인 인슬리에는 라이센스 비용이 없고, 소프트웨어 설치가 불필요하며, 보험 중개인은 한 달에 한 번 구독료를 지불한다. 보고서 또는 특정 상품을 표준화하기 위해 전문 서비스를 사용할 수도 있다.

영국 기반 라이트인뎀(RightIndem)은 손해사정사와 보험사를 위한 셀프 서비스 플랫폼이다. 서비스로서의 소프트웨어 제공 업체인 라이트인뎀은 보험금 청구 절차를 청구자의 이익을 위해 철저한 다중 채널 클레임 메커니즘으로 전환하여 고객 서비스를 개선하는 것을 목표로 한다. 라이트인뎀은 생산성을 높이고 정확한 자동차 평가를 계산하며 고객 유지율을 향상시킨다. 보험사와 보험 계약자 간에 멀티미디어, 문서 및 데이터를 원활하게 전송할 수 있는 모델이 있다.

이러한 인슈어테크를 제공하는 주요 업체로는 오스카 헬스(Oscar Health), 클로버 헬스(Clover Health), 중국의 중안보험, 미국의 레모네이드(Lemonade), 메트로마일(Metromile), 제브라(Zebra), 폴리시지니어스(PolicyGenius) 등이 있으며, 해외에는 물론 국내에도 많은 혁신 기업들이 도전 중에 있다.

전망

기술 혁신이 발전함에 따라 보험 구매가 쉬워질 것이다. 이를 통해 추가 상품을 제공하고 이러한 유형의 제품으로 혜택을 볼 수조차 없는 수십억 명의 무보험 고객에게 도달할 수 있을 것이다. 웨어러블 및 사물 인터넷과 함께 빅데이터 분석을 수행하면 종단 간 프로세스가 더 쉽고 저렴해진다. 정보가 분산 원장에 저장되고 공유될수록 위험을 보다 빠르고 정확하며 투명하게 계산할 수도 있을 것이다. 인슈어테크 분야는 핀테크 기술을 활용하여 가장 크게 발전이 기대되는 영역임과 동시에 보안 및 개인정보 보호 측면에서 가장 우려되는 영역이 될 것이다.

🦽 식별, 보안 및 REGTECH

사람들이 소지한 여권과 운전 면허증과 같은 서류 기반 신분증은 다소 구식이며, 개인을 식별하는 데 사회적 비용이 많이 들고, 인구의 일부가 금융 서비스 제품을 신청할 수 없는 것을 감안하면, 생체 인식 및 블록체인 과 같은 기술은 식별을 보다 포괄적이고 효율적으로 만드는 데 도움이 될 수 있다.

사이버 보안은 전자 상거래와 함께 더욱 발전하고 있는 영역이다. 점점 더 많은 자금이 디지털 방식으로 이동함에 따라 사이버 범죄자들은 물리적 인 폭력 없이 범죄를 저지르고 사람들을 속이는 쉬운 방법을 찾고 있다.

규제 기술은 금융기관의 많은 규제 요구 사항으로 인해 발생하는 효율성 문제에 대한 기술 산업의 대응이다. 위험을 적절히 관리하고 회사의 규정을 준수하는 것을 목표로 한다.

식별을 사용하는 전통적인 방법

식별 프로세스가 전통적으로 어떻게 작동하는지 이해하는 것이 중요하다. 서방 국가에서 시민들은 사회보장 카드, 여권 또는 운전면허증을 사용하여 신분을 증명한다. 그러나 많은 경우에 어떤 사람들은 자신의 정체성을 증명하는 데 어려움을 겪고 있다. 예를 들어, 미국의 노숙자는 물리적 주소를 제공할 수 없으므로 PO Box도 쓸 수 없고, PO Box가 없으면 일자리를 신청할 수 없다.

또한 은행계좌를 개설하려면 정부가 발행한 신분증이 필요하다. 개인은 지점으로 가서 은행 담당자에게 신원을 확인시켜 보안 프로세스를 시작한다. 일반적으로 자금 세탁 방지 그룹은 검토 프로세스를 시작하라는 자동 알림을 받는다. 자금 세탁 방지 절차의 초기 단계는 정보를 수집하고 인증하여 고객을 식별하는 것이다. 다음으로 은행은 고객 실사를 수행하여 고객의 자금 세탁 방지 등급을 결정한다. 개별 상황은 조금씩 다를 수 있지만, 기본적으로 고객은 전체 프로세스가 성공적으로 완료된 후에만 은행계좌를 개설할 수 있다.

보다 효율적인 세상을 위해서는 디지털 신원 사용이 필수적이다. 성가신 식별 방법에는 암호를 생성하고 기억하는 것뿐만 아니라 보안 문자(CAPTCHA)와 같은 기술 사용이 포함된다. 특히 디지털 서비스가 확산되면서 새로운 솔루션이 필요하다. 밀레니얼 세대는 자신의 아이덴티티를 소셜 미디어 사이트에 맡기는 것이 더 쉬운 반면 일부 사람들은 그렇지 않을 수도 있다. 반대로 밀레니얼 세대가 프라이버시에 더 민감한 반면, 그렇지 않은 일부 사람들도 있다. 기본적으로 개인의 아이덴티티를 포함하여 개인정보에 대한 개인별 기대치와 예상치의 차이가 크기 때문에 일반화하기는 어렵다.

인도의 고유 식별 시스템

매우 혁신적이고 도전적인 식별 사례는 인도에서 찾아볼 수 있다. 2009년 1월부터 인도 정부의 프로젝트인 UIDAI(Unique Identification Authority of India)는 모든 인도 거주자에게 12자리 고유 식별을 할당하는 것을 목표로 했다. 다른 데이터베이스와의 프로세스 및 메커니즘 정의를 포함하여 프로젝트 구현을 위한 계획 및 정책을 담당했다.

UIDAI는 언제 어디서나 인도 전역에서 비용 효율적이고 쉬운 방법으로 각 주민의 신원을 인증하고 확인함으로써 위조 및 중복 신원을 제거하는 것을 목표로 했다. 2010년 12월 16일, 인도 정부는 UIDAI를 공식 문서로 수용하기 시작했다. UIDAI의 Nandan Nilekani 회장은 12자리 고유 ID가 주민들에게 정부, 의료 및 금융 서비스에 대한 액세스를 제공할 수 있다고 강조했다.

UIDAI는 주민의 인구 통계 및 생체 데이터를 수집한 다음, 이를 사용하여 모든 주민에게 ID 번호인 12자리 Aadhaar를 할당한다. 이 프로젝트는 식별 시스템과 관련하여 전 세계에서 단연코 가장 큰 프로젝트이다. 인도 의회는 2016년 3월 11일 Aadhaar(2016년 재정 및 기타 보조금, 혜택 및 서비스 대상 전달) 법을 통과시켰다.

UIDAI 보고서에 따르면 2016년 12월 15일 기준 10억 9,000만 명의 주민이 등록했다. 이는 인도 인구의 85%를 차지한다. 그러나 일부 포럼 및 단체에서는 개인정보 문제로 인해 Aadhaar에 반대했다. 2013년 9월 23일, 인도 대법원은 Aadhaar는 필수가 아니라 자발적이어야 하며, 거주자가 Aadhaar를 갖지 않더라도 인도 정부는 서비스를 제공해야 한다는 판결을 내렸다.

Unbanked를 위한 식별

금융기관이나 모바일 머니 공급 업체에 계좌를 가지고 있는 사용자 수가 최근 몇 년 동안 매우 빠르게 성장했지만, 여전히 약 20억 명의 성인은 금융계좌에 접근할 수 없다. 전 세계 성인의 30% 이상이 은행계좌가 없으며, 개발도상국의 경우 40% 이상으로 추정된다. 미국에서도 많은 시민이 여전히 은행을 이용할 수 없다. 실제로 일부 예금자는 현금 수표 및 급여 담보 대출을 위해 다른 기관에서 제공하는 금융 서비스를 이용한다. 어떤 사람들은 은행계좌를 관리할 수 없기 때문에 은행계좌에 접근하는 것이 그다지 실용적이지 않을 수 있다.

"Unbanked"라는 용어는 금융기관에 계정이 없는 가구를 지칭하는 용어이다. 2015년 기준 미국 가정의 약 7%가 은행 서비스에서 제외되었고, 가계의 약 19.9%가 은행에서의 금융활동이 미미한 것으로 나타났으며, 이는 주류 금융 서비스에 대한 접근성이 좋지 않은 것을 의미한다.

Unbanked인 개인은 계좌 입금을 통해 급여를 받을 수 없으므로 신용 기록을 작성할 수 없으며, 저축 및 송금에 문제가 있을 수 있다. 미국의 비은행권 인구가 꾸준히 감소했지만 여전히 수백만 명의 주민이 은행계좌가 없다. 연방예금보험공사(Federal Deposit Insurance Corporation)의 2015년 비은행 및 하위 은행 가구 조사에서 응답자의 57.4%는 은행계좌를 유지할 돈이 없기 때문에 은행계좌를 유지하지 않고 있고, 그들은 은행을 믿지 않았으며 프라이버시를 원했고 과도한 수수료 지불을 원하지 않았다.

비은행 지역 주민들은 또한 은행들이 그들을 고객으로 하고 싶지 않다고 생각한다. 같은 FDIC 조사에서 응답자의 55.8%가 은행이 가구에 서비스를 제공하는 데 무관심하다고 응답했으며, 은행은 은행이 제공할 수 있는 서비스에 무관심하다고 답변했다.

사실 은행계좌가 있으면 몇 가지 이점이 있다. 첫째, 많은 정부가 은행 시스템의 예금에 손실을 입지 않도록 보장하고, 은행계좌를 통해 개인은 돈 관리 서비스를 이용할 수 있고, ATM 카드로 ATM 서비스는 물론 직불카드로도 사용할 수 있으므로 대량의 현금을 소지할 필요가 없다. 이자 발생 및 신용 이력도 쌓이며, 이는 저렴한 대출을 받을 수 있는 기회를 제공한다.

생체 인식을 이용한 식별

생체 인식은 전자적인 방법으로 음성 인식, 홍채, 손가락 정맥 패턴 및 지문과 같은 생물학적 특성을 통해 고객을 인식한다. 모든 사람은 고유한 생체적인 특성을 가지고 있어 위조하기가 어렵다. 따라서 생체 인식은 금융 서비스뿐만 아니라 법의학 연구, 법 집행 및 이민 통제에도 도움이 된다. 전 세계 수많은 금융기관에서 생체 인식을 사용하여 고객과 직원을 인증한다.

직원 및 고객 식별 프로토콜이 엄격해지고 금융 서비스가 디지털화됨에 따라 생체 인식 기술은 신원 사기 및 도난을 방지하기 위한 보안 플랫폼의 전략적이고 중요한 부분이 되었다. 또한 브랜드 평판 및 고객 신뢰도를 향상시켜 안전한 온라인, 지점 및 ATM 거래를 위한 탁월한 도구를 제공한다. 금융 서비스 기술에 대한 의존도가 높아지고 사이버 범죄가 증가함에 따라 생체 인식이 더욱 중요해졌다. 금융기관의 경우 생체 인식은 고객 기반을 늘리고 고객 서비스를 개선하며 사기를 줄이는 수단이 될 수 있다.

일반적으로 은행 업무에서 생체 인식을 식별 방법으로 사용하면 몇 가지 이점이 있다. 여기에는 복제하기 매우 어려운 각 고객에 대한 고유 식별자도 포함된다. 또한 공식 문서가 없는 사람도 서류를 제출하지 않고도 자신을 식별할 수 있다. 단기적으로 여러 기관에서 사용할 수 있는 중앙집중식 생체 인식 데이터베이스를 구축하면 고객 등록 비용을 줄이고 빠른 투자 수익을 창출할 수도 있겠지만, 생체 인식을 위한 데이터 자체가 개인정보이

기 때문에, 대부분의 경우 생체 인식은 사용자를 떠나지 않는 편이 보안
및 개인정보 보호 측면에서 바람직하다.

① 은행 거래에서 생체 인식 사용

금융기관은 고객을 보호하고 서비스를 개선하기 위해 암호, 서명 기반
지점 서비스, 전자 토큰 및 PIN 기반 ATM과 모바일 뱅킹과 같은 기존
액세스 방법을 생체 인식 솔루션으로 대체하고 있다. 고객이 은행계좌를
개설하면 은행 직원이 지문이나 얼굴 사진과 같은 생체 정보를 캡처한다.
그런 다음 은행 시스템은 사기 위험을 줄이기 위해 데이터베이스에서 일치
하는 항목을 확인한다. 계정이 설정되면 은행 직원은 거래를 수행하기
전에 고객의 생체 인식을 확인할 수 있다. 은행은 식별 속도가 빠르고
사용하기 쉬우며 신뢰할 수 있기 때문에 정맥 및 지문 생체 인식을 선호한
다.

ATM에서도 생체 인식 사용이 크게 성장하고 있다. 고객은 생체 인식
기능을 은행 카드 또는 PIN과 함께 사용한다. 은행은 지문, 얼굴 인식,
홍채 인식 및 정맥 패턴을 자주 사용한다. 이러한 생체 측정 방법은 정확하
고 컴팩트하며 유연하다. 일본은 1,500만 명의 은행 고객을 위해 전국에
최소 80,000개의 생체 인식 ATM을 배포했다.

인터넷 뱅킹에서 생체 인증은 스캐너, 마이크 및 웹캠을 통한 음성,
얼굴, 정맥 및 지문 인식 등을 통해 이루어진다. 기존의 암호뿐만 아니라
생체 인식을 요구함으로써 은행은 사이버 범죄자들에 의한 고객의 아이덴티
티 도난에 대해서 고객을 보호할 수 있다.

2013년 주니퍼 리서치에 따르면, 약 4억 명의 사람들이 휴대폰을 통해
뱅킹 거래를 수행한다. 보고서에 따르면 모바일 뱅킹 보안에 대한 확신
부족은 여전히 중요하지만, 반면 생체 인식 기술은 이러한 거래에 대한

사람들의 신뢰를 높이는 역할을 하고 있는 것으로 보인다. 은행은 생체 인식 로그인 솔루션을 도입함으로써 데이터 보안 및 암호 취약성을 보완할 수 있으며, 데이터 유출 및 무단 액세스로부터 고객과 자신을 안전하게 보호할 수 있다.

그러나 생체 인식이 만능은 아니다. 생체 인식의 특성상 센서에 일정 부분의 허용오차를 둘 수밖에 없다. 쉽게 이야기하자면 시간이 지남에 따라 지문은 미세하게 달라질 수 있으며, 심지어 센서에 가하는 압력에 따라 지문의 이미지가 달라질 수 있다. 이러한 생체인식의 특성 때문에 생체인식 시스템은 허용오차를 두게 되는데, 이 허용된 오차, 소위 FAR(False Acceptance Rate)으로 인해 나의 생체가 아닌 타인의 생체가 나로 인식될 확률이 항상 존재한다. 이는 인증 시스템 측면에서는 수용이 어려운 조건이다. 4자리 PIN에 대한 공격이 성공할 확률은 10,000분의 1이지만, 이는 인증 시스템의 결함은 아니다. 반면 백만 분의 일의 확률이라도 허용 오차로 인한 오인식은 인증 시스템의 결함으로 받아들여질 수밖에 없다. 그렇기 때문에 생체 인식 시스템은 단독으로 쓰기 보다는 복합인증(MFA, Multi Factor Authentication)을 통해 보안을 강화하는 솔루션으로 사용하는 것이 바람직하다 할 것이다.

② FIDO 얼라이언스

FIDO(Fast Identity Online Alliance)는 강력하고 간단한 온라인 인증을 가능하게 하는 기술 표준 개발 및 제품 인증에 중점을 둔 조직이다. 2013년 2월에 시작된 이 연합은 레노보(Lenovo), 페이팔 및 낙낙랩(Nok Nok Labs)이 설립한 업계 컨소시엄이다. 2020년 1월 현재 40개 이사회 회원사와 160여 개의 일반 회원사가 가입되어 있다.

FIDO의 목표는 더 나은 인증 환경을 제공하면서 비밀번호에 대한 의존도를 줄이는 것이다. 기기 중심 모델을 사용하며 인증은 공개 키 암호화 방식을 사용한다. 사용자는 서버에 고유한 공개 키를 등록하며, 주로 생체 인식을 사용하여 장치의 잠금을 해제한다.

밸리디티 센서(Validity Sensors)의 라메시 케사누팔리(Ramesh Kesanupalli)가 페이팔의 마이클 배럿(Michael Barrett)에게 접근하여 페이팔이 생체 인식을 사용하여 온라인 사용자를 식별할 수 있는 가능성에 대해 논의한 것은 2009년 말경이었다. 배럿은 생체 인식 솔루션이 수많은 공급 업체를 지원하는 일종의 산업 표준을 따라야 한다고 주장했다. 따라서 케사누팔리는 생체 인식 장치를 잠금 해제할 수 있는 인증 방식을 위해, 다른 지문 센서 공급 업체, 산업 전문가 및 장치 유통 업체에 접근하였다. 한편 2011년에 NXP, 유비코(Yubico) 및 구글 등은 피싱 사기가 없는 웹 인증을 용이하게 하는 2차 공개 표준 장치를 개발하기 시작했고, 2013년 4월에는 이 그룹도 FIDO Alliance에 가입했다.

2014년 12월 9일, FIDO는 장치 제조업체가 사용할 수 있는 완성된 UAF 및 U2F(Universal Authentication Framework, Universal 2nd Factor)를 발표했다. 그 이후로 회원 수가 계속 증가했고, 주요 생체 인식 공급 업체, 주요 보안 하드웨어 공급 업체 및 주요 소프트웨어 플랫폼 공급 업체가 참여하였다. FIDO는 궁극적으로 주요 소프트웨어 플랫폼에 내장 FIDO 기술이 포함되어 사용자 경험을 단순하고 직관적이며 안전하도록 하는 것을 목표로 하고 있다.

③ OpenID Connect

OpenID는 FIDO를 보완해 줄 수 있다. FIDO는 기본적으로 pluggable local authentication을 위한 방식일 뿐, 그 자체가 인증은 아니기 때문이다. OpenID는 OpenID 재단에서 개발한 인증 계층으로, 최종 사용자는 다른 인증 공급자를 사용하여 자신을 인증하고 동일한 서버에서 자신에 대한 정보를 검색할 수 있다. OpenID를 사용하면 사용자는 기존 계정을 사용하여 각 웹 사이트에 대해 새 비밀번호를 만들 필요 없이 여러 웹 사이트에 로그인할 수 있다. 사용자는 자신의 정보를 OpenID 계정과 연결한 다음, 웹 사이트를 방문할 때 이 정보를 공유한다. 사용자는 공유하는 데이터 양에 대해 항상 제어할 수 있다. OpenID 계정은 식별 데이터를 보유한 유일한 계정이며, 해당 제공 업체는 사용자가 방문한 웹 사이트에서 사용자의 신원을 확인한다.

OpenID의 주요 목표는 수많은 사이트에서 식별을 공유할 수 있도록 하는 것이며, FIDO와 같은 다른 체계에 인증을 위임하여 기술을 보완한다. 식별자 이동성은 구글, 트위터, 링크드인(LinkedIn) 또는 페이스북을 사용하여 웹의 여러 사이트에서 사용하려는 ID 속성을 제어할 수 있는 기능이다. 또한 사용자는 자신의 아이덴티티를 제공받는 대상에 대해 비공개로 안전한 방법으로 제어할 수 있다.

인증과 관련이 없지만 OpenID Connect는 네트워크를 통해 인증을 전송한다. 사용자는 FIDO를 통해 자신의 신원을 보호하고 OpenID Connect를 통해 웹에서 사용한다. OpenID는 OpenID 로그인 메커니즘을 수용한 5만 개가 넘는 웹 사이트에서 로그인 메커니즘으로 웹 상에 빠르게 채택되고 있다.

식별을 위한 분산 원장 사용

디지털 식별은 법적, 정치적, 기술적 및 사회적 이슈를 포함하므로 문제가 될 수 있다. 개인 식별 정보(PII, Personally Identifiable Information)는 개인의 생활 방식을 정의하고, 자신이 아는 사람들, 과거 행동, 신용도, 의료 기록 등에 대한 사람의 접근성을 확인하기 때문에 매우 중요하다.

중앙집중식 데이터 센터에 데이터를 저장하면 해킹이 발생하기 쉽다. 또한 데이터 과학 기술은 PII 데이터 없이도 아이덴티티를 발견할 수 있다. 예를 들어, 다른 서비스 제공자가 자신의 의료 기록 또는 재무 기록을 이용한 추측을 통해 특정 개인을 식별할 수도 있다. 일부 금융사 및 통신사들은 자신을 신원 관리인으로 간주하고 인증자가 될 수 있다고 생각한다. 그러나 블록체인 업계는 다양한 블록체인 플랫폼들이 미래의 신원 관련 산업에서 중요한 역할을 할 것으로 예측하고 있다. 이론적으로 블록체인 기술은 신원 객체의 독립성을 높이고 증명 및 사후 감사할 수 있고 안전하며 공유되는 정보 소스에 대해, 이들 당사자의 의존도를 높인다. 이것은 식별 기술 및 솔루션의 미래에 있어 중요한 기술 구성 요소가 될 것으로 보인다.

　최근 분산 신원 인증(DID, Decentralized Identification)에 대한 관심이 높아지고 있다. 블록체인이라는 색다른 기술, 또는 접근 방법이 소개된 이후, 산업에는 다양한 적용 시도들이 있어 왔다. 가장 흔하게는 비트코인과 같이 지불결제 수단으로 활용하려는 시도들이었고, 이에 대한 제약사항들이 드러나자 가치 교환 및 저장 수단으로 활용하려는 스테이블 코인류의 시도들도 있었으며, 분산 원장의 특징을 살려서 물류와 같은 공용원장으로 활용하려는 시도들이 있었다. 일부는 실제 적용 사례도 있으나, 여전히 그 한계가 있고 기존 legacy 시스템으로도 요구조건을 모두 충족시킬 수 있다는 함정이 있다. 그러므로 블록체인 기술이 꼭 필요한 곳은 결국 블록체인의 장점을 살릴 수 있는 시나리오일 필요가 있다. 결국 블록체인업계는 무결성과 투명성이 필요한 영역을 찾게 되었으며 그것이 바로 DID인 것으로 보인다. 가치저장이 필요 없고, 거래의 완결성이 실시간일 필요가 없는 신원증명이 어찌 보면 블록체인에 가장 적합한 활용 사례로 보인다. 앞으로도 발전 및 활용 가능성이 높은 영역으로 그 활용이 매우 기대되는 분야이다.

UN의 아이덴티티에 대한 목표

2030년까지 유엔은 지구상의 모든 사람이 제네바 기반 중앙 데이터베이스를 통해 생체 인식을 갖기를 원한다. 이 계획의 첫 번째 목표는 난민 인구이다. 유엔은 액센추어와 협력하여 난민을 인식하고 감시하기 위해 생체 인식을 구현할 계획이다.

유엔난민기구(UNHCR)는 지문, 홍채 및 얼굴 생체 데이터를 수집하는 액센추어의 BIMS(Biometric Identity Management System)를 도입하였다. 난민은 이 생체 인식 카드를 공식 문서로 사용할 수 있다. BIMS와 Accenture의 고유 ID 서비스 플랫폼(UISP)은 UNHCR 사무소가 난민을 추적하는 데 사용할 수 있는 제네바 기반 중앙 데이터베이스 시스템으로 데이터를 전송한다.

FindBiometrics 보고서에 따르면 전 세계 약 18억 명의 성인에게 공식적인 문서가 없다고 한다. 따라서 중요한 서비스를 이용할 수 없으며 국경을 넘어서는 식별에 어려움이 있다. 난민을 위한 생체 인식 카드를 구현하면 시스템을 더 큰 규모로 사용할 수 있는지 증명하게 될 것이다.

규제 기술(Regtech)

레그테크라고 불리는 규제 기술은 현재 금융 서비스 산업에 대한 다음 혁명으로 여겨지고 있으며, 2008년 금융 위기 이후에 시행된 규제의 확산에 따른 비용과 복잡성을 줄이는 데 주로 초점을 두고 있다. 여러 산업, 특히 금융 서비스 분야에서 규정과 요구 사항이 강화되었다. 이로 인해 법률 및 규정의 변화에 빠르게 적응할 수 있는 기술에 대한 요구가 높아졌다. 규제 프로젝트는 관리해야 할 데이터의 양, 프로세스의 복잡성 및 필수 제출로 인해 매우 높은 비용이 소요될 수 있다.

금융 서비스, 정부 및 법률, 환경, 건강관리 및 공급 업체의 위험 관리도 레그테크의 영역이 될 수 있다. 금융 서비스에는 독특한 전문영역을 가진 레그테크 기업들이 있다. KYC(Know Your Customer) 및 자금 세탁 방지 (AML) 제공 업체는 고객을 경제적으로 식별하고 자금 세탁 수단으로 사용되지 않도록 하는 기술에 중점을 둔다. 트루노미(Trunomi), 콘테고 (Contego) 및 컴플라이어드밴치지(ComplyAdvantage) 등이 이 범주에 속하는 기업들이다.

운영 위험 관리 공급자는 문제 식별, 추적 및 모니터링, 데이터 저장 및 보고를 포함하여 금융 서비스 기관의 일상적인 위험을 관리한다. 포트폴리오 리스크 관리 회사는 투자 포트폴리오에 내재된 리스크를 분석하여 리스크를 이해하고 은행이 과다 노출되지 않도록 한다. 기업 위험 관리 제공 업체는 사기 위험 및 신용 위험을 포함하여 은행에 대한 다른 위험을 식별한다. 이 분야의 회사의 예로는 페너고(Fenergo), 피노미얼(Finomial) 및 아르고스리스크(ArgosRisk)가 있다.

Capital Confirmation 및 Certent와 같은 보고서 제공 업체들은 데이터 분석을 정기 보고에 통합하여 이 프로세스를 보다 효율적으로 만드는 것을 목표로 하며, 정기 및 임시 보고의 자동화가 포함된다. 세금 관리 제공 업체는 세금 수입을 쉽게 징수할 뿐만 아니라 좋은 기록을 유지하고 쉽게 신고서를 제출할 수 있는 소프트웨어를 제공한다. 마지막으로, 무역 모니터링 제공 업체는 회사가 직원을 모니터링하여 거래 관점에서 권한이 없는 거래를 수행하고 있지 않은지 확인한다.

전망

향후 수십 년 동안 경험할 수 있는 가장 큰 변화 중 하나는 세계화된 식별 시스템일 수 있다. 세계를 아우르는 식별 시스템(특히 생체 인식)은 우리 삶을 편하게 할 수 있지만, 개인정보 보호 측면에서 리스크가 높아질 가능성이 있다.

🔑 핀테크 보안과 개인정보 보호의 중요성

핀테크 기업이 놓쳐서는 안 되는 것이 바로 보안과 개인정보 보호이다. 이 장에서는 앞서 언급한 핀테크 기술들을 구현하는 데 왜 보안과 개인정보 보호가 중요한지 알아본다.

배경

핀테크 기업은 사이버 보안, 데이터 보안 및 개인정보 보호를 다루는 효과적인 방법을 계획하고 시작해야 한다. 서비스가 고도화될수록 핀테크 회사와 서비스를 사용하는 고객에게 위험이 증가하기 때문에 이는 필수적이다. 빅데이터 자체에는 직접적인 개인정보가 제거되지만, 많은 회사에서 빅데이터에 의존한다는 것은 점점 더 많은 개인 및 독점 데이터가 악의적인 개체의 침입 및 액세스에 취약하다는 것을 의미한다.

안타깝게도 보호 수단이 충분하지 않아 악의적인 침입자가 데이터에 액세스하고 악의적인 사용에 노출이 되어, 핀테크 회사의 평판이 나빠지는 경우가 요즘 많이 보고되고 있다. 그렇다면 핀테크 회사는 자신과 고객을 최대한 보호하기 위해 어떻게 해야 할까? 잘못될 수 있는 일을 예상한 다음 사이버 보안, 데이터 보안 및 개인정보 보호 영역에서 심각한 문제가 발생하지 않도록 강력하고 효과적인 조치를 취하는 것은 물론, 해당 보호조치가 제품 및 서비스 수명 주기 내내 지속되어야 한다.

기관 및 소비자 데이터를 적절하게 보호하려면 핀테크 커뮤니티 내 모든 측면의 보안이 최우선 순위가 되어야 한다. 또한, 모든 핀테크 회사는 규모에 관계없이 전체 금융 서비스 산업 인프라를 보호하는 데 필요한 일을 수행해야 할 책임이 있다. 특히 많은 금융 거래가 상호 연결된 글로벌 데이터 통신 엔터프라이즈에서 발생하기 때문에 전반적인 취약성이 증가하기 때문이다.

핀테크 회사가 적절하고 적극적으로 준비해야 하는 핵심 보안 관련 문제의 예를 들자면, 데이터 유출, 데이터 손실, 계정 도용, 서비스 거부 공격, 내부자 위협, 멀웨어 주입, 불충분한 실사, 안전하지 않은 API, 클라우드 서비스 남용, 공개된 취약점 등을 들 수 있다.

사이버 범죄와 그 역사

현대 기술은 정부, 금융기관, 기업 및 사람들을 연결한다. 디지털 기술은 이 연결을 위한 플랫폼을 제공하며 수많은 중요한 장점을 제공하지만, 또한 부도덕한 개인이 기물 파손에서 기밀 정보 도용에 이르기까지 범죄 활동을 지속할 수 있는 방법 역시 제공한다.

해킹은 절차 또는 제품을 변경하여 문제를 해결하거나 작동 방식을 변경할 수 있다. 해킹은 1960년대에 생긴 용어로, MIT의 취미 동아리인 TMRC(Tech Model Railroad Club)에서 학생들이 학교 측의 통제를 뚫고 전산실에 잠입하여 DEC의 컴퓨터를 사용하던 행위에 붙여진 용어였다. 그들은 전체 장치를 재설계할 필요 없이 일부 기능을 변경할 수 있는 방법을 찾았다.

이들 개인의 호기심과 수완은 초기 컴퓨터 시스템의 컴퓨터 코드를 배우도록 이끌었다. 키스 톰슨(Keith Thompson)과 데니스 리치(Dennis Ritchie)는 원래 시스템을 해킹하고 UNIX 운영 체제를 개발했다. 해킹이라는 용어는 기능을 향상시키거나 장치 또는 제품의 문제를 해결하는 독창적인 방법으로 시작되었으나, 요즘 일반인들에게는 나쁜 측면이 좀더 부각되는 경향이 있다. 그 이유는 1970년대 해킹은 악성 해킹이 많았기 때문이다. 예를 들어, Phreaker처럼 무료로 장거리 전화를 도용하고, 다른 용도로 사용하기 위해 소프트웨어와 하드웨어를 해킹하는 경우가 많았다. 게다가 법 집행 기관은 해커를 기소할 수 있는 적합한 법이 없었기 때문에 해킹을 다루기가 어렵다는 것을 알게 되었다. 더욱이 조사관에게는 기술적 능력이 없었기 때문에, 통신 및 컴퓨터 시스템이 복잡해짐에 따라 사이버 범죄자들도 더 많은 기회를 얻었다.

Lawrence Berkeley National Laboratory의 시스템 관리자인 클리포드 스톨(Clifford Stoll)은 1986년에 회계상의 불규칙성을 발견했다. 그는 무단 사용자가 자신의 컴퓨터 네트워크에 액세스하고 있는지 감지하는 최초의 디지털 포렌식 기술을 발명했다. 그의 허니팟 전략은 침입의 원인을 찾기에 충분한 데이터를 수집할 때까지 해커가 네트워크로 들어오도록 유도했다. 결국, 그의 전략은 도난당한 군사 데이터를 KGB에 판매한 마커스 헤스 (Markus Hess)와 그의 동료들을 체포하는 데 일조했다.

1990년 한 해 동안 150명의 FBI 요원이 최소 2만 개의 플로피 디스크와 42대의 컴퓨터를 압수했지만, 집행 과정에서 법 집행관이 실수할 수도 있다. 예를 들어, Steven Jackson Games라는 출판회사는 불법 복제된 문서를 소지한 것으로 기소되었다. 미국 국토안보부는 회사의 컴퓨터를 압수했고 출판회사는 마감일을 놓쳤으며 직원은 해고됐다. 국토안보부는 컴퓨터를 반환했지만 컴퓨터 데이터는 삭제되었다. 1990년, 법 집행관, 변호사, 기술자 및 기타 전문가의 실수 및 과도한 활동으로 인해 발생한 시민의 자유에 대한 위협으로 인해 프런티어 전자 재단(EFF, Electronic Frontier Foundation)이 설립되어 소비자를 불법 기소로부터 보호하기 시작했다.

ILOVEYOU 및 멜리사(Melissa)와 같은 바이러스는 수백만 대의 개인용 컴퓨터를 감염시켰으며 이로 인해 전 세계 이메일 시스템 오류가 발생했다. 이와 같은 사고에 대비하기 위해 바이러스 백신 기술을 개발하여 바이러스를 인식하고 예방했다. 또한, 사람들은 신뢰할 수 없는 출처의 첨부 파일을 여는 것의 리스크에 대해 인식하기 시작했다.

2000년대 후반, 신용카드는 공격의 초점이 되었다. 알버트 곤잘레즈(Albert Gonzalez)라는 해커는 영국 매장 TK Maxx와 미국 소매 업체 TJX의 고객 거래에서 신용카드 정보를 훔쳤다. 보고서에 따르면 보안 위반으로 약 2억 8,200만 달러가 손실되었다고 한다.

2006년 아이슬란드의 Sunshine Press는 비밀 뉴스, 정보 및 기밀 미디어를 비공개 소스에서 유출하는 비영리 단체인 위키리크스(WikiLeaks) 웹사이트를 시작했다. 이 웹 사이트에 따르면 이 그룹은 약 120만 건의 문서를 공개할 계획이었다. 줄리안 어산지(Julian Assange)는 이 그룹의 창립자, 감독 및 편집장으로 알려져 있다. 어산지의 다른 동료로는 사라 해리슨(Sarah Harrison), 조셉 패럴(Joseph Farrell) 및 크리스틴 흐라픈손(Kristinn Hrafnsson)이 있다.

위키리크스가 발표한 많은 문서들이 메인 뉴스가 되었다. 공개된 문서 중 일부는 이라크와 아프가니스탄 전쟁에 관한 것이었으며, 미국 민주당과 힐러리 클린턴에 피해를 준 이메일도 공개되었다.

① 사이버 보안 분야

사이버 보안은 기술 분야에서 가장 빠르게 성장하는 분야 중 하나이다. 지난 10년 동안 미국 연방정부는 사이버 보안에만 1,000억 달러 이상을 투자했다. 2016년 미국 대통령 선거가 사이버 범죄자들에 의해 확실히 영향을 받았다는 사실을 고려하지 않더라도 이것은 분명히 중요한 문제이다. 평균적으로 사이버 공격은 보고되지 않은 사이버 범죄를 제외하고도 연간 최대 5,000억 달러의 기업 비용이 발생한다.

2014년 기업 IT 분야에 치명적인 손상을 초래한 보안 버그인 Heartbleed 는 수십억 달러의 금전적 피해를 입혔다. 직접적인 손해는 물론 공격 이후 업무 중단에 대한 비용을 계산해야 하기 때문에 침해 건당 비용을 산정하는 것은 쉽지 않다. 연구 회사와 업계 분석가 및 공급 업체는 서로 다른 공식과 추정치를 제공한다. 미국의 사이버 보험 시장은 2015년 기준 25억 달러로 성장했으며, 전 세계적으로 크게 성장하고 확장되고 있다. 금융 및 은행 서비스도 사이버 보안 시장으로 확대되고 있으며, IoT의 성장은 또한 보안 지출을 증가시킬 것이다.

전 세계적으로 이스라엘은 미국에 이어 두 번째로 큰 사이버 제품 수출국 이다. 서비스 거부 공격(Denial of Service)이 흔해지고, 기업들의 모바일 기기 및 클라우드 컴퓨팅의 채택으로 인해 아시아 태평양 시장도 발전하고 있다. 라틴 아메리카 지역에서는 사이버 보안 및 사이버 범죄에 대한 비용도 증가하고 있는 반면, 글로벌 사이버 보안 인력은 매우 부족한 실정이다.

② 사이버 범죄의 유형

사이버 범죄에는 여러 유형 중 주요 내용에 대해 간단히 설명한다.

• 백도어

백도어는 알고리즘, 암호화 시스템 또는 컴퓨터 시스템에서 보안 제어 또는 일반 인증을 우회하는 방법이다. 구성이 잘못되었거나 독창적인 디자 인으로 인해 의도치 않게 발생할 수도 있다. 승인된 지원이 백도어를 추가하 여 다른 사람에게 무단 액세스를 제공할 가능성도 있으며, 부도덕한 내부인 이 악의적인 의도로 이를 추가할 수도 있다. 그러나 이유가 무엇이든 백도어 는 취약점의 여지를 주는 attack surface를 추가하는 것이다.

- 분산 서비스 거부 공격(DDOS)

서비스 거부 공격은 네트워크나 시스템을 중단시킬 수 있다. 네트워크나 컴퓨터의 기능을 오버로드하여 의도한 사용자에 대한 서비스를 거부한다. 또한 의도적으로 잘못된 비밀번호를 입력하여 피해자의 계정을 잠근다. 새 방화벽 규칙을 추가하면 특정 IP 주소로 인한 네트워크 공격을 차단할 수 있다. 그러나 봇넷 및 증폭 및 리플렉션 공격 같은 다른 기술에서 발생할 수 있는 수많은 분산 서비스 거부 공격으로부터 네트워크를 방어하는 것은 어렵다.

- 피싱

피싱은 사용자에게 원본 사이트와 동일한 가짜 사이트에 세부 정보를 제공하도록 지시한다. 신용카드 정보, 비밀번호 및 사용자 이름과 같은 사용자 정보를 얻어서 사용자의 자산을 탈취한다. Ponemon Institute가 수행한 조사에 따르면 피싱 공격이 성공했던 기업의 연간 비용은 약 370만 달러 수준이었다.

- 클릭 재킹(Clickjacking)과 스푸핑(Spoofing)

사용자 인터페이스 구제 공격 또는 UI 구제 공격으로 알려진 공격자는 사용자가 다른 웹 페이지에서 링크 또는 단추를 클릭하도록 속일 수 있다. 다시 말해 공격자는 사용자의 클릭을 가로 채고 있다. 악의적이거나 사기성 활동인 스푸핑은 공격자가 알려진 소스로 위장하여 수신자와 통신하는 것이다. 이는 보안 수준이 낮은 장치에 공통으로 시도해볼 수 있는 공격이다.

- 사회 공학(Social Engineering)

사회 공학 공격은 사용자가 민감한 정보를 공개하도록 유도하는 사기 유형이다. 예를 들어, 공격자는 재무 및 회계 부서에 가짜 CEO 전자 메일을 보내는 것과 같은 것이다. 2016년 FBI 보고서에 따르면 2013년 10월부터 2016년 2월까지 누적 피해액은 약 23억 달러였다고 한다.

• 직접 액세스 공격

컴퓨터 액세스 권한이 있는 인증된 사용자는 데이터를 복사하거나 운영 체제를 수정하거나 무선 마우스를 사용하거나 비밀 청취 장치, 키 로거 또는 소프트웨어 웜을 설치할 수 있다. 표준 보안 조치는 시스템을 보호할 수 있지만, 도구를 사용하거나 다른 운영 체제를 부팅하면 이러한 조치를 우회할 수 있다. TPM(Trusted Platform Module) 및 디스크 암호화는 직접 액세스 공격을 방지하는 기본적인 방법 중의 하나이다.

• 도청

도청은 실시간으로 개인 통신을 무단으로 가로채는 것이다. 예를 들어, NarusInsight 및 Carnivore 프로그램은 인터넷 서비스 제공 업체의 시스템을 도청한다. 암호화가 없거나 약한 경우 폐쇄된 시스템에서 도청되기도 한다.

사이버 보안 카테고리 및 주요 업체

사이버 보안은 상당히 세분화되어 있으며 많은 스타트업이 있다. 이들은 아래 11가지 범주로 나누어 볼 수 있으나, 그 구분은 점점 희미해지고 분야별 통합이 이루어지고 있다.

① 네트워크 및 엔드 포인트 보안

네트워크 및 엔드 포인트 보안에는 원격 장치로부터 회사 네트워크를 보호하는 데 사용되는 방법이 포함된다. 회사 네트워크에 연결된 모든 원격 장치는 잠재적인 보안 위협이 될 수 있다. 따라서 회사 네트워크와 엔드 포인트를 모두 보호할 필요가 있다.

레드 카나리(Red Canary)는 이 분야에서 주목받는 스타트업 중 하나이다. 이 제품은 태블릿, 랩톱 및 회사 직원의 기타 전자 장치의 원격 연결로 인한 취약점으로부터 회사의 컴퓨터 네트워크를 보호하는 데 특화되어 있다. 반면 사일런스(Cylance)는 AI 알고리즘을 사용하여 엔드 포인트의 맬웨어 및 극단적 위협을 식별하고 방지한다.

② IoT / IIot 보안

IoT 보안은 IoT에 연결된 네트워크 및 장치의 보호를 말하며, 여기에는 고유 식별자로 자동으로 데이터 전송을 시작할 수 있는 기기 및 대상이 포함된다. 주요 문제는 제품 디자인에 종종 보안이 포함되지 않는다는 것이다. 대부분의 IoT 제품에는 패치가 적용되지 않은 오래된 임베디드 소프트웨어와 운영 체제가 있다. 따라서 이러한 장치는 주요 공격 대상 중 하나가 될 수밖에 없다.

우리가 이미 자동차와 드론의 해킹을 통해 발생할 수 있는 엄청난 결과를 봤을 때, IoT 보안이 점점 중요해질 것이다. 아구스 사이버 시큐리티(Argus Cyber Security)는 연결된 차량 보호에 중점을 둔 사이버 보안 스타트업이다. 반면 인디지(Indegy)는 수도 시설, 제조 시설, 에너지, 석유 화학 플랜트 등과 같은 주요 인프라에서 산업 제어 시스템에 대한 보안을 제공한다.

③ 위협 인텔리전스

위협 인텔리전스 활동은 조직에 대한 현재 또는 잠재적 공격에 대한 정보를 구체화, 분석 및 체계화한다. 기업이 외부 위협의 위험을 이해하도록 돕는다. 기업이 피해를 입는 공격으로부터 스스로를 보호할 수 있도록 심층적인 정보를 제공한다. 플래시포인트(Flashpoint)는 웹에서 악의적인 활동을 대상으로 하여 위협과 공격을 노출하고 방지하는, 좋은 위협 인텔리전스 제공 업체 중 하나이다.

④ 모바일 보안

모바일 보안에는 휴대폰에 저장된 비즈니스 및 개인정보의 보안이 포함된다. 스마트폰은 민감한 정보가 저장되어 있고, 사용자가 특정되는 경우가 대부분이기 때문에 스마트폰 사용자의 개인정보 보호 측면에서 매우 중요하다. 기업의 시각에서도 BYOD로 인해 직원의 모바일 단말의 보안은 회사의 지적 재산에도 영향을 미칠 수 있기 때문에, 개발자에서 최종 사용자에 이르기까지 모든 여정에서 각 참여자들이 모바일 정보 보안 의식을 가지는 것이 바람직하다. 에스앤피랩(SNPLab, Security and Privacy Laboratory)은 모바일을 위한 보안/개인정보 보호 컨설팅은 물론, 개인의 데이터 주권 회복을 위한 마이데이터 플랫폼을 제공하는 스타트업이다.

⑤ 행동 탐지

행동 탐지는 악성 소프트웨어의 실행 가능한 이벤트를 추적하여 범죄 행위가 발생하지 않도록 한다. 금지된 조작의 예에는 시스템 설정 수정 및 파일 삭제가 포함된다. 클라우드 보안은 인프라, 데이터 애플리케이션 및 클라우드 컴퓨팅 사용과 관련된 정보를 보호하는 제어 기반 정책 및 기술로 구성된다. 또한, 정책 및 기술은 규제 기관의 규칙을 준수한다. 다크트레이스(Darktrace)는 조직의 비정상적인 행동을 탐지하여 사이버 공격 위협을 식별하고 위험을 완화하는 회사이다.

⑥ 클라우드 보안

클라우드 보안은 클라우드에 저장된 데이터 및 애플리케이션을 보호할 수 있는 기술 및 메커니즘에 중점을 둔다. 티제라(Tigera)는 프라이빗, 퍼블릭 및 하이브리드 클라우드에서 워크로드 및 애플리케이션 제공을 보장하는 데 중점을 둔 사이버 보안 스타트업이다.

⑦ Deception Security

적당히 번역할 만한 용어가 없는 이 사기 방지 기술은 네트워크 내의 공격자가 시스템을 손상시키지 못하도록 하는 기술 및 도구 모음이다. 미끼를 사용하여 공격자를 오도하고, 대상에 도달하여 네트워크에 더 깊이 들어가는 것을 방지한다. 이 기술은 실제 IT 자산을 에뮬레이션하거나, 때로는 실제 운영 체제에서 실행되는 경우도 있다. 이러한 서비스는 공격자가 이미 자신의 목표를 찾았다고 생각하게 한다. 다른 보안 제품의 역할을 직접 대신하지는 않지만 함께 쓰여졌을 때 더욱 강력한 힘을 발휘한다. 일루시브 네트웍스(Illusive Networks)는 공격자가 회사를 혼란에 빠뜨릴 수 있기 전에 공격자를 식별하고 속이고 방해할 수 있다.

⑧ 지속적인 네트워크 가시성

지속적인 네트워크 가시성은 클라우드가 네트워크 보안을 처리하여 엔터프라이즈 위협을 탐지하고 가시화하며 사고 대응을 가속화하도록 한다. 클라우드를 사용하여 고급 시각화, 자동 복기 및 포렌식을 통해 보존 기간을 구축한다. 지속적인 네트워크 가시성이 확보되면 보안 전문가가 위협을 실시간으로 보다 쉽게 처리할 수 있다. 버라이즌(Verizon)에 인수된 프로텍트와이즈(Protectwise)는 사이버 공격을 즉시 방지하기 위해 네트워크 활동을 시각화하고 이에 대응한다.

⑨ 위험 관리

위험 관리는 대응책을 적용하여 사이버 자산이 다양한 지능형 공격과 관련된 다양한 공격 기술, 전술 및 절차에 대한 취약성을 줄일 수 있도록 하는 관리적 기술이다. 네트워크 설정에 엄격한 권한이 있고 웹 응용 프로그램 및 웹 서버가 종종 업데이트 및 패치를 받으며 웹 사이트 코드의 품질이 좋은 경우에 적합하다. AttackIQ는 프로세스, 사람 및 기술의 취약성을 식별하는 데 중점을 두고 문제를 해결하는 솔루션을 제공하는 회사 중 하나이다.

⑩ 웹 사이트 보안

웹 사이트는 불행히도 보안 위험이 발생하기 쉬우며 웹 서버가 연결된 네트워크도 마찬가지이다. 웹 서버와 호스팅된 사이트는 많은 회사, 특히 중소기업에게 가장 심각한 보안 위험 요소를 제공한다. 웹 사이트 보안 기술 영역은 계정 탈취, 콘텐츠 스크래핑 및 기타 웹 사이트 침입을 방지하기 위해 설치된 소프트웨어를 포함한다. Shape Security와 Distil Networks는 악의적인 웹 사이트 트래픽을 식별해주는 회사들이다.

전망

사이버 범죄가 계속 증가하고 기술이 발전함에 따라 새로운 전략이 개발될 것으로 기대할 수 있다. 또한 사이버 보안 회사가 통합되고 거대한 보안 회사가 발전할 것으로 기대할 수 있다. 핀테크 기술의 발전에 따른 보안 및 개인정보 보호에 대안도 함께 고려되어야 할 것이다.

Part 2

EU의 데이터 보호 소개

Part 2에서는 EU의 개인정보 보호의 역사적 배경을 알아보고, 인권법에서 GDPR까지 관통하는 개인정보 보호와 관련 입법 체계를 설명하고자 한다. 법에 관한 내용이고, 그 배경설명이 조금 지루할 수 있으나, GDPR의 역사적, 논리적 전개를 되도록 상세히 소개하고자 한다.

EU 데이터 보호법의 기원과
역사적 배경

이 장에서는 EU 데이터 보호법의 기원을 소개하고,
GDPR에 이르기까지 유럽 데이터 보호법의 진화와
그 역사적 배경을 알아본다.

🔑 데이터 보호의 이론적 근거

1970년대 초반에는 개인정보를 처리하기 위해 컴퓨터 사용이 증가했다. 유럽경제공동체(EEC: European Economic Community)에 의해 촉진된 국경 간 무역은 또한 정보 공유의 증가를 고무시켰다. 전자 데이터 처리 분야의 급속한 발전과 메인 프레임 컴퓨터의 첫 등장으로 공공 행정 및 대기업은 광범위한 데이터 은행을 설립하여 개인정보의 수집, 처리 및 공유를 향상시켰다. 이에 덧붙여 컴퓨터가 통신 개발과 결합하여 국제 규모의 데이터 처리를 위한 새로운 기회를 열었다.

이러한 발전은 효율성과 생산성면에서 상당한 이점을 제공했지만, 개인 정보가 국제적 경계를 넘어 이동될 경우, 비록 이런 진보가 꼭 긍정적인 측면만 있는 것이 아니라, 개인의 프라이버시에 부정적인 영향을 줄 것이라는 우려가 제기되었다.

유럽의 개별 국가의 법 시스템에는 프라이버시, 불법 행위, 비밀 및 기밀에 관한 법률과 같이 개인의 개인정보를 보호하기 위한 규정이 이미 있었다. 그러나 개인정보의 자동 저장과 국경 간 무역의 증가는 국제 무역을 지원하는 데 필요한 정보의 자유로운 국제 흐름을 허용하는 한편 개인이 개인정보를 통제할 수 있는 새로운 표준을 요구한다는 것 역시 인정되었다.

문제는 개인의 자유와 사생활에 대한 국가적 차원의 우려와 EEC 수준에서의 자유 무역을 지원할 수 있는 능력 간의 균형을 유지하는 방식으로 이러한 기준을 마련하는 것이었다.

🔑 인권법(Human rights law)

유럽연합에서 사생활과 관련 자유에 대한 권리는 근본적인 인권으로 간주된다. 이 개념은 EU 데이터 보호법의 기초를 이루며 현업에서 완전히 받아들이고 이해하는 데 중요하다. 기능적으로, 국제 인권법은 국제적, 지역적, 국내적 차원에서 인권을 증진하고 보호하기 위한 국가 간 합의에 기초를 두고 있다. 여기서는 인권법에서의 데이터 보호의 토대에 대해 살펴본다.

세계인권선언(Universal Declaration of Human Rights)

1948년 12월 10일 유엔 총회에서 채택된 세계인권선언(Human Rights Declaration)은 개인을 보호하기 위한 기준을 세우기 위한 분명한 출발점이었다. 인권선언은 제2차 세계 대전의 잔학 행위에 따라 생겨났으며, '자유, 정의와 세계평화에 기초한 모든 인류 구성원의 타고난 위엄과 평등하고 양도할 수 없는 권리'로서 보편적인 가치와 전통으로 인정된다.

인권선언에는 사생활 및 가정생활의 권리와 표현의 자유와 관련된 구체적인 조항이 포함되어 있다. 인권선언에 명시된 원칙은 이후 유럽의 데이터 보호법 및 표준의 기초를 제공한다.

사생활과 관련된 자유에 대한 권리는 인권선언 제12조에 포함되어 있다.

어느 누구도 그의 사생활, 가족, 집이나 서신에 대한 임의적인 간섭을 받지 않으며 그의 명예와 평판에 대한 공격을 당하지 않는다. 모든 사람은 그러한 간섭이나 공격으로부터 법의 보호를 받을 권리가 있다.

인권선언의 또 다른 기본적인 측면은 제19조에 명시된 표현의 자유에 대한 권리이다.

누구나 의견과 표현의 자유를 누릴 권리가 있다. 이 권리는 간섭없이 의견을 보유하고 국경에 관계없이 모든 언론을 통해 정보와 아이디어를 찾고, 받고, 전달할 자유를 포함한다.

처음에는 특히 제19조의 행사가 제12조에 반하는 사생활 침해를 초래할 수 있는 경우에 제19조의 규정이 제12조와 상충하는 것으로 보일 수 있다. 그러나 명백한 갈등은 제29조(2)항에서 화해되며, 개인 권리는 절대적이지 않으며 균형을 맞춰야 하는 경우가 있을 것이라고 서술한다.

자신의 권리와 자유를 행사함에 있어 모든 사람은 타인의 권리와 자유에 대한 정당한 인정과 존중을 보장하고 도덕, 공공질서와 민주 사회의 보편적 복지에 대한 정당한 요구 사항을 충족시키기 위한 목적으로만 법률에 의해 결정되는 제한에 따라야 한다.

유럽인권협약(European Convention on Human Rights)

1950년 로마에서 유럽평의회(Council of Europe)는 인권과 기본적 자유를 보호하기 위한 국제 조약인 유럽인권협약(ECHR: European Convention on Human Rights)에 서명하도록 개별 국가를 초청했고, 인권선언에 따라 1953년 9월 3일에 발효되었으며, 회원국에만 적용된다. 모든 유럽평의회 회원국은 ECHR의 당사국이며, 새로운 회원국은 가능한 한 빨리 ECHR을 비준할 것으로 기대된다. ECHR 당사국은 관할권 내의 모든 사람에게 이러한 권리와 자유를 제공할 것을 약속한다.

ECHR은 그것이 보호하는 기본적 권리와 자유의 범위 때문에 강력한 도구이다. 여기에는 고문 금지, 노예제도 및 강제 노동 금지, 자유와 안전에 대한 권리, 공정한 재판을 받을 권리, 법 없는 형벌은 없을 것, 사생활과 가정생활에 대한 존중 그리고 사상, 양심 및 종교의 자유, 표현의 자유, 집회 및 결사의 자유, 결혼할 권리, 효과적인 구제 및 차별 금지에 관한 권리 등 삶의 권리가 포함된다.

ECHR은 유럽인권재판소(European Court of Human Rights)의 형태로 스트라스부르(프랑스 Strasbourg)에 제정된 시스템이 있기 때문에 중요하다. 유럽인권재판소는 ECHR 위반 혐의를 검토하고 국가가 ECHR에 따른 의무를 준수하도록 보장한다. 유럽 인권 재판소의 판결은 해당 국가에 구속력을 가지며 국가 정부의 법률 개정이나 실제적인 변화로 이어질 수 있다. 유럽 평의회의 각료위원회의 요청에 따라 유럽인권재판소는 ECHR 및 의정서의 해석에 관한 자문 의견을 제시할 수 있다.

1998년 11월 1일, 법원 시스템은 단일 전임(single full-time) 인권 재판소로 재구성되었다.

ECHR 제8조는 인권선언 제12조를 반영하며 다음을 규정한다.

1. 모든 사람은 개인 및 가족생활, 그의 집과 그의 서신에 대한 존중받을 권리를 가진다.
2. 법에 의거하는 경우나 국가 안보, 공공 안전 또는 경제적 복지를 위해 민주 사회에서 필요하거나, 무질서 또는 범죄의 예방을 위해 필요하거나, 건강이나 도덕의 보호, 또는 타인의 권리와 자유를 보호하기 위한 경우를 제외하고는, 이 권리를 행사하는 데 공공 기관에 의한 어떠한 간섭도 없어야 한다.

따라서 이 조항은 개인정보가 비공개로 유지되는 권리를 보호하지만,

이는 절대적인 권리와 필요성이 아니며, 비례성은 공익에 대한 개인의 사생활 침해를 정당화할 수 있다.

제8조는 프라이버시 권리를 다루는 반면, 제10조는 표현의 자유와 국경을 초월한 정보와 아이디어를 공유할 권리를 보호한다.

ECHR 제10조 (1)항:

모든 사람은 표현의 자유에 대한 권리가 있다. 이 권리에는 의견을 가질 자유와 공공 당국의 간섭없이 그리고 국경에 상관없이 정보와 아이디어를 수령하고 전달할 자유가 포함된다.

이 권리는 제10조 (2)항에 규정된 개인의 사생활을 보호할 수 있는 자격이 있다.

이러한 자유의 행사는 의무와 책임을 수반하기 때문에, 법으로 정한 절차, 조건, 제한 또는 벌금에 처해질 수 있으며, 이는 국가 보안, 영토 보전 또는 지역 사회의 이익을 위해, 그리고 공공 안전, 무질서 또는 범죄 예방, 건강 또는 도덕의 보호, 명성이나 타인의 권리 보호, 정보의 공개를 막기 위해, 또는 사법부의 권위와 공평성을 유지하기 위해 민주 사회에서 필요하다.

인권선언과 ECHR은 모두 개인의 권리와 이러한 권리에 대한 정당한 간섭 사이의 균형에 대한 필요성을 본질적으로 인정하며, 이는 데이터 보호법에서 반복되는 주제이다.

♟ 초기 법과 규정

1960년대 후반부터 1980년대에 이르러 유럽을 비롯한 여러 국가가 정부 기관 및 대기업의 개인정보 사용을 통제하는 법안을 시행하는 데 앞장서 왔다. 여기에는 오스트리아, 덴마크, 프랑스, 독일 연방 공화국, 룩셈부르크, 노르웨이, 스웨덴이 포함되며, 이 기간 동안 여러 국가에서 법률이 제정될 예정이었다. 스페인, 포르투갈, 오스트리아의 3개 유럽 국가에서 데이터 보호는 헌법에 기본 권리로 포함되었다.

이러한 추세에 비추어 유럽평의회는 개인정보의 불공정한 수집 및 처리를 방지하기 위한 특정 원칙 및 표준의 기본 틀을 수립하기로 결정했다. 이것은 신흥 기술의 맥락에서 국가 법규가 ECHR 제8조에 따라 '사생활 및 가정생활, 그의 집과 그의 서신'을 존중할 권리를 적절하게 보호하지 못했다는 우려의 결과였다. 이러한 우려는 1968년 인권 및 현대 과학 기술 발전에 관한 권고안(Recommendation 509)의 발표로 이어졌다.

1973년과 1974년에 유럽평의회는 이 초기 작업을 Resolutions 73/22와 74/29와 함께 수행하여 개인 및 공공 부문의 자동화된 데이터뱅크에 개인 데이터를 보호하기 위한 원칙을 수립했으며, 이 결의안에 근거하여 각각 국내법의 개발을 추진하는 목표가 설정되었다. 이는 이 분야의 회원 국가들의 법률 사이에 이미 존재하는 차이가 있기 때문에 긴급한 요구 사항으로 간주되었다. 개인정보를 포괄적으로 보호하려면 구속력 있는 국제 표준을 통해 그러한 국가 규칙을 추가로 강화해야 한다는 것이 점차 명백해졌다.

1980년대 초반의 다른 중요한 계획안은 OECD와 유럽평의회가 개인정보 보호 및 개인정보의 흐름을 규제하는 OECD 가이드 라인과 개인정보의 자동 처리에 관한 개인의 보호를 위한 유럽평의회 협약의 형태로 생겨났다.

OECD 가이드라인

대체로 OECD의 역할은 재정 안정성을 유지하면서 세계 경제 개발에 기여하는 한편, OECD 회원국과 비회원국 모두에서 가장 높은 지속 가능한 경제 성장과 고용 및 증가하는 생활수준을 달성하도록 고안된 정책을 추진하는 것이다. OECD 회원국은 유럽을 넘어서서 다수의 주요 관할 지역을 포함한다.

1980년에 OECD는 국경 간 데이터 흐름을 통제하고 국가 간 데이터 보호 법의 조화를 가능하게 하는 기본적인 규칙을 구성하는, 프라이버시와 국경 간 개인정보 흐름의 보호(Protection of Privacy and Transborder Flows of Personal Data)에 대한 OECD 가이드라인을 개발하였다.(OECD 가이드라인의 원칙을 설명하는 아래 상자 참조)

OECD 가이드라인은 유럽평의회 및 유럽공동체(European Community)와 긴밀히 협력하여 1980년 9월 23일에 발간되었으며, 법적으로 구속력이 없지만 탄력적이며, 데이터 보호법이 없는 국가의 입법의 기초로, 또는 기존 법안에 포함될 수 있는 일련의 원칙으로 사용될 수 있다.

OECD 회원국은 유럽을 넘어서기 때문에 OECD 가이드라인은 광범위한 영향을 미친다. OECD 회원국들 사이에서 OECD 가이드라인의 이행에 있어 차이가 발생하지 않도록 다른 국가들과 협력하는 것이 중요하다. OECD는 1985년과 1998년에 발표된 선언문에 대한 OECD 가이드라인을 재확인했다.

OECD 가이드라인을 개발함에 있어 OECD는 유럽평의회를 대표하여 개발된 원칙들과의 일관성을 유지하기 위해 모든 노력을 기울였는데, 이는 OECD 가이드라인과 개인정보 자동 처리에 대한 개인 보호를 위한 유럽평의회 협약 간에 분명한 유사점들이 있음을 의미한다.

OECD 가이드라인의 목적은 개인의 사생활과 권리와 자유를 보호하고 무역을 가로막는 장벽을 만들지 않고 국가 경계를 넘나들며 개인정보가 끊이지 않도록 균형을 유지하는 것이다.

개인정보 보호와 국경 간 개인 데이터 흐름에 관한 OECD 가이드라인

OECD 가이드라인은 개인정보를 처리하는 데이터 컨트롤러가 따라야 하는 일련의 원칙을 소개한다.
- 수집 제한 원칙: 개인정보는 공정하고 합법적으로 하고, 적절한 경우, 해당 개인의 지식이나 동의를 수집해야 한다.
- 데이터 품질 원칙: 개인정보는 관련성, 완전성, 정확성 및 최신성이 있어야 한다.
- 목적 명확성 원칙: 개인정보가 사용될 목적은 수집 시점보다 늦지 않게 지정되어야 하며, 모든 용도는 그 목적과 양립해야 한다.
- 사용 제한 원칙: 개인정보의 공개는 개인이 동의하거나 데이터 컨트롤러에 합법적 권한이 없는 한, 지정된 목적과 일치해야 한다.
- 보안 조치 원칙: 개인정보의 분실, 무단 액세스, 파괴, 사용, 수정 또는 공개와 같은 위험에 대해 합리적인 보안 조치를 취해야 한다.
- 개방성 원칙: 개인정보의 이용에 관해서 뿐만이 아니라, 데이터 컨트롤러의 신원 및 위치에 대해서도 일반적인 개방 정책이 있어야 한다.
- 개인 참여 원칙: 이것은 개인이 자신의 개인정보에 대한 요청에 따라 데이터 컨트롤러에서 받을 권리가 무엇인지 설명한다. 이것은 데이터 보호 후속 입법의 가장 중요한 측면 중 하나가 되었다.
- 책임성 원칙: 데이터 컨트롤러는 위에서 언급한 원칙을 보장하는 조치를 준수해야 할 책임이 있다.

국경 간 데이터 흐름과 관련된 OECD 가이드라인에 포함된 원칙은 회원국 간의 자유로운 정보 흐름을 촉진하고 회원국 간의 경제 관계 발전에 대한 부당한 장애를 피하는 OECD의 목표에 부합한다. OECD 가이드라인에는 다음과 같이 명시되어 있다.
- 회원국은 다른 회원국이 국내 정보를 처리하고 개인 데이터를 다시 수출하는 것에 대한 영향을 고려해야 한다.
- 회원국은 회원국을 통과하는 것을 포함하여 개인 데이터의 국경 간 흐름이 방해받지 않고 안전하도록 모든 합리적이고 적절한 조치를 취해야 한다.
- 회원국들은 OECD 가이드라인이 실질적으로 준수되지 않는 경우 또는 개인정보의 재수출이 국내 개인정보 보호 법규를 우회하는 경우를 제외하고는 개인정보의 국경 간 흐름에 관여할 수 있다.
- 회원국은 국내 사생활 보호법에 해당 데이터의 본질을 고려한 특정 규정이 포함되어 있고 다른 회원국은 동등한 보호를 제공하지 않는 개인 데이터 범주의 다른 국가로 정보를 이전하는 데 제한을 부과할 수 있다.
- 회원 국가는 개인의 자유와 프라이버시 보호의 명목으로, 개인정보 보호 및 그 보호에 필요한 것 이상의 개인정보의 국경 간 흐름에 대한 장애물을 만드는 법률, 정책과 관행을 개발하는 것을 피해야 한다.(이것은 후속 데이터 보호 법안의 가장 중요한 측면 중 하나가 되었다.)

이 가이드라인은 공공 부문과 민간 부문을 구별하지 않는다. 중요한 것은 전자 또는 기타 방법으로 수집한 개인정보를 구별하지 않는다는 점에서, 사용되는 특정 기술에 대해 중립적인 것이다.

OECD는 일부 처리가 자동화 및 비자동화 시스템 모두를 포함한다는 것과, 컴퓨터에 의해 처리되는 경우에만 집중하는 것은 그 실질적 실체와 불일치로 이어질 뿐만 아니라 데이터 컨트롤러가 개인을 처리하는 비자동적 수단을 사용하여 OECD 가이드라인을 구현하는 국내법을 우회 할 수 있는 기회가 있음을 인식했다. 그들의 업무 중점은 '프라이버시와 개인의 자유에 위험을 초래할 수 있는' 개인정보를 보호하는 것이었다.

Convention 108

개인 데이터 자동 처리와 관련된 개인 보호 협약('Convention 108')은 유럽평의회에서 채택되었으며 1981년 1월 28일 유럽평의회 회원국들에게 서명을 위해 개설되었다. 유럽협약(European Convention)으로 언급되지 않은 것은 그것이 유럽 이외의 국가들에 대한 서명을 위해 개방되었음을 의미하는 것이었다.[1]

Convention 108은 1973년과 1974년 결의안의 내용을 통합하고 재확인 하며 데이터 보호 분야에서 최초로 법적 구속력을 지닌 국제 법률 문서였다. 이는 서명자가 개인정보 처리와 관련하여 제시하는 원칙을 적용하기 위해 국내법에서 필요한 조치를 취할 것을 요구한다는 점에서 OECD 가이드라인과 다르다.

Convention 108에서 유럽평의회는 전산화된 형태로 개인정보를 보유하고 사용하는 사람들은, 그러한 개인정보를 보호할 사회적 책임이 있다는

---

[1] 모리셔스, 세네갈 및 우루과이(비 COE 주)도 이 조약에 가입했다.

견해를 가지고 있으며, 특히 그 당시에 개인에게 영향을 미치는 결정은 컴퓨터화된 파일에 저장된 정보에 기반하고 있다.

Convention 108의 서문은, 개인정보 보호를 위해, 자동 처리되는 개인 데이터의 국경 간 흐름이 증가하는 것을 고려하여, 회원 간의 더 많은 단결을 이루고 모든 개인의 권리와 기본적 자유에 대한 보호를 확대하는 것을 목표로 한다고 언급하고 있다.

Convention 108은 국제 무역 목적으로 개인 데이터의 자유로운 흐름을 유지할 필요성에 대해 안전 조치의 균형을 유지하면서 개인정보를 보호하기 위한 기준을 설정하는 최초의 구속력 있는 국제 법률문서이다.

Convention 108은 3가지 주요 부분으로 구성된다.

• 기본 원칙의 형태로 실체법 조항(제2장)
• 국경 간 데이터 흐름에 관한 특별 규칙(제3장)
• 상호 지원 메커니즘(제4장) 및 당사자 간의 협의(제5장)

① 제2장 - 실체법 조항

제2장의 원칙은 1973년과 1974년 유럽평의회 결의안에 포함된 원칙에 기초하고 있으며 여러 면에서 OECD 가이드라인에 포함된 것과 유사하다.

• 자동 처리 중인 개인정보는 다음과 같이 처리해야 한다.
  ▷ 공정하고 합법적으로 취득하고 처리해야 한다.
  ▷ 지정되고 합법적인 목적으로 저장되었으며, 그러한 목적과 양립할 수 없는 방식으로 사용되지 않아야 한다.
  ▷ 저장 목적과 관련성이 있고 적절하며 과도하지 않아야 한다.
  ▷ 정확하고, 필요한 경우, 최신으로 유지해야 한다.
  ▷ 목적을 위해 필요한 동안만 개인을 식별할 수 있는 형태로 보존해야

한다.

- 자동화된 데이터 파일에 저장된 개인정보를 실수로 또는 무단으로 파기하거나 우발적으로 손실하거나 권한이 없는 액세스, 변경 또는 배포로부터 보호하기 위해 적절한 보안 조치를 취해야 한다.
- 인종, 정치적 견해 또는 종교 또는 기타 신념을 밝히는 개인정보는 물론 건강 또는 성생활이나 범죄에 대한 신념('데이터의 특수 범주'라고 함)과 관련된 개인 데이터는 국내법에서 적절한 보호조치를 제공하지 않는 한, 자동으로 처리되어서는 안 된다.
- 개인은 보유한 개인정보의 통신, 정정 및 삭제 권한을 보유해야 한다.

Convention 108을 이행할 때 서명국은 이것이 ECHR의 제6조, 제8조, 제10조 및 제11조에 구체화된 비례성 요구 사항을 반영한 '민주 사회에서 필요한 조치'(예: 국가 안보 또는 형사 조사)일 때만 조항에 예외를 포함할 수 있다.

② 제3장 - 국경 간 데이터 흐름

Convention 108의 제12조는 Convention 108의 서명국 간에 개인정보의 이전이 이루어지는 경우, 그러한 이전이 이루어지기 전에 사생활 보호를 목적으로 하는 어떠한 금지도 부과하거나 요구해서는 안 된다고 규정한다. 그 이유는 그러한 국가들이 Convention 108에 서명한 사실로 인해 제2장에 언급된 데이터 보호 규정에 동의하고 결과적으로 개인정보 이전에 대한 최소한의 보호 수준을 제공하기 때문이다.

규정의 변경은, 수출국이 특정 범주의 개인정보 또는 자동 개인 자료 파일에 대해 자국 법에 특정 규칙을 두거나, 수입국이 이에 상응하는 보호를 제공하지 않거나, 그 국가가 Convention 108의 당사국이 아닌 경우에만 허용된다.

이 조항들은 감독 당국 및 2001년 서명을 위해 국경 간 데이터 흐름에 관련하여, 개인 데이터 자동 처리와 관련한 개인 보호 협약의 추가의정서(Additional Protocol to the Convention for the Protection of Individuals with regard to Automatic Processing of Personal Data)에서 추가로 개발되었다. 추가의정서(Additional Protocol)는 Convention 108에 서명하지 않은 국가에 개인정보를 이전하기 위한 어떠한 수단도 제공하지 않는다는 점을 해결하기 위해 고안되었다. 이에 대한 해결책은 수출 당사국의 관할권 밖의 국가로 이전된 개인정보에 대한 보호가 '동동한' 수준이라기보다 '적절한' 수준이라는 개념을 도입하는 것이었다. 단, 개인의 합법적 이익으로 이전되는 경우, 공공의 이익으로 이전되는 경우, 감독 당국이 승인한 계약 조항에 의거하여 이전되는 경우는 제외된다.

③ 제4장 - 상호 지원

Convention 108 당사국은 데이터 보호법의 준수를 감독하고 이행에 관한 협의 및 상호 지원을 목적으로 다른 관할권의 감독 당국과 연락할 감독 당국을 지명해야 한다. 감독 당국은 또한 개인의 권리 행사에 도움을 제공해야 한다.

④ 제5장 - 당사자 간의 협의

제5장에서는 당사자 간의 협의를 위한 자문위원회의 구성, 기능 및 절차에 대해 기술하고 있다. 이러한 요구 사항은 추가의정서의 규정에 의해 더욱 강화되었으며, Convention 108은 유럽평의회의 회원국이 아닌 국가를 포함하여 모든 국가에 개방된, 데이터 보호 분야에 전 세계적으로 적용되는 여전히 유일한 법적 구속력 있는 협약이다.

🦿 유럽의 조화된 접근의 필요성

Convention 108 및 OECD 가이드라인의 목적은 회원국의 재량에 맡겨진 구현 원칙을 국제 협약에 기초하여 데이터 보호에 대한 조화된 접근 방식을 도입하는 것이었다. 그러나 초기부터 이러한 원칙을 국가 법률로 구현함으로 인해, 다양한 데이터 보호 체제가 개발된 것임이 분명해졌다. 이러한 원칙을 채택함에 있어 회원국 내에서 일관된 접근법이 결여되어 있다는 것은 개별 조약의 기본 권리에 심각한 영향을 미칠 뿐만 아니라, 로마조약에 포함된 자유 무역을 방해할 수 있다고 인식되었다.

데이터 보호 지침

유럽연합집행위원회(European Commission)는 1976년 초에 유럽의회에서 데이터 보호법을 조화시키는 지침을 마련하기 위한 제안서를 제출한 바 있다. 회원국 내의 데이터 보호법에 대한 국가 접근법의 다양성에 대한 우려가 커지면서 개인 데이터 처리와 관련하여 개인 보호에 관한 지침(Directive)을 이사회에 제안하게 되었다.

지침은 회원국을 구속하는 입법의 한 형태이지만, 시행을 위한 형식과 방법의 선택을 국가 당국에 맡긴다. 이 제안은 유럽연합집행위원회의 우려를 서술하고, 데이터 보호를 위한 기본 지침을 포함하고 있다. 이 제안에서 유럽연합집행위원회는 '국내 접근법의 다양성과 공동체 차원에서의 보호제도의 부재는 내부 시장의 완성에 장애가 된다. 데이터 주체의 기본적인 권리, 특히 프라이버시 권리가 공동체 차원에서 보호되지 않는다면, 데이터의 국경 간 흐름이 저해될 수 있다'고 언급했다.

유럽연합집행위원회는 Convention 108에 포함된 원칙들이 Convention 108을 비준한 나라들에 대한 공통의 표준이 되었기 때문에, 이를 프레임워크 지침을 작성하는 기준으로 사용했다. 프레임워크 지침은 이러한 일반 원칙을 보완하여 높은 수준에서 이와 동등한 보호를 제공한다. 따라서 이를 달성하기 위한 프레임워크 지침의 제안 범위가 넓어졌으며, 자동 및 수동으로 처리하는 개인 자료에 대한 보호를 확대하고 공공 및 민간 부문 모두를 포괄하게 되었다.

유럽연합집행위원회가 수행한 작업의 절정은 개인정보 처리 및 그러한 데이터의 자유로운 이동에 관한 개인 보호에 관한 Directive 95/46/EC (Data Protection Directive 또는 Directive)였다. 제목에서 알 수 있듯이, 이 지침의 목적은 개인의 기본적인 프라이버시 권리를 ECHR 제8조 및 제10조와의 일관성을 유지하면서, 한 회원 국가의 자유로운 데이터 흐름과 조화롭게 조화시키는 데 있었다.

유감스럽게도 회원국들이 Directive를 시행하고 적용하는 방식에 상당한 차이가 있거나, 변경이 있어서, 기업이 내부 시장의 이점을 최대한 활용하기 어렵게 만들었다. 2003년에 발표된 European Commission of Directive 의 첫 번째 보고서가 이 문제를 확인했다.

어떤 경우에는, 차이점이 Directive를 잘못 구현한 결과이며 특정 회원국 의 법에 따라 수정이 필요하다는 결과를 가져왔다. 회원국이 그 입장을 개선하지 못한 경우, 유럽연합집행위원회는 그에 대한 위반 절차를 제정할 권한을 가진다. 다른 경우에 있어서 차이점은 회원국의 지침 이행으로 인한 것이었지만, 허용된 동작 한계 내에서도 여전히 불일치가 발생했다.

국내 법률의 차이로 인해 발생하는 불일치의 한 예는 기업이 데이터 보호 당국(DPA)에 데이터 처리에 대한 세부 정보를 알리는 요구 사항과 관련이 있다. 회원국의 국내법은 이와 관련하여 요구 사항에 따라 상당히 달랐으며, 이는 특히 개인정보를 EU 외 국가로 이전하는 경우에 대해,

관료주의 및 비용을 초래했다.

기본권 헌장

유럽 의회, 이사회 및 집행위원회의 의장은 2000년 12월 7일 프랑스 니스에서 기관을 대신하여 기본권 헌장에 서명하고 선언했다. 유럽연합 (EU) 조약, 유럽사법재판소(CJEU) 판례법, 유럽연합 회원국의 헌법 전통 및 유럽인권협약에서 비롯된 EU 내 기본 권리를 더욱 강화했다.

이 헌장은 ECHR에 명시된 일반적인 원칙을 포함하지만 구체적으로는 개인정보 보호를 의미한다. 리스본조약이 발효된 2009년 12월, 헌장은 법적 구속력을 가지게 되었다.

헌장 제7조와 제10조는 각각 제8조와 제10조의 ECHR 조항을 반영하고 제8조는 구체적으로 다음과 같은 데이터 보호를 다룬다.

1. 모든 사람은 자신에 관한 개인정보를 보호할 권리가 있다.
2. 그러한 데이터는 지정된 목적을 위해 그리고 관련자의 동의 또는 법률에 의해 정해진 다른 합법적인 기반에 근거하여 공정하게 처리되어야 한다. 모든 사람은 그와 관련하여 수집된 데이터에 접근할 권리와 그것이 수정될 권리를 가진다.
3. 이 규칙의 준수는 독립 당국의 통제를 받는다.

따라서 제8조는 개인정보 보호를 위한 특정 핵심 가치를 보장한다.

- 처리가 공정해야 한다.
- 지정된 목적으로 처리해야 한다.
- 처리를 위한 합법적인 근거가 있어야 한다.

- 개인은 개인정보에 액세스하고 정정할 수 있는 권리가 있어야 한다.
- 준수를 감독할 감독 기관이 있어야 한다.

이러한 권리에 대한 제한은 헌장 제52조에 따라야 하며, 이는 ECHR에 포함된 필요성과 비례성에 근거한 제한을 반영한다.

⚖ 리스본조약

2007년 12월 13일, EU 회원국들은 리스본조약(Lisbon Treaty)에 서명했다. 2009년 12월 1일부터 효력을 발생했다. 주요 목적은 EU가보다 효율적으로 기능할 수 있도록 유럽연합의 핵심 구조를 강화하고 개선하는 것이다.

리스본조약은 EU의 2가지 핵심 조약인 유럽연합에 관한 조약과 유럽공동체 설립 조약(Treaty on the Functioning of the European Union 또는 TFEU로 명칭이 변경됨)을 개정했다. TFEU는 헌장 제8조를 반영하고 모든 사람은 자신에 관한 개인정보를 보호할 권리가 있음을 제16조 (1)항에 규정한다. 제16조 (2)항에서 TFEU는 다음과 같이 규정한다.

유럽 의회와 이사회는 통상적인 입법 절차에 따라 행동하며, 연합 기관, 단체, 기관 및 에이전시에 의해, 그리고 회원국이 연방법의 범위에 속하는 활동을 수행하는 경우, 회원국의 개인 데이터 처리와 관련하여 개인 보호와 관련된 규칙을 정한다. 그러한 데이터의 자유로운 이동과 관련된 규칙의 준수는 독립 당국의 통제를 받는다.

이 조항은 유럽연합의 모든 기관이 개인정보를 처리할 때 개인을 보호해야 함을 보장한다. 유럽연합 기관의 데이터 보호법 준수를 규제하는 역할을 하는 유럽 데이터 보호 관리자가 있지만 '당국'에 대한 언급은 해당 국가 DPA가 그러한 문제에 대해 관할권을 가질 수 있음을 의미한다.

인간의 존엄성, 자유, 민주주의, 평등, 법치주의 및 인권 존중을 포함한 핵심 가치들을 증진하는 것이 리스본조약의 주요 목표 중 하나이다. 이 가치들은 모든 회원국에 공통적으로 적용되며 유럽연합 회원국이 되기를 희망하는 모든 유럽 국가는 이를 존중해야 한다. 유럽연합을 설립한 조약이 기본적인 권리를 전혀 언급하지 않았기 때문에 이것은 중요한 발전이다.

리스본조약은 정의, 자유와 보안을 높은 우선순위로 설명하고 있고, 이 분야의 괄목할 만한 변화는 EU가 지배할 수 있는 하나의 시스템을 구성하여 모든 EU 활동에 대한 하나의 공통된 법적 프레임워크의 도입이라고 할 것이다.[2]

👤 GDPR

회원국의 데이터 보호 접근법의 조화가 부족한 것 외에도, Directive가 기술 중립적이긴 하지만, 개인 데이터를 수집, 접근 및 사용하는 방식을 변화시켜온 급속한 기술 개발 및 세계화와 보조를 맞추지 못했다는 것이 분명해졌다.

이러한 우려에 대한 대응으로 집행위원회는 2009년에 당시의 데이터 보호에 관한 법적 틀에 대한 검토를 시작했으며, 2010년에는 데이터 보호 규칙을 강화하기 위한 전략을 수립했다. 이로 인해 2012년 1월, EU 전체에 일련의 규칙을 적용하는 Regulation의 형태로 Directive의 포괄적인 개혁

---

2 데이터 보호는 유럽연합집행위원회 내의 사법부 사무총장의 범위 내에 속한다.

안이 집행위원회에 제안되게 되었다. GDPR(General Data Protection Regulation)의 텍스트에 대한 동의는 유럽연합집행위원회, 유럽의회와 EU 이사회 간의 협상 과정('3자회담'이라고도 함)에서 절정에 달하는 긴 과정이었다. 이 기관들이 협의하여, GDPR은 유럽연합 공식 저널에 게재되었고 2016년 5월에 발효되었으며, 2018년 5월 25일 DPA가 이를 온전히 시행할 수 있게 되었다.

GDPR은 그 전체가 구속력을 가지며, 국내법으로 전환할 필요 없이 발효 즉시 모든 회원국에 적용된다. 지침(Directive)이 아닌 규정(Regulation)을 갖는 목적은 EU 회원국 간의 접근 방식의 일관성을 극대화하는 것이다. 그럼에도 불구하고 GDPR은 회원국들이 일부 상황에서 보다 구체적인 규칙을 별도로 제정할 수 있도록 허용하고 있다. 이는 GDPR이 실제로 실행되는 방식에 있어 회원국 간에 접근의 차이가 여전히 존재함을 의미한다. 회원국이 추가 입법 조항을 만들 수 있는 예는 다음과 같다.

- 직원 데이터 처리와 관련된 분야의 특정 법률이 제정되어 있는 경우
- 공공의 이익, 과학이나 역사 연구 목적, 통계 목적으로 보관
- '개인 데이터의 특수 범주' 처리
- '법적 의무'에 따른 처리

GDPR의 이러한 측면은 이후 장에서 보다 자세하게 알아볼 것이다.

GDPR은 기존 Directive의 목적과 원칙이 여전히 튼튼하지만 Directive가 유럽연합 전체에 걸쳐 데이터 보호를 단편적으로 구현하고 법적 불확실성 및 특히 '온라인 활동과 관련하여' 개인정보 보호에 중대한 위험이 있다는 대중의 인식이 확산되었음을 인정한다. 기술과 세계화의 급속한 발전은 '전례 없는 규모로' 민간 기업 및 공공 기관에 의한 개인정보의 사용을

야기하였다. GDPR은 '내부 시장에서 디지털 경제가 발전할 수 있도록' 하는 신뢰를 구축하기 위해, 강력하고 일관성 있는 시행으로 뒷받침되는 '강력하고 더욱 일관성 있는 데이터 보호 프레임워크'를 만들기 위해 고안되었다.[3]

GDPR에 포함된 주요 변경 사항은 다음과 같다.

- 특히 온라인 환경에서의 개인에 대한 더 강력한 권리
- 새로운 기술이 개발될 때 데이터 프라이버시가 고려되어야 한다는 요구사항(Data Protection by Design and by Default)
- 조직이 GDPR 준수를 입증할 수 있어야 하는 '책임성' 개념 도입
- 감독 당국의 권한 증가
- '원 스톱 숍'의 개념
- EU 소비자를 대상으로 하는 모든 이에게 GDPR을 광범위하게 적용

이러한 문제는 이후 장에서 더 자세히 분석한다.

🔑 관련 입법

법 집행 데이터 보호 지침

GDPR을 위한 프레임워크를 제안하는 동시에, 유럽연합집행위원회는 형사 범죄의 예방, 조사, 탐지 또는 기소를 목적으로, 또는 형사처벌의 집행과, 그 데이터의 자유로운 이동을 목적으로 하는 관할 당국의 개인

---

[3] GDPR, Recitals 6 및 7.27 Directive(EU) 2016/680

데이터 처리와 관련한 '자연인에 대한 보호를 위한 지침'(Law Enforcement Data Protection Directive또는 LEDP Directive, 2016년 5월 5일 발효)을 도입하였다. 회원국은 2018년 5월 6일까지 LEDP Directive를 국내법으로 옮겨야 했다.

LEDP Directive의 목표는 형법 집행 당국이 개인정보를 사용할 때마다 시민들의 기본적 권리를 보호하기 위해 회원국의 규칙을 조화시키는 것이지만, 회원국이 데이터 주체의 권리를 보호하기 위해 자국의 법에 더 높은 안전장치를 제공하는 것을 배제하지는 않는다.

ePrivacy Directive

ePrivacy Directive는 '공개 통신 네트워크'에서 개인 데이터 처리와 관련된 규칙을 설명한다.[4] GDPR은 ePrivacy Directive에 포함된 의무 사항에 추가 의무를 부과하려는 의도가 아니며, 따라서 ePrivacy Directive는 2가지 제도 간에 일관성을 유지하기 위해 적절히 검토되고 수정될 필요가 있음을 분명히 한다.[5] 이 글을 쓰는 시점에, 유럽연합집행위원회가 유럽 의회에 제안한 Regulation on Privacy and Electronic Communications (ePrivacy Regulation)가 리뷰 중이고, 2019년 말 공고를 목표하고 있으나, 통상 2년간의 유예기간을 고려하면 2022년 전에 발효되기는 어려울 것으로 보인다.

이 장에서는 규제 프레임워크의 주요 부분에 대한 개요를 비롯하여 유럽 데이터 보호법의 역사적 맥락과 기원을 살펴보았다. 핵심 법률과 규정에 대한 보다 상세한 분석은 제6장에서 다루도록 한다.

---

[4] 전자 자료 부문의 개인정보 처리 및 개인정보 보호에 관한 Directive 2002/58/EC
[5] GDPR, Recital 173 및 제95조

유럽의 데이터 보호법의 진화
1948년 유엔 총회는 보편적인 가치와 전통, 즉 모든 인류 구성원의 타고난 존엄성과 평등하고 양도할 수 없는 권리가 세계의 자유와 정의와 평화에 있음을 인식하여 세계인권선언을 창설
1950년 로마에서 유럽평의회는 인권과 기본적 자유를 보호하기 위해 개별 국가에 유럽인권협약(ECHR)에 서명하도록 초청 1953년에 발효된 이 법률은 회원 국가들에게만 적용되며, 회원국은 이 권리와 자유를 관할권 내의 모든 사람에게 제공할 것으로 기대됨 스트라스부르의 유럽인권재판소는 회원국 전체에 걸쳐 ECHR을 시행할 수 있음
1951년 유럽의 석탄 및 강철 공동체 설립 조약(Treaty of Paris)은 석탄과 강철 통제를 위한 지역기구를 설립했다. 이 조약의 당사국은 프랑스, 서독, 이탈리아, 벨기에, 룩셈부르크 및 네덜란드였음
1957년 유럽경제공동체(European Economic Community) 설립 조약(Treaty of Rome)
1965년 유럽공동체의 단일 협의회 및 단일 위원회 설립 조약(Merger Treaty)은 공동시장을 설립하고 유럽연합집행위원회, 각료회의, 유럽연합법원(CJEU) 및 유럽의회 설립
1970년 독일의 헤세(Hesse)주에서는 최초의 현대 개인정보 보호법 소개
1973년 스웨덴 최초의 국가 개인정보 보호법인 데이터 법 제정
1973-1974년 Resolutions 73/22 및 74/29가 통과되어 민간 및 공공 부문의 자동화된 데이터 은행에서 개인정보를 보호하는 원칙을 수립하여 이러한 결의안에 근거한 국내법의 개발 추진
1979년 7개 회원국(오스트리아, 덴마크, 프랑스, 독일연방공화국, 룩셈부르크, 노르웨이, 스웨덴)에서 일반 데이터 보호법이 제정되어 여러 법안이 제정 계획됨. 스페인, 포르투갈, 오스트리아의 3개 유럽 국가에서 데이터 보호는 헌법의 기본 권리로 통합
1980년 개인정보 보호 및 개인정보 흐름에 관한 OECD 가이드라인 제정
1981년 개인 데이터 자동 처리 관련 유럽평의회(Council of Europe) 협약(Convention 108)은 1973년과 1974년 결의안을 통합하고 재확인하며 데이터 보호 분야에서 최초의 법적 구속력 있는 국제 법률문서임 Convention 108에 서명한 국가는 해당 원칙들을 적용하기 위해 자신의 국내법에 필요한 조치를 취해야 한다는 것이 OECD 가이드라인과 다른 점임
1986년 단일 유럽 법(single European act)은 이전 조약을 개정하고 '내부 시장'(1992년 발효)을 창안하고 단일 통화와 국경 규제를 종식시킴
1992년 유럽연합 조약(마스트리히트 조약)이 유럽연합(EU) 설립
1995년 개인 데이터의 처리와 그러한 데이터의 자유로운 이동에 관한 개인 보호에 관한 Directive 95/46/EC(Data Protection Directive 또는 Directive)는 한 회원 국가에서 다른 회원국으로의 자유로운 데이터 흐름과 개인의 기본적 권리 보호를 더욱 조화시킴

2000년 내부 시장 특히 전자 상거래 시장에서 정보 사회 서비스의 법적 측면에 대한 Directive 2000/31/EC(Directive on electronic commerce) 또는 E-Commerce Directive

2000년 유럽연합 기본권 헌장은 EU 내에서 적용 가능한 기본적인 권리를 더욱 강화시켰고, ECHR에 명시된 일반 원칙을 포함시켰지만, 개인정보 보호를 구체적으로 언급했음

2001년 감독 당국과 국가 간 정보 흐름에 관한 개인 데이터의 자동 처리와 관련한 개인의 보호를 위한 협약의 추가의정서는 Convention 108이 서명국이 아닌 국가에 대한 개인정보의 이전을 제공하지 않는다는 사실을 해결하기 위해 고안되었다. Convention 108. 그것은 비 EU 국가로 이전된 개인정보에 대한 (동등하다기 보다) '적절한' 수준의 보호의 개념을 도입했음

2002년 전자 통신 부문에서 개인정보 처리 및 개인정보 보호에 관한 Directive 2002/58/EC(Directive on privacy and electronic communications 또는 ePrivacy Directive)는 정보의 기밀성, 트래픽 데이터 처리, 스팸 및 쿠키와 같은 여러 가지 중요한 문제에 대한 규제를 다룸

2006년 공개적으로 이용 가능한 전자 통신 서비스 또는 공중 통신망의 제공과 관련하여 생성 또는 처리된 데이터의 보존과 Directive 2002/58/EC의 개정에 관한 'Directive 2006/24/EC'

2007년 리스본조약은 유럽연합의 핵심 구조를 강화하고 개선하여 유럽연합이 보다 효율적으로 기능할 수 있도록 하기 위해 고안되었다. 2000년 헌장 구속법 제정 이 조약에 의거 유럽 데이터 보호 관리자(European Data Protection Supervisor) 설립

2008년 11월 27일의 Council Framework Decision 2008/977/JHA에서 범죄 관련 사안에 대한 경찰 및 사법 협력의 틀에서 처리되는 개인 데이터 보호에 관한 내용을 다룸

2009년 Directive 2009/136/EC: 전자 통신 네트워크 및 서비스와 관련된 보편적 서비스 및 사용자의 권리에 대한 Directive 2002/22/EC, 개인정보 처리 및 전자 통신부문의 개인정보 보호에 관한 Directive 2002/58/EC 및 소비자 보호법 집행에 대한 책임이 있는 국가 기관 간의 협력에 관한 GDPR(EC) No 2006/2004의 개정

개인정보의 처리 및 데이터 이동 관련 자연인의 보호에 대한 GDPR(EU) 2016/679 of the European Parliament and of the Council of 27 April 2016 그리고 Directive 95/46/EC의 폐지(GDPR).(EEA 관련성 있는 텍스트)

범죄의 예방, 조사, 탐지/기소 또는 형사처벌의 집행 목적을 위한 권한 있는 당국의 개인 데이터 처리와 관련한 자연인 보호와 그러한 데이터의 자유로운 이동에 대한 Directive(EU) 2016/680 of the European Parliament and of the Council of 27 April 2016 그리고 Council Framework Decision 2008/977/JHA의 폐지

테러 범죄와 심각한 범죄의 예방, 탐지, 조사 및 기소를 위한 여객 이름 기록(PNR)에 대한 Directive(EU) 2016/681 of the European Parliament and of the Council of 27 April 2016

EU의 개인정보 보호 관련 기구

GDPR의 적용 범위로 인해 글로벌 서비스를 제공하는 핀테크 기업들의 경우, 원치 않게(?) GDPR의 적용을 받게 될 경우들이 있겠지만, 그렇다고 EU의 모든 기구를 알 필요는 없겠다. 그럼에도 최소한을 소개한다.

EU의 기구들

한글	원어	비고 및 약어
유럽경제공동체	European Economic Community	EEC
유럽평의회	Council of Europe	유럽의 통합을 목적으로 1949년에 설립
세계인권선언	Universal Declaration of Human Rights	
유럽인권협약	European Convention on Human Rights	ECHR
유럽인권재판소	European Court of Human Rights	
유럽평의회의 각료위원회	Committee of Ministers of the Council of Europe	
경제협력개발기구	Organisation for Economic Co-operation and Development	OECD
유럽공동체	European Community	EC: EEC, Euratom 등이 1967년에 통합된 것
유럽연합집행위원회	European Commission	유럽 통합과 관련된 조약을 수호, EU의 행정부 역할
유럽의회	European Parliament	
유럽이사회	European Council	EU 회원국 정부의 정상들과 EU 위원회 위원장 등의 모임, EU의 최고 의사결정기구
유럽연합이사회	Council of the European Union	EU 회원국 각 분야별 각료(장관)들이 참석하는 회의
유럽연합법원	Court of Justice of the European Union	CJEU: 3개 법원으로 이루어짐. (the European Court of Justice, the General Court and the European Civil Service Tribunal)

🔑 배경

회원국들이 유럽연합 내에서 일하는 경험을 쌓으면서 EU의 효율성과 민주적 정당성을 향상시키는 방법과 그 행동의 일관성을 개선하는 방법에 대한 아이디어가 나타났다. 이전 장에서 언급한 바와 같이, 리스본조약은 유럽연합 조약(EU Treaty)과 유럽공동체 설립 조약(Treaty of Rome 또는 EC Treaty)에 대한 많은 조항을 개정했다. EU의 확대 및 EU의 의사결정 과정의 효율성과 속도 개선에 대한 필연적인 필요성에 대해 리스본조약의 주요 목표 중 하나는 유럽연합의 관료주의를 줄이기 위해 EU 기구 및 입법 과정의 구조를 개혁하는 것이었다.

EU Treaty 제13조에는 다음과 같이 명시되어 있다.

1. 연합은 다음을 목표로 하는 제도적 틀을 가져야 한다. 그 가치를 증진시킨다. 목표를 향상시킨다. 자국민의 이익과 회원국의 이익을 위해 봉사한다. 정책 및 행동의 일관성, 효과성 및 연속성을 보장한다. 연합의 기관은 다음과 같다:

   ▶ 유럽 의회(the European Parliament)

   ▶ 유럽이사회(the European Council)

   ▶ 이사회(the Council)

   ▶ 유럽연합집행위원회(the European Commission, 'the Commission')

   ▶ 유럽연합법원(the Court of Justice of the European Union, 'Court of Justice')

   ▶ 유럽 중앙은행(the European Central Bank)

   ▶ 감사원(the Court of Auditors)

2. 각 기구는 조약에서 부여된 권한의 범위 내에서 그리고 그 안에 규정

된 절차, 조건 및 목적에 따라 행동하여야 한다.

리스본조약에 따라 유럽이사회와 유럽 중앙은행은 제도적 지위를 부여받았다. 즉, 이제는 더 많은 자문 역할을 수행하는 대신, 구속력 있는 결정을 내릴 수 있다.

🔑 리스본조약과 사생활 보호

리스본조약(Treaty of Lisbon)은 다른 조약들을 변경함으로써 유럽연합의 기본 권리 헌장(이하 '헌장')을 조약과 동일한 법적 지위로 승격시켰고, 그에 따라 헌장에 법적 구속력을 부여했다. 이 헌장은 또한 EU 법률의 기본적인 권리의 적용 가능성을 확립한다. 이 헌장은 유럽 시민과 EU 거주자의 모든 시민적, 정치적, 경제적, 사회적 권리를 하나의 텍스트로 작성한다. 이 책의 맥락에서 중요한 것은 헌장이 다음과 같은 원칙을 지지한다는 것이다.

- 모든 사람은 사생활 및 가정생활, 가정 및 커뮤니케이션을 존중할 권리가 있다.(제7조, 사생활 및 가정생활에 대한 존중)
- 모든 사람은 자신에 관한 개인정보를 보호할 권리가 있다. 이러한 데이터는 관련자의 동의 또는 법률에 의해 정해진 다른 합법적인 근거에 의거하여 지정된 목적을 위해 공정하게 처리되어야 한다. 모든 사람은 그와 관련하여 수집된 데이터에 접근할 권리와 그것을 수정할 권리를 가진다. 이 규칙의 준수는 독립 당국의 통제를 받는다.(제8조, 개인정보 보호)
- 모든 사람은 노동조합의 기관, 단체, 사무소 및 에이전시들로부터 공평

하고 합리적인 시간 내에 공평하고 공정하게 대우받을 수 있는 권리가 있다. [이는 모든 사람이 자신의 파일에 액세스할 수 있는 권리와 기밀 유지 및 전문적 및 비즈니스 기밀의 합법적인 이익을 존중하는 것을 포함한다.](제41조, 좋은 행정에 대한 권리)

데이터 보호와 관련된 역할

헌장의 규정은 EU 역량을 확대시키지 않으며 국내법이 EU 법안을 구현할 때에만 회원국을 구속한다. 또한, 헌장에 규정된 문제에 대한 입장을 바꾸는 입법을 하거나 강제할 수 있는 권한을 제한할 것을 우려한 폴란드와 영국은 자국 영토 내에서 헌장의 적용에 관한 의정서에 서명했다. 의정서는 헌장은 그것이 포함된 권리 또는 원칙이 폴란드 또는 영국의 법률 또는 관행에 인정되는 한도 내에서 폴란드 또는 영국에 적용되어야 한다고 명시하고 있다. 체코공화국은 또한 헌장의 적용과 관련하여 특별한 조치를 취했다. 폴란드와 영국은 영국 법원의 판례법에 여전히 구속되어 있다. 물론 영국의 유럽연합 철수(Brexit)에 따라 바뀔 수 있지만, 이러한 제한에도 불구하고 개인정보 보호 및 데이터 보호와 관련하여 EU 정책이 국가 정책 및 법률에 우선적으로 미치는 영향을 고려할 때 헌장의 도입은 매우 중요하다.

🔑 유럽의회

|

리스본조약 제14조는 유럽의회를 다음과 같이 정의한다.

유럽의회는 이사회와 공동으로 입법 및 예산 기능을 행사한다. 조약에 명시된 대로, 정치적 통제 및 협의의 기능을 수행한다. 집행위원회의 위원장을 선출한다.

이론적 근거 및 기능

유럽 의회(European Parliament)는 EU 시민들이 직접 선출하는 멤버로 구성된 유일한 유럽 기관이다. EU Treaty 제9A조에 따라 유럽의회는 입법 개발, 다른 기관의 관리 감독, 민주적 대표성 및 예산 개발의 4가지 책임을 진다.

첫 번째 책임은 그 영향의 범위가 어떤 절차를 적용하는지에 달려 있지만, 입법 절차(일반, 협의 또는 동의 절차, 아래 상자의 정의 참조)의 역할이다. 의회가 자체적으로 새로운 입법안을 제안할 수는 없지만 집행위원회가 유럽연합이사회에 제안서를 제출할 것을 촉구할 수 있다. 또한 기존 정책을 개정하거나 새로운 정책을 개발하기 위해 집행위원회와 이사회를 초청할 수도 있다. 의회가 EU의 시민들에 의해 직접 선출된다는 사실은 EU 내에서 설득력 있는 힘을 발휘한다는 것을 의미하며 입법 과정에 참여하는 것은 유럽의 법의 민주적 정당성을 보장하는 데 도움이 된다.

의회는 입법권을 유럽연합이사회와 공유한다. 3가지 절차가 입법 절차에 적용될 수 있다.

통상 절차:
의회와 이사회는 모두 입법안에 동의해야 한다. 법규가 어느 기관에 의해 반대되는 경우 입법을 채택할 수 없다. 이로써 의회는 유럽연합 내에서 다수의 문제에 있어서 평의회와 평등하게 자리 매김하게 된다.

협의 절차:
이사회는 의회와 상의해야 한다. 그러나 이사회는 의회의 견해에 구속되지 않으며, 이 절차에 따라 이사회 단독으로 입법권이 부여된다.

동의 절차:
특히 중요한 결정(예: EU 확대)에 대해서는 의회의 동의가 필요하다.

의회는 또한 다른 EU 기구들에 대한 민주적이고 정치적인 통제를 행사한다. 의회는 위원들 전체가 사임하도록 하는 능력을 포함하여 집행위원회를 불신임할 수 있는 권한을 누리기 때문에, 집행위원회와 관련하여 특히 그렇다고 말할 수 있다. 집행위원회의 활동에 대한 민주적 감독을 보장하기 위해서, 집행위원회는 면밀한 조사를 통해 정기적인 보고서를 의회에 제출해야 한다.

마지막으로, 의회는 EU 예산을 결정하기 위해 집행위원회와 권한을 공유한다. 따라서 두 기관이 비록 다년간 재정적 관점에서 정한 연간 지출 한도를 준수해야 하지만, EU 지출에 영향을 줄 수 있다.

실제 업무

유럽 의회 의원 선거(MEP: Elections for Members of the European Parliament)는 5년마다 개최된다. 모든 성인 EU 시민권자는 투표하고 후보자로 서게 된다. 2019년 5월 23일부터 26일까지 선거가 있었으며, 작게는 말타, 룩셈부르크, 사이프러스 및 에스토니아의 6명부터 가장 위원수가 많은 독일은 96명에 이른다. 전체 의원 수는 2019년 현재, 모든 28개 EU 국가를 대표하는 대통령을 포함한 751명이고, 영국이 EU를 탈퇴하면, 705명으로 줄어들 예정이다. EU Treaty의 9A 조항을 소개하는 제9조(15)항은 다음과 같이 서술한다.

> 시민의 대표는 회원국 당 최소 6명으로 축소적으로 비례해야 한다. 어떤 회원국도 96석 이상 배정되지 아니한다.
> 유럽이사회는 만장일치로 유럽의회의 주도하에 동의를 얻어 제1호에 언급된 원칙을 존중하여 유럽의회 구성을 확정하는 결정을 채택한다.

리스본조약에 따라 회원국에는 96명 이상의 MEP가 허용되지 않는다. MEP는 국가 블록이 아닌 유럽 전역의 정치 집단을 대표한다. 그들은 유럽 통합에 대해, 강한 연방 주의자부터 반EU주의자(Eurosceptic)까지 유럽 통합에 대한 모든 시각을 대변한다. 그룹에는 최소한 25명의 회원이 있어야 하며, 회원국의 4분의 1 이상이 그룹 내에 있어야 한다. 모든 투표 전에, 정치 집단은 의회 위원회가 작성한 보고서를 면밀히 검토하고 수정안을 제안한다. 특정 그룹에 의해 채택된 입장은 그룹과의 협의를 통해 결정된다. 그러나 어떤 회원도 특정 방향으로 투표하도록 강요받을 수 없다.

유럽 의회의 업무는 크게 두 단계로 나뉜다.

- 본회의 준비는 EU 활동의 특정 분야를 전문으로 하는 다양한 의회 위원회의 MEP에 의해 수행된다. 집행위원회가 '입법안'을 제안한 경우, MEP는 제안된 텍스트에 대한 보고서를 작성할 책임이 있는 보고자로 임명될 것이다. 보고서는 본회의에서 의회에 제출되기 전에 위원회 내에서 논의되고 개정된다. 정치 단체들도 본회의 전에 이 보고서를 논의한다.
- 본회의에는 의회가 제안한 입법안 및 해당 위원회가 작성한 보고서를 검토하고, 개정하고 제안된 입법안에 대해 투표한다. 본문이 수정되어 본회의에서 채택될 때, 의회는 그 입장을 채택한다. 이 절차는 절차 유형 및 이사회와 합의 여부에 따라 1회 이상 반복된다. 리스본조약에 의거, 의회의 투표 절차는 절대 다수결이라는 기본 요건에서 단순 다수결로 변경되었다.

데이터 보호와 관련한 역할

유럽 의회는 EU 입법 과정에서의 역할을 통해 데이터 보호 및 개인정보 보호 문제에 가장 큰 영향을 미친다. 데이터 보호와 관련하여 리스본조약은 개인정보 보호에 대한 보편적 권리를 보장하며 법률이 일반 입법 절차에 따라 채택될 것이라고 명시한다. 따라서 데이터 보호 영역에서 의회의 영향력이 보장된다.

의회는 흔히 사생활 침해 옹호자이며 다른 기관들보다 더 방어적인 태도를 취하는 경우가 많다. 이것은 유럽의 데이터 보호 규칙의 개혁을 위한 입법 과정에서 분명하게 나타났으며, GDPR 및 법 집행 데이터 보호 지침(Law Enforcement Data Protection Directive, LEDP Directive)의 채택으로 그 절정에 이르렀다.

유럽이사회

리스본조약은 유럽이사회의 지위를 부여하여 다음과 같이 그 역할을 규정한다.

> 유럽이사회는 동맹국에게 동맹국의 발전을 위한 필요한 원동력을 제공해야 하며 동맹국의 일반적인 정치적 방향과 우선순위를 정의해야 한다. 입법 기능을 행사해서는 안 된다.

역사, 원리 및 기능

유럽이사회는 1974년에 비공식기구로 시작했고, 1992년에 마스트리히트 조약이 체결되기 전까지 공식적인 지위를 얻지 못했다. 이 조약은 국가 또는 정부 수반이 지역 사회에 영향을 미치는 문제를 논의할 수 있는 포럼으로 설립되었다. 오늘날 유럽이사회는 28개 회원국 각국의 의장과 집행위원회 회장으로 구성되어 있다. EU의 우선순위를 정의하고 EU의 정치적 방향을 설정하기 위해 매년 4차례 회합을 갖고 있다.

실제 업무

유럽이사회의 결정은 일반적으로 합의에 의해 이루어진다. 그러나 조약은 만장일치 또는 자격을 갖춘 다수와 같은 대체 메커니즘을 제공할 수 있다. 리스본조약에 따라 유럽이사회는 2년 6개월 동안 자격을 갖춘 다수가 선출한 회장이 주재하고 한 번 재임 가능하다. 회장의 임기는 장애가 발생하거나 심각한 위법 행위가 발생할 경우에도 자격을 갖춘 대다수의 회원국 투표로 종료될 수 있다.

유럽연합이사회

이론적 근거 및 기능

유럽 이사회(Council of Minister 또는 Council, 이하 '이사회')는 유럽연합의 토대를 마련한 1950년대 조약에 의해 설립되었다. 이름이 비슷하지만, 유럽연합이사회는 유럽이사회와 다른 단체이다. 이사회는 EU의 주요 의사결정 기구로서 정치적 및 입법적 결정에 중심적인 역할을 담당한다. 유럽의회와 공동 입법자이다. 유럽연합이사회와 유럽의회가 함께 EU의 입법안을 마련한다. 리스본조약의 채택에 따라 EU Treaty 9조는 다음과 같이 명시하고 있다.

이사회는 유럽의회와 공동으로 입법 및 예산 기능을 행사한다. 이사회는 조약에 명시된 정책 결정 및 조정 기능을 수행한다.

이사회 회의에는 28개 회원국 각국 장관 한 명이 참석한다. 각료는 각국 정부의 의회 결정을 위임할 권한이 있다. 따라서 이사회는 회원국들의 국가 이익을 위한 중요한 대변자이다. 각료들은 국가 의회에 책임을 지고 따라서 적어도 이론적으로는 회원국 시민에게 책임이 있다. 그러나 이사회의 웹 사이트에 따르면 이 구조가 '이사회의 결정에 대한 민주적 정당성을 보장한다'고 주장하고 있지만 이사회는 과거에 비민주적이며 투명성이 결여되어 있다고 비난받았다. 리스본조약은 '연합 기관, 단체, 사무소 및 에이전시들이 가능한 한 공개적으로 업무를 수행해야 하며, 구체적으로는 '입법안 초안을 심의하고 표결할 때, 이사회가 공개적으로 개최될 것'을 요구함에 있어서 이 비판을 다루는 데 어느 정도 도움이 된다. 그러나 우리는 비입법 활동에 관한 심의는 여전히 비밀로 개최될 것이라는 것을 유추할 수 있다.

이사회의 구성은 회의 의제에 따라 다양하다. 그러나 그것은 일원화된 제도이기 때문에 조약에 따른 그것의 권한은 변동하는 회원권에도 불구하고 동일하게 유지된다. 2019년 현재, 농수산업(Agriculture and fisheries), 경쟁력(Competitiveness), 경제 및 재정 문제(Economic and financial affairs), 환경 문제(Environment), 고용, 사회 정책, 건강 및 소비자 문제(Employment, social policy, health and consumer affairs), 교육, 청소년, 문화 및 스포츠(Education, youth, culture and sport), 외교(Foreign affairs), 총무 이사회(General affairs), 공정 및 내무부(Justice and home affairs), 운송, 통신 및 에너지(Transport, telecommunications and energy)의 총 10개의 이사회로 구성되어 있다.

실제 업무

앞서 언급했듯이, 이사회는 입법권을 유럽의회와 공유한다. 입법안 및 이사회가 결정해야 하는 기타 사항은 집행위원회와 의회가 3가지 절차(유럽 의회의 기능) 중 하나에 따라 검토하기 전에 집행위원회가 일반적으로 제안한다. 이사회는 채택되기 전에 제안을 수정할 권한이 있다. 이사회는 또한 집행위원회가 협상한 국제 협약을 체결할 책임이 있다. 이사회의 활동은 규정, 지시, 결정, 공동 행동 또는 공통 입장, 권고 또는 의견의 형태를 취할 수 있다. 또한 결론, 선언 또는 결의안을 채택할 수 있다.

회장이 이사회를 주관한다. 리스본조약에서 확립된 바와 같이, 회장직은 유자격 다수에 의해 행동하는 유럽이사회에 의해 성립된 회원국들이 보유한다. 이 조약은 각 회원국이 투표할 수 있는 득표수를 정했다. 조약은 단순 과반수, 자격 있는 다수 또는 만장일치가 필요한 경우도 정의한다. 자격을 갖춘 대다수를 계산하는 것은 행동의 주체에 달려 있다. 집행위원회 또는 연합 대외 안보 정책 수석대표의 제안에 따라 자격을 갖춘 다수의 회원국은 회원국의 55% 이상(28명 중 16명)을 필요로 하며, 이는 총 EU 인구의 최소 65%를 대표한다. 집행위원회 또는 수석대표의 제안에 기반하여 행동하지 않을 때, 유자격 대다수는 회원국의 72%(현재 28개국 중 21개국)가 필요하며 이 역시 EU 인구의 최소 65% 이상이다. 물론 이 수치들은 브렉시트 전인 2019년 현재 시점 기준으로, 브렉시트 이후에는 집행위원회를 포함한 모든 기구의 의결을 위한 득표수는 조정될 것이다.

🔑 유럽연합집행위원회

이론적 근거 및 기능

의회와 이사회와 마찬가지로 창립 조약은 1950년대에 집행위원회의 기초를 마련했다. 그러나 유럽석탄철강공동체(European Coal and Steel Community), 유럽경제공동체(European Economic Community) 및 유럽원자력공동체(European Atomic Energy Community)의 집행 기관들이 합병된 1965년에야 단일 집행위원회가 창설되었다.

유럽연합집행위원회는 때로는 EU 집행 기관으로 묘사된다. 유럽연합집행위원회가 EU의 결정과 정책을 시행하고 있다는 것은 사실이지만, 단순히 집행 기관으로 설명하는 것은 리스본조약 제1조(18)에 의해 소개된 EU Treaty 제9D조에 명시된 많은 다른 기능을 간과하는 것이다.

집행위원회는 연합의 전반적인 이익을 증진하고 이를 위한 적절한 조치를 취한다. 동 협약은 동 협약의 적용과 동 협약에 따라 기구가 채택한 조치를 보장한다. 유럽연합법원의 통제 하에 있는 연합법의 적용을 감독한다. 예산을 집행하고 프로그램을 관리한다. 당사국은 조약에 명시된 바와 같이 조정, 집행 및 관리 기능을 행사한다. 공동의 외교 및 안보 정책과 조약에 규정된 다른 경우를 제외하고는 연합의 외부 대표성을 보장해야 한다. 동 기구 간 협약을 성취하기 위해 연간 및 다년 단위 프로그램을 시작한다.

제9D조의 1항은 집행위원회의 책임의 폭 넓은 본질을 보여준다. 그러나 이 조항의 두 번째 단락은 입법을 시작할 수 있는 권한에 대한 추가 책임을 소개한다. 이는 의회와 집행위원회가 함께 입법안을 제안할 수 있는 몇 가지 상황을 제외하고는, 연합 입법 조치는 집행위원회의 제안에 따라서만 채택될 수 있기 때문에 매우 중요하다. 다른 법령은 리스본조약이 제공하는 대로 집행위원회의 제안에 기초하여 채택되어야 하기 때문이다(이후 제9D조는 17조 병합되었다).

집행위원회는 집행 기관으로서의 역할뿐만 아니라 다른 기관, 회원국 및 '자연인 및 법인'의 준수를 모니터링함으로써 입법 기관의 기능에 영향을 미치고 조약의 보호자 역할을 한다. 이 작업을 수행하기 위해 EC 조약 제226조 및 제228조는 집행위원회가 법률을 준수하지 않은 회원국에 벌금을 부과할 수 있는 권한을 포함하여 합법적 및 행정적 조치를 취할 수 있는 권한을 집행위원회에 부여하며, 반면에 제230조 및 제232조 다른 기관에 필요한 감독 권한을 제공한다.

실제 업무

2019년 현재 28개 회원국마다 위원이 있다. 그러나 EU가 확장됨에 따라 이 구조는 더 이상 작동하지 않을 수 있다. 위원은 독립적이어야 하고 해당 위원은 지명한 국가에 충성하지 않아야 하므로 위원의 수는 중요하지 않아야 한다. 회원국은 위원장의 결정이나 의무에 영향을 미치지 않을 것으로 예상된다. 위원들은 '자신의 일반적인 능력과 의심의 여지가 없는 사람들로부터의 유럽의 헌신을 근거로' 선정된다. 또한 각 회원국은 자신의 위원을 지명하지만 의회의 승인 없이는 임명되지 않는다.

의회는 집행위원회와 그 활동에 대한 감독의 중요한 기능을 수행할 수 있다. 이 역할은 비록 간접적이기는 하지만, 민주적 책임성의 요소를 소개하기 때문에 매우 중요하다.

데이터 보호와 관련된 역할

유럽연합집행위원회는 역사적으로 1990년 '개인정보 처리와 관련된 개인의 보호에 관한 이사회 지침에 대한 제안'과 2012년의 GDPR 및 LEDP Directive의 채택을 가져오게 된 EU의 데이터 보호 규칙 개정에 대한 책임이 있었기 때문에, 데이터 보호 분야에서 가장 활동적인 유럽연합 기관이었다.

집행위원회는 또한 비 EU 회원국이 EU 기준에 따라 적절한 수준의 데이터 보호를 제공하는 것으로 간주되는 '적정성 평가'를 채택할 수 있는 권한을 가지고 있다.

헌장 준수를 강요할 수 있는 권한을 통해 집행위원회는 또한 개인의 프라이버시 및 데이터 보호 권리에 대해 높은 수준의 보호를 보장할 수 있다.

유럽연합법원

이론적 근거 및 기능

룩셈부르크에 본부를 둔 유럽공동체 법원(Court of Justice of the European Communities)은 1951년 파리 조약에 따라 유럽의 석탄 및 철강 공동체의 법적 틀을 구현하기 위해 설립되었다. 유럽 공동체가 1957년 로마 조약에 따라 설립되었을 때, 재판소는 공동체 법원이 되었다. 대법관의 권한은 1992년에 마스트리히트 조약에 따라 유럽연합이 창설됨에 따라 다시 확대되었다. 리스본조약은 사법 재판소의 관할권을 더욱 넓히고, 유럽연합법원(이하 '법원')으로 명칭을 바꾸었다.

법원은 EU 법의 문제에 대한 결정을 내리고 EU 회원국에 대한 유럽연합

집행위원회의 조치 또는 EU 법상 자신의 권리를 시행하기 위해 개인이 취한 조치에 관한 유럽의 결정을 시행하는 EU의 사법 기관이다. 이 법원은 유럽연합 기관과 연계되어 있지 않으며, EU 외 많은 국가를 포함한 유럽 전역의 인권법을 감독하는 ECHR과 자주 혼동된다.

법원은 두 부분으로 나뉜다.

- 유럽연합법원(Court of Justice of the European Union 또는 CJEU)
- 일반 법원(The General Court): 1심 법원(Court of First Instance)으로 개명됨 또는 CFI)

실제 업무

보통 CJEU를 언급할 때, ECJ(European Court of Justice)와 자주 혼용된다. 심지어 한국어로 번역 시, 대부분의 문서에서 유럽 사법재판소와 유럽연합법원으로 상호 혼용되므로, 이 책에서는 그냥 ECJ로 구별하고자 한다. ECJ는 28명의 판사로 구성되어 있으며, 6년 동안 각국 정부의 공동 합의에 따라 임명된다. 판사들은 3년 임기의 법원장을 결정한다. ECJ에는 또한 8명의 법무감(Advocate General)이 있다. 그들의 역할은 ECJ가 사건을 어떻게 결정해야 하는지에 관해 논리적이고 비강제적인 의견을 제시함으로써 ECJ를 지원하는 것이다.

ECJ는 회원국 당 한 명의 판사로 구성되며, 회원국 정부는 6년 임기로 임명한다. 3년마다 판사는 그들 중에서 장을 선출한다. 판사와 법무감들은 완전히 공정하고 독립적이다.

ECJ는 다음을 심리할 수 있는 관할권을 가진다.

- 회원국이 조약 의무를 이행하지 못하는 것에 대하여 집행위원회 또는 회원국이 제기한 경우
- EU 회원국, EU 기관, 또는 자연인 또는 법인이 EU 기관에 의한 법의 적법성을 검토하는 행위
- 회원국, EU 기관, 또는 행동에 실패한 EU 기관에 대항하는 자연인 또는 법인의 소송
- 유럽 법의 해석이나 타당성에 관한 ECJ에 대한 예비 판결에 대한 언급이 있는 국내 법원에서 시작된 조치
- EU 국제 협정과 조약의 호환성에 대한 의견
- CFI의 법령에 대한 항소

데이터 보호와 관련된 역할

ECJ는 데이터 보호와 관련된 몇 가지 사례에 관여했다. 일부는 EU 법 해석 문제에 대한 예비 판결을 위해 ECJ에 회부된 국내 법원에서 시작된 조치와 관련이 있다.[6]

조약 의무를 이행하지 못했다는 이유로 회원국에 대하여 집행위원회가 제기한 사건들과 관련된 다른 소송들이 연계되어 있다. 한 예로 집행위원회가 영국에 대해 제기한 소송이 있다. 2010년 9월 30일 유럽연합집행위원회는 전자 통신의 기밀 유지에 관한 EU의 규칙을 완전히 이행하지 않은 영국을 ECJ에 회부한다고 발표했다.

지난 몇 년 동안 ECJ의 데이터 보호 관련 업무가 증가했다. 많은 ECJ의 결정이 특히 EU 데이터 보호법을 구성하는 데 영향을 미쳤다.

---

[6] 이러한 유형의 행동의 예로 보딜 린드크비스트(Bodil Lindqvist) 여사가 있다. 이 경우 ECJ는 동료 교회 자원 봉사자에 관한 정보를 확인하고 포함시킨 린드크비스트 여사가 데이터 보호 Directive 95/46/EC를 위반한 것으로 판결했다. ECJ는 개인 웹 사이트의 창작은 린드크비스트 여사가 데이터 보호 규칙에서 면제받을 수 있는 개인적인 활동이 아니라고 주장했다. Case C-101/01

잊혀질 권리에 대한 Google Spain 사례에서, ECJ는 개인이 반대하고 특정 상황에 부합되는 경우, 검색 엔진이 사람의 이름을 검색한 결과가 표시된 목록, 제3의 웹 페이지로 연결되는 링크, 그리고 당사자 및 그 사람과 관련된 정보가 들어있는 결과를 제거해야 한다고 주장했다. 이 사건은 EU에 설립된 컨트롤러와 관련하여 EU 데이터 보호 법률의 적용 가능성도 다루었다.

Digital Rights Ireland(아일랜드에 기반을 둔 디지털 권리 옹호 및 로비 단체) 사건의 경우, ECJ는 데이터 보존 지침(Data Retention Directive)이 헌장 제7조, 제8조 및 제11조에 비추어 유효한지 여부를 조사했다. 데이터 보존 지침의 무효를 결정하는 데 있어, 후에 Safe Harbor 관련한 집행위원회의 결정을 무효화하는 특정 측면을 검토할 때 근거가 되었던 논쟁을 펼쳤다.

루마니아 재정청(ANAF, Agenţia Naţională de Administrare Fiscală) 사건에서 ECJ는 개인에게 전달 사실을 통보하지 않고서는 회원국의 공공 행정 기관 간에 개인정보가 이전될 수 없다고 판결했다.

웰티모(Weltimmo) 사건에서 ECJ는 유럽연합 내의 국가 간 상황에서 데이터 보호법이 어떻게 적용되는지 명확히 하기 위해 개입했다. 특히, 유럽사법재판소는 회원국에서 최소한의 활동이더라도 그 회원국의 데이터 보호법의 적용을 유발할 수 있다는 의견을 가지고 있었다.

결국 2015년 10월 막스 슈렘스(Max Schrems) 판결에서 ECJ는 Safe Harbor가 미국에 대한 국제 데이터 이전을 합법화하기 위한 틀로 충분하다는 집행위원회의 결정을 무효화했다.

🔑 유럽인권재판소

이론적 근거 및 기능

전체적인 그림을 완성하려면 유럽인권재판소(ECHR)를 참고해야 한다. 스트라스부르(Strasbourg)에 본부를 둔 ECHR은 1959년에 설립된 국제 법정이다. 이 역할은 계약한 국가에 거주하는 사람들의 기본적 권리를 보호하는 Convention을 감독하는 것이다. ECHR은 유럽연합의 기관이 아니며 집행 권한이 없다.

ECHR은 Convention을 적용하고 Convention에서 정한 권리와 보장을 계약한 국가가 존중하도록 보장한다. ECHR은 개인 또는 주에서 제기된 불만 사항('applications'이라는 용어로 지칭됨)을 검토하여 이를 수행한다. 국가가 이러한 권리와 보장 중 하나 이상을 위반했다는 것을 발견하면 ECHR은 판결을 내린다. 판단은 구속력을 가지며 관련 국가는 이를 준수해야 한다.

ECHR의 판결은 최종적이며, 계약 국가는 당사자가 된 어떠한 경우에도 결정을 준수할 것을 약속한다. ECHR은 판결의 이유를 제시해야 하며 판결이 ECHR 판사의 만장일치 의견을 전체적으로 또는 부분적으로 나타내지 않는 경우, 판사는 별도 의견을 제시할 수 있다.

ECHR이 체약국의 법적 또는 다른 당국이 취한 결정이나 조치가 Convention에서 발생하는 의무와 상충된다고 판단한 경우, 그리고 해당 국가의 국내법이 결징 또는 조치의 결과에 대해 그 국가의 국내법이 부분적인 배상만을 허용하는 경우라면, ECHR의 결정은, 필요하다면 피해자들에게 만족을 줄 수 있어야 한다.

실제 업무

ECHR은 Convention을 비준한 유럽평의회 위원과 같은 수의 재판관으로 구성된다(2019년 현재 49명; 등록원 및 부등록원, 회장 1명, 부회장 2명 및 부문장 3명). ECHR의 심사 위원은 개인적인 역량을 발휘하며 어떤 국가를 대표하지 않으며, 두 명의 재판관이 동일한 국가의 국민일 수 없다. 7명의 심사 위원이 ECHR에 회부된 각 사건을 심의한다. 자체 규칙을 작성하고 자체 절차를 결정하며, 법원의 경비는 유럽평의회가 부담한다.

ECHR의 관할권은 Convention의 해석 또는 적용에 관한 모든 사례에 적용된다. 체결국이나 유럽인권위원회가 ECHR에 소송을 회부할 수 있다. ECHR 이전에 사건을 제기할 수 있는 국가들은 시민이 협약 위반의 희생자로 주장되는 국가이거나, 집행위원회에 사건을 회부한 국가, 또는 해당 국가가 ECHR의 강제 관할권에 종속되거나 ECHR의 심리를 받는 데 동의한 국가들이다. 계약 국가의 국민은 협약 또는 그 의정서에 명시된 권리와 보장을 침해 받은 직접적인 희생자로 간주할 때, ECHR에 신청서(위에서 언급한 application)를 제출할 수 있다. Convention의 구속을 받는 국가 중 하나에 의해 위반이 발생했을 때에만 적용된다.

ECHR에는 국내 의사결정을 무효화하거나 국내법을 무효화할 수 있는 권한이 없다. ECHR은 집행 권한이 없으므로 ECHR이 판결을 내린 후 집행을 감독하고 보상금을 지불할 책임이 이사회에 전달된다.

위에서 언급한 바와 같이, ECHR의 역할은 Convention을 적용하고 Convention 및 그 protocol에서 정한 권리와 보장이 존중되도록 보장하는 것이다. Convention과 그 protocol은 다음 권리들을 보호한다. (1) 생명권 (2) 민사 및 형사 사안에 대한 공정한 청문의 권리 (3) 사생활 및 가정생활을 존중할 권리 (4) 표현의 자유 (5) 사상, 양심 및 종교의 자유 (6) 효과적인 구제 수단에 대한 권리 (7) 소유물의 평화로운 향유 권리 (8) 투표권과 선거권에 대한 권리.

데이터 보호와 관련된 역할

Convention 제8조는 사생활 및 가정생활을 존중할 권리를 보호하지만 구체적으로 데이터 보호를 다루지는 않는다. 그러나 ECHR은 제8조에 명시된 프라이버시 권리가 보호받을 수 있도록 개인정보를 처리하기 위한 최신 전자 기술의 사용을 통제해야 한다고 지적했다. ECHR의 판례법이 보여주듯이, ECHR은 실제로 데이터 보호에서 적극적으로 활동해왔다. 이 분야의 사례 중 일부는 다음과 같이 요약된다. 법원은 2009년 3건의 프랑스 사건 (Bouchacourt 대 France, Gardel 대 France 및 MB 대 France의 판결)에서 개인 데이터 보호의 근본적인 역할을 재확인했지만, 경찰 목적으로 자동 데이터 처리, 더 구체적으로는 신청자가 성범죄자의 국가 경찰 데이터 베이스에 포함되는 것은 Convention 제8조에 위배되지 않는다고 판결하였다. 영국에 관한 2012년 사건(영국 대 M.M.)에서, 법원은 형사 사건과 관련된 포괄적인 기록이 필요할지 모르지만 범죄 기록 데이터의 무차별적이고 개방적인 수집은 제8조에 부합하지 않을 것이라고 판결하였다.

2007년 Copland 대 United Kingdom 판결에서 ECHR은 직장에서 신청자의 전자 메일을 모니터링하는 것이 법률에 규정되어 있지 않기 때문에 Convention 제8조에 위배된다는 결론을 내렸다.

ECHR은 또한 그러한 데이터에 대한 접근권의 관점에서 개인정보의 보호를 고려하고 있다. 1989년 전까지만 해도 Gaskin 대 United Kingdom 판례의 경우 ECHR의 판단에 따르면 신청자의 개인 파일 액세스 제한은 Convention 제8조에 위배되었다. 그 후, 2009년 Haralambie 대 Romania 사건에서 ECHR은 공산당 통치 시대에 작성된 비밀 서비스 파일에 대한 접근을 신청할 때, 이를 어렵게 하는 신청 방식도 Convention 제8조를 위한하는 것이라고 판결하였다.

EU 내 개인정보 보호 관련
입법 체계

이 장에서는 EU 내 개인정보 보호 관련 입법 체계를
소개하고, Directive에서 Regulation에 이르는 EU
데이터 보호 프레임워크를 알아본다.

🔑 배경

전화 감청, 도청, 은밀한 관찰, 개인정보를 얻기 위한 공식 통계 및 이와 유사한 조사의 불법 사용, 잠재의식 광고 및 선전과 같은 새로 개발된 기술은 개인의 권리와 자유, 특히 프라이버시 권리에 위협이다.

1968년 유럽이사회 권고안에서 인용한 위의 구절은 당시 개인정보 보호에 대한 잠재적 위협에 대한 우려에 대한 흥미로운 시각을 제공한다. 4장에서 언급했듯이 전자 데이터 처리 분야의 급속한 증가와 공공 및 민간 부문에서의 대형 메인 프레임 컴퓨터의 출현은 효율성과 상업성 측면에서 조직에 큰 이점을 제공함을 인정받았다. 그러나 이러한 발전은 개인의 인권과 사생활을 해칠 잠재력이 있었다.

유럽의 데이터 보호법은 독일의 헤세(Hesse)주에서 지역 법을 도입한 1970년 이래로 계속되었다. 물론 2011년에야 공공기관과 사업자 등을 모두 포괄하는 개인정보 보호법이 시행된 우리나라와 비교할 수준은 아니지만, EU 회원국 중 최초의 국내법은 1973년 스웨덴에 의해 도입되었고, 1980년대 초반까지 유럽은 데이터 보호 규정에 대한 진지하고 결연한 접근은 시작되지 않았었다.

🔑 유럽평의회 협약

4장에서 논의한 바와 같이, 1981년 유럽평의회는 개인정보 자동 처리에 관한 개인 보호 협약('Convention 108')에 서명하기 위해 열렸다.

Convention 108은 데이터 보호 분야에서 최초로 법적인 구속력을 가진 국제 법률문서이다. Convention 108에는 2가지 주된 이유가 있었다.

첫째, 회원국은 민간 및 공공 부문의 프라이버시 보호와 관련하여 이사회의 1973년 및 1974년 결의안에 대응하는 데 실패했다.

둘째, 구속력 있는 국제 법률문서에 의해 그 결의안에서 발견된 원칙의 강화에 대한 필요성이었다.

1976년 11월부터 1980년 4월까지 오스트리아, 벨기에, 프랑스, 독일연방 공화국, 이탈리아, 네덜란드, 스페인, 스웨덴, 스위스 및 영국 정부의 데이터 보호 관련 정부 전문가 위원회들이 일반적인 철학과 협약 초안의 세부 사항을 결정하기 위해 모였다. 이들이 세부사항을 점검하고 최종 텍스트에 서명하기 위한 회의가 1981년 1월 28일 열렸다. Convention 108이라는 유럽 데이터 보호법 개발의 결정적인 순간이었으며, 이는 3가지 주된 이유로 주목할 만하다.

- Convention 108은 이전의 결의안들과 마찬가지로 개인정보의 정확성과 보안성, 그리고 그러한 데이터에 대한 개인의 접근권을 포함한 데이터 보호와 관련된 주요 우려 사항들을 다루는 일련의 '원칙들'에 기초하고 있다. 이 원칙들은 EU 회원국의 국내법 및 EU GDPR에 따라 시행되는 EU 데이터 보호 지침('Directive')에 명시되어 있다.
- 이전 결의안과 마찬가지로 Convention 108은 개인 프라이버시에 대한 적절한 보호를 보증할 뿐만 아니라 상거래 및 공개 기능의 수행을 위한 개인 데이터의 자유로운 흐름의 중요성(현재의 EU 데이터 보호법의 핵심 요소)을 인식한다. 따라서 서명국은 개인정보 보호의 유일한 목적으로 개인정보의 국경 통과에 대해 금지하거나 특별한 허가 대상으로 해서는 안 된다.
- 마지막으로, Convention 108은 법적 구속력이 있는 도구로서, 서명국이

국내법을 제정하여 원칙을 구현하도록 요구한다.

Convention 108의 목적은 서명국 간의 보다 많은 단결을 이루고 개인의 권리, 특히 개인정보의 증가하는 양을 고려하여 사생활을 존중하고, 자동 처리 및 국경을 넘나드는 권리와 근본적 자유에 대한 안전장치를 확대하는 것이다.

Convention 108은 27개의 조항으로 구성되며 3가지 주요 부분을 포함한 다(Convention 108에 대한 자세한 내용은 4장 참조).

• '데이터 보호의 기본 원칙'(제2장, 조항 4-11)
• '국경 간 데이터 흐름'(제3장, 제12조)
• '상호 지원' 조항(제4장, 13-17조)

🔑 데이터 보호 지침

유럽연합 회원국들 사이의 새로운 데이터 보호 법안의 차이가 자유로운 데이터 흐름에 영향을 미치고 있음을 인식하고, 1990년 유럽연합집행위원회(Commission)는 데이터 보호 지침(Directive)을 제정할 것을 공식적으로 제안했다.

배경

불행히도 1980년대 말까지 Convention 108의 실현이 어렵다는 것이 명백해졌다. 적은 수의 국가만이 그것을 비준했고 각 국가의 데이터 보호법은 각각 다른 접근법을 취했다. 이것은 개인의 사생활 보호 권리에 대한 일관된 보호와 로마 조약에 의해 보장된 자유 무역의 개념을 저해했다.

따라서 1990년에 집행위원회는 데이터 보호 지침을 공식적으로 제안했다.[7] 이 제안은 유럽 데이터 보호에 있어 유럽연합(EU)의 리더십의 출발점과 Convention 108의 상대적 격하의 전조이기 때문에 중요한 의미를 갖는다. 개인 데이터의 처리와 자유로운 이동에 대한 유럽의회와 이사회의 Directive 95/46/EC('Data Protection Directive,' 또는 'the Directive')는 1995년 10월 24일 정식으로 채택되었다.

유럽 이사회와는 달리 EU는 독립된 인권법을 제정할 수 없다. 대신, EU의 법적 권한을 규정한 로마 조약에 따라 특정 조항에 관한 법률을 제정해야 한다. 이것이 로마 조약의 내부 시장 조항에 따라 조화된 수단을 만들기 위해 Directive가 만들어진 이유이다. 자유로운 개인 데이터의 이동 없이 그러한 자산의 자유로운 이동이 가능하지 않기 때문에 '회원국 간 상품, 인력, 서비스 및 자본의 자유로운 이동에 대한 장애물의 폐지'를 요구한다.

따라서 Directive를 내부 단일 시장의 원칙을 보호하는 인권법으로 간주하는 것이 공정할 것이다. 단일 시장이 성공하기 위해서는 개인정보의 자유로운 이동과 보호 보장을 위한 일관된 규정이 있음을 인식하는 것이 필요하다. 이것은 Directive의 제1조에서 볼 수 있으며, 그 목적을 아래와 같이 설명한다.

> 이 Directive에 따라, 회원국은 자연인의 기본적 권리와 자유, 특히 개인 정보 처리와 관련한 개인정보 보호 권리를 보호해야 한다.

---

7 개인정보 처리와 관련된 개인의 보호에 관한 이사회 지침에 대한 제안, COM(90) 314 final-SYN 287, 13.9.1990

회원국은 제1항에 규정된 보호와 관련된 이유로 회원국 간의 개인정보의 자유로운 흐름을 제한하거나 금지해서는 안 된다.

내용

Directive는 72개의 Recital과 34개 조항으로 구성된다. Recital은 Directive와 그 해당 의무들의 뒤에 있는 이론과 해석을 제공하고, 조항은 Directive의 요구 사항 이행에 있어 회원국의 의무를 명시한다. 34개 조항은 7개 장으로 정리되어 있다.

1. 일반 규정
2. 개인정보 처리의 적법성에 관한 일반 규칙
3. 사법적 구제책, 책임 및 제재
4. 제3국으로의 개인정보의 이전
5. 행동 강령
6. 개인정보 처리와 관련된 개인의 보호에 관한 감독 당국 및 작업반
7. 지역 사회 이행 조치

운영상의 관점에서 Directive는 일반 원칙을 설정하고 회원국이 회원국의 국가 법규를 어떻게 바꿔야 하는지 자세히 설명하기보다는 회원국들에게 적합하다고 판단되는 원칙을 이행하도록 한다. 이는 회원국들이 자신의 업무를 시행할 때 각국의 데이터 보호법에 따라 해석하고 적용하도록 허용해주는 것이다.

이에 대한 예는 Directive 제18~20조에 명시된 통보 의무 및 회원국이 이행한 각 국가별 데이터 보호법의 각 조항에 대한 다양한 해석에서 볼 수 있다.

다시 한 번 언급하지만, Directive는 일반 원칙을 설정하기 때문에 Directive 텍스트 전체에 특정 개념과 어구가 반복된다. '필요성'은 데이터 처리 활동이 합법적인 것이므로 처리가 '필수적'이어야 한다는 이유로 핵심 개념 중 하나이다. 또 다른 두드러진 개념은 '적정성'이다. Directive는 특정 예외는 있지만, 적절한 수준의 보호를 제공하지 않는 관할 구역에 대한 국제 데이터 이전을 금지한다.

Convention 108 대비 Directive에서 가져온 주요 진전 사항은 수동 데이터에 대한 적용 가능성이다. Convention 108에 의거, 유럽평의회 회원국들만이 이 옵션을 가지고 있었고, 그것을 시행하기로 선택한 경우는 거의 없었다. 그러나 Directive에서는 이를 변경하여 '서류 정리 시스템'에 보관된 수작업 자료의 처리도, 자동 수단으로 처리하는 것과 동일한 의무를 가지게 된다.

주요 원리

이전의 Convention 108과 마찬가지로, 개인 데이터의 합법적인 처리에 대한 핵심 요구 사항인 주요 원칙을 Directive에서 식별하는 것이 가능하다. 특히 회원국은 다음과 같이 개인 데이터를 제공해야 한다.

- 공정하고 합법적으로 처리되어야 하고
- 명시되고 합법적인 목적으로 수집되고, 그러한 목적과 양립할 수 없는 방식으로 처리되지 않아야 하고
- 충분하고 적절하며 과도하지 않아야 하고
- 정확하고 필요한 경우 최신 정보를 유지해야 하고
- 필요 이상으로 보관하지 않아야 하고
- 개인의 권리에 따라 처리해야 하고

- 적절한 기술적 및 조직적 조치를 사용하여 우연한, 불법적인 또는 허가되지 않은 처리로부터 보호해야 하며
- 적절한 수준의 데이터 보호 또는 적절한 보호를 보장하는 조건하에서만 유럽 경제 지역 밖의 국가로 이전되어야 한다.

Directive는 EU 회원국에서 '설립된' '데이터 컨트롤러'로 활동하는 조직 또는 조직이 EU에 없는 경우 조직이 회원국 영토 내에서 데이터 처리 장비를 사용하는 경우에 적용되며, 그러한 경우 해당 회원국 내에서 조직을 대리할 대표를 임명해야 한다.('Establishment' 또는 '설립'의 의미에 대한 더 자세한 정보는 Part 3 참조)

Directive는 이전의 Convention 108에 의해 정해진 기초 위에 세워졌으며 인종 또는 민족적 출신, 정치적 견해, 종교적 또는 철학적 신념, 노동조합 가입 또는 건강 또는 성생활과 관련된 세부 정보를 보여주는 '특수 데이터의 카테고리'를 식별한다. 그러한 데이터를 처리하기 위한 추가 요구 사항은 물론이다.(더 자세한 정보는 Part 3 참조) 중요한 것은 인권 관련 법률로서 Directive는 개인 자료와 관련하여 개인의 권리를 분명히 밝히는 특정 조항을 포함하고 있다.(개인의 권리에 대한 보다 포괄적인 분석은 2권에서 다룰 예정이다.)

Directive는 또한 각 회원국의 '위탁된 기능을 수행하는 데 있어 완전히 독립적'으로 행동할 국가 데이터 보호 당국(DPA)과 제29조 작업반(WP29)의 설립을 의무화하고 있다. WP29는 DPA, 유럽 데이터 보호 감독관 및 집행위원회의 대표들로 구성된다. WP29의 임무는 Directive 30조에 규정되어 있으며, Directive의 운영을 검토하고 의견 및 조언을 집행위원회에 제공할 것을 요구한다.

Directive 검토 및 EU 데이터 보호 프레임워크 개혁

Directive의 도입 이후 집행위원회의 주요 초점은 회원국의 이행 개선과 지침의 보다 일관된 적용 및 해석 달성에 있었다. 그러나 여러 가지 요인들로 인해 유럽연합집행위원회는 유럽연합의 데이터 보호 규칙에 대한 포괄적인 검토를 시작했다. 요지는 Directive가 작성된 이후의 기술 개발과 함께 Directive를 구현하고 기업과 개인에 영향을 미치는 국가적 조치와 실천의 다양성을 포함한다.

2010년에 집행위원회는 개혁을 위한 제안된 전략을 제시했다. 주요 목표는 법 집행 기관의 데이터 접근과 관련하여 기업의 적법성 감소 및 EU 내에서 자유로운 데이터 순환을 보장하는 것을 포함하여 개인의 데이터를 보호하는 것이다. 집행위원회는 이 아이디어에 대한 반응을 요청하고 별도의 공개 상담을 실시했다.

2년 후, 2012년 1월 집행위원회는 Directive의 포괄적인 개혁을 위한 제안서를 발표했다. 여기에는 2가지 입법안이 포함되어 있다. 즉, 데이터 보호를 위한 일반적인 EU 프레임워크(GDPR) 및 형사 범죄의 예방, 탐지, 조사 또는 기소와 관련 사법 활동을 목적으로 처리되는 개인 데이터 보호 지침(the 'Law Enforcement Data Protection Directive', or LEDP Directive)이 그것이다.

당시 개최된 집행위원회의 보도 자료는 개혁 배경에 대해 다음과 같이 설명했다.

> 17년 전에는 유럽인의 1% 미만이 인터넷을 사용했다. 오늘날, 방대한 양의 개인 데이터가 대륙과 전 세계에 걸쳐 순식간에 이전되고 교환된다. 개인정보 보호는 모든 유럽인들에게 기본적 권리이지만 시민들은 항상 개인정보를 완벽하게 통제하지는 않는다. [우리의] 제안은 사람들이 자신의 권리에 대해 더 알게 되고, 자신의 정보를 보다 잘 제어할 수 있게

될 것이기 때문에 온라인 서비스에 대한 신뢰를 구축하는 데 도움이 될 것이다. 개혁은 삶을 더 쉽게 하고 사업의 비용은 절감할 것이다. EU 차원의 강력하고 명확하며 획일적인 법률 구조는 디지털 단일 시장의 잠재력을 발휘하고 경제 성장, 혁신 및 일자리 창출을 촉진하는 데 도움이 될 것이다.

개혁의 주요 변경 사항은 다음과 같다.

- EU 전역에서 유효한 단일 데이터 보호 규칙. 기업에 대한 통지 요구 사항과 같이 Directive에 포함된 특정 행정 요구 사항은 비즈니스에 과도한 비용이 들어가므로 삭제되었다.
- 개인 데이터 처리 담당자의 책임 및 책임성 향상
- 기관이 주요 시설이 있는 EU 국가의 단일 국가 데이터 보호 기관(DPA)과 일처리를 할 수 있다. 마찬가지로 개인이 자신의 국가에서 DPA에 문제를 회부할 수 있게 한다. EU 외부의 회사에서 데이터를 처리하는 경우에도 마찬가지이다.
- 데이터를 처리하는 데 동의가 필요한 경우, 추정하는 것이 아니라 '명시적' 이어야 한다는 등의 방법으로 개인이 데이터를 보다 잘 제어할 수 있도록 해야 한다.
- 데이터 이동성에 대한 권리: 자신의 데이터를 보다 쉽게 다른 하나의 서비스 제공자로부터 개인정보를 이전하는 기능에 개인이 쉽게 액세스하는 이 제안의 목표는 서비스 간의 경쟁을 개선하는 것이었다.
- 개인이 데이디 보호 위험을 보다 효과직으로 관리할 수 있도록 돕는 '잊혀 질 권리'에 관한 내용. 집행위원회는 기업이 사업을 유지하기 위한 합법적인 근거가 없다면 개인이 자신의 데이터를 삭제할 수 있어야 한다고 제안했다.

- EU 시장에서 활동하고 EU 시민들에게 서비스를 제공하는 회사가 개인 데이터를 해외에서 처리하는 경우 EU 규칙이 적용되고 있는지 확인한다.
- 독립적인 전국 DPA의 권한을 강화하여 자기 지역에서 EU 규칙을 강화. 최고 100만 유로의 벌금 또는 회사의 전 세계 연간 매출액의 2%까지 처벌한다.
- LEDP Directive에 포함되고 데이터의 국내 및 해외 이전에 모두 해당되는 형사 사건에 대한 경찰 및 사법 협력을 위한 일반 데이터 보호 원칙 및 규칙.

집행위원회의 제안은 검토와 토론을 위해 유럽의회('Parliament')와 EU 회원국('Council of Ministers' 회의 또는 'Council')에 제출되었다. 유럽의회는 집행위원회의 2014년 초안에 대한 수많은 개정안을 제안했으며, 이사회는 자체 제안을 제출했다. 세 당사자는 'trilogue'로 알려진 협상 과정을 통해 법률이 되기 전에, 초안에 대한 합의에 도달해야 했다. trilogue 동안 제안서는 철저히 토론된 후 4년 이상의 집중적인 입법 과정과 모든 관련자들의 타협 정도에 따라 유럽의회, 이사회 및 집행위원회는 2015년 12월 15일 새로운 데이터 보호 규칙에 합의했다.

2016년 5월 4일, 유럽의회의 자유권위원회와, 유럽이사회와 유럽의회의 상임대표위원회(Coreper)의 정치적 합의에 따라 유럽연합 공식 저널에 GDPR 및 Directive의 공식 문서가 모든 공식 언어로 공표되었다.

GDPR은 2016년 5월 24일에 공식적으로 발효되었으며 2018년 5월 25일부터 적용되었다. LEDP Directive는 2016년 5월 5일 발효되었으며, 회원국은 2018년 5월 6일까지 이를 자국의 법률로 옮겼다.

👤 일반 데이터 보호 규정(GDPR)

배경

GDPR(General Data Protection Regulation)은 집행위원회에 의해 '디지털 시대의 시민들의 기본적 권리를 강화하고 디지털 단일 시장의 기업을 위한 규칙을 단순화함으로써 비즈니스를 촉진하는 필수적인 단계'로 간주된다. 개인정보가 수집되고 공유되며, 전 세계적으로 사용되는 방식을 바꾸기 위한 복잡하고 엄격한 법률이다. 새 제도는 Directive에도 친숙한 개념과 원칙을 포함하고 있다. 그러나 유사점에도 불구하고 GDPR의 영향은 훨씬 더 커질 것이다.

내용

구조면에서 GDPR은 Directive보다 훨씬 길며 173개 Recital과 99개 조항으로 구성된다. Directive와 마찬가지로, Recital은 먼저 GDPR 및 해당 의무의 배경이 되는 이론 및 해석을 제공하고, 조항은 실질 의무를 규정한다. 조항에는 운영법이 포함되어 있지만 관련 Recital에는 조항을 해석하는 방법에 대한 중요한 세부 사항이 포함되어 있으므로 실제로는 이 2가지를 함께 고려해야 한다.

99개 조항은 다음과 같이 11장으로 구성된다.

1. 일반 규정
2. 원칙
3. 데이터 주체의 권리

4. 컨트롤러 및 프로세서

5. 제3국 또는 국제기구에 대한 개인정보의 이전

6. 독립적인 감독 당국

7. 협력과 일관성

8. 구제책, 책임 및 처벌

9. 특정 처리 상황과 관련된 조항

10. 위임된 행위 및 이행 행위

11. 최종 규정

본 책의 후속 장에서는 GDPR의 요구 사항을 보다 자세히 다룬다. 그러나 EU에서 운영하는 회사나 EU 내 개인의 데이터 처리에 영향을 줄 수 있는 현재 Directive와 비교한 주요 변경 사항을 요약하여 정리해보면 다음과 같다.

• 법의 적용: Directive와 달리, GDPR은 국가의 의회의 개입 없이 EU의 모든 회원국에 직접 적용될 것이다. Directive와 마찬가지로, GDPR은 새로운 제도가 데이터 컨트롤러에만 국한되지 않는다는 중요한 차이가 있지만 EU에서 설립된 비즈니스에 적용된다. 새로운 요구 사항 중 상당수는 프로세서에 동등하게 적용되며, 정보 수명 주기의 모든 역할에 걸쳐 준수할 것을 강조한다(컨트롤러 및 프로세서의 개념에 대한 자세한 설명은 7장 참조).

• EU에서 설립되지 않은 사업에 대한 규제의 적용 가능성 측면에서, 입법자들은 Directive의 EU 기반 처리 '장비'에 대한 참고 사항을 삭제하였다. 대신 EU에서 설립되지 않은 조직에 대한 GDPR의 적용 가능성은 데이터 주체의 위치에 따라 결정된다. GDPR은 비즈니스에 의한 개인정보의 사용이 지불의 필요성이나 EU에서의 개인 행동 모니터링에 관계없이 EU 내

개인에게 제공되는 상품 또는 서비스와 관련이 있는 모든 곳에 적용된다. 중요한 것은, GDPR의 Recital 24는 인터넷상의 데이터 주체를 추적하여 자신의 개인적 취향을 분석하거나 예측하는 것이 GDPR 적용을 촉발시킨다는 것을 분명히 한다. 이것은 추적용 쿠키를 저장하는 모든 웹사이트와 사용자 정보를 검색하는 모든 앱이 GDPR의 영향을 받는 다는 것으로 그 적용이 광범위하게 확대됨을 의미한다.[8]

- 개인의 데이터 통제: GDPR의 텍스트 전체에 나타나는 주제이며 Directive와 비교하여 데이터 사용과 관련하여 '동의'를 강화함으로써 강조되는 주제이다. 개인의 동의가 데이터 사용에 대한 타당성으로 사용되려면 매우 높은 기준을 충족시키고 특정 조건을 극복해야 한다. 특히 아래 경우와 관련하여 주의해야 할 필요가 있다.

  ▷ 개인 데이터의 사용과 이용 약관이 적용되는 기타 사항을 명확하게 구별하지 않고 이용 약관과 동의를 묶을 수 없다.

  ▷ 동의가 획득되기 전에 개인에게 동의는 언제든지 쉽게 철회할 수 있음을 설명해야 한다.

  ▷ 'take-it-or-leave-it' 방식(해당 정보를 주지 않으면 서비스를 제공할 수 없다는 식)으로 상품이나 서비스에 대한 대가로 요청한 동의는 자유롭게 주어지지 않는 것으로 간주될 수 있다.

  ▷ 16세 미만(우리나라는 만 14세 미만을 아동으로 보고 있다.)의 개인정보 사용에 대한 학부모 동의 요건은 개별 회원국의 재량에 달려 있으며 청소년의 데이터가 관련되어 있는 경우 컴플라이언스에 대한 국가별 접근 방식이 필요하다.

- 개인에 대한 새롭고 강해신 권리: GDPR에 따르면, 개인은 나음을 포함하는 상당히 강화된 권리를 통해 데이터에 대한 더 많은 통제력을 가질 수 있다.

---

8 쿠키 및 ePrivacy Directive에 대한 추가 정보는 곧 ePrivacy Regulation으로 대체될 것이다.

▷ 훨씬 더 상세한 투명성 의무: GDPR은 데이터 수집 시점이나 적절한 기간 내에 개인에게 제공되어야 하는 정보 범주에 추가된다. 명확하고 평이한 언어가 사용되어야 하며 개별 데이터 주체에 맞게 작성되어야 하므로, 정보가 아동으로부터 수집되는 경우 통지하는 언어는 아동이 이해할 수 있도록 해야 한다.

▷ 데이터 이식성, 처리 제한, 잊혀질 권리 및 프로파일링과 관련한 새로운 권리. 이동권은 정보가 원래 개인의 동의 또는 계약의 일부로 얻은 경우 '구조화되고 일반적으로 사용되는 기계로 읽을 수 있는 형식'으로 기업에 제공한 정보를 받을 권리를 사람들에게 제공한다. 특정 상황에서 기술적으로 가능할 경우 해당 데이터를 한 비즈니스에서 다른 비즈니스로 이전할 수 있는 일반적인 권리도 있다.

▷ 현재의 Directive에서 데이터 주체의 접근, 수정, 삭제(즉, 잊혀질 권리) 및 거부할 권리와 같은 기존 권한 보존. 데이터 주체 접근 요청과 관련하여, 요청이 '명백하게 과도한' 경우가 아니면 수수료를 청구할 권리가 삭제되었다.

• 새로운 책임성 제도: GDPR의 가장 주목할 만한 진기한 점은 비즈니스가 데이터 관행에 대해 보다 책임감을 갖도록 하는 다양한 요구 사항들이다. 책임은 컴플라이언스를 입증하고 그러한 컴플라이언스에 대해 투명하다는 것이다. 새로운 책임 사항은 다음과 같다.

▷ 조직의 데이터 처리 활동이 GDPR을 준수하는지 확인하기 위한 데이터 보호 정책 및 조치 구현

▷ 기본적으로 설계 및 데이터 보호에 의한 데이터 보호

▷ 컨트롤러 및 프로세서의 기록 유지 의무

▷ 컨트롤러와 프로세서에 의해 감독 당국과의 협력

▷ 작업의 특성 또는 범위로 인해 개인에게 특정 위험을 제시하는 작업에 대해 데이터 보호 영향 평가(Data Protection Impact Assessments,

DPIA)를 수행

    ▷ 위험도가 높은 경우 DPA와 사전 협의

    ▷ 공공 부문의 컨트롤러 및 프로세서에 대한 필수 데이터 보호 책임자
    (DPO) 및 대용량 데이터 처리 활동

- 데이터 프로세서의 새로운 의무: 위에서 언급한 바와 같이 GDPR은 데이터 컨트롤러에만 적용되는 Directive하의 현행 규칙에 중요한 변경을 암시하는 서비스 제공 업체(즉, 데이터 프로세서)에 직접 여러 가지 준수 의무와 가능한 제재를 부과한다. 가장 근본적인 변화 중 하나는 프로세서가 컨트롤러의 동의 없이 서비스를 외주 처리할 수 없다는 요구 사항이다. Directive는 컨트롤러와의 계약에 규범적인 조건을 요구하며, 대부분의 프로세서는 요청을 받는 경우, 프로세싱 활동에 대한 기록을 유지하고, 적절한 보안 조치를 취하고, 특정 상황에서 DPO를 지정하고, 국제 데이터 이전 요구 사항을 준수하고, 감독 당국과 협력해야 한다.

- 국제 데이터 이전: 국제 데이터 이전에 영향을 미치는 Directive에 포함된 기존의 제한은 GDPR하에서 계속 존재할 것이다. 위원회가 적절하게 공식적으로 인정하는 관할 구역 외에도, 적절한 보호 장치를 마련하고 개인에 대한 집행 가능한 권리 및 효과적인 법적 구제가 가능하다는 조건하에 컨트롤러 및 프로세서는 EU 밖으로 개인 데이터를 이전할 수 있다. GDPR은 소위 '일관성 메커니즘'에 부합하는 BCR(Binding Corporate Rules), 위원회에서 채택한 표준계약 조항, DPA에서 채택하고 집행위원회에서 승인한 표준계약 조항, 승인된 행동 강령, 승인된 인증 메커니즘과 DPA에 의해 승인된 다른 계약 조항들을 명시적으로 포함하는, 합법화되는 데이터 사용된 수난의 범위를 유용하게 확대했다.

- 보안: GDPR에 따라 데이터 컨트롤러와 데이터 프로세서는 처리하는 개인 데이터를 보호하기 위해 적절한 기술적 및 조직적 조치를 취해야 할 의무가 있다(현재 법률상의 의무는 컨트롤러에만 적용된다). 또한 GDPR은 위반

이 '자연인의 권리와 자유에 대한 위험을 초래하지 않을 것'이 확실하지 않은 한, 데이터 위반을 알게 된 후 72시간 이내에 관련 DPA에 데이터 위반을 보고해야 한다는 요구 사항을 도입했다. 개인에게 해를 끼칠 위험이 높으면 개인에게도 통보해야 한다.

• 시행 및 불이행 위험: GDPR은 개인에게 유형 또는 무형의 손실에 대해, 위반에 대한 보상 권리를 부여한다. 그들은 또한, DPA가 고소에 영향을 주도록 강요하기 위하여 관련 DPA의 결정에 대해, 그리고 GDPR을 준수하지 않음으로써 자신의 권리를 침해하는 데이터 컨트롤러 및 프로세서에 대해 사법 구제를 받을 수 있다. 이러한 권리는 개인을 대신하여 소비자 단체가 행사할 수 있다. 최대 2,000만 유로 또는 전 세계 연간 매출액의 4% 중 높은 금액의 벌금이 부과될 수 있다. 따라서 제재의 잠재적 심각성이 크게 증가한다. 여기에는 다음 조항의 침해가 포함된다.

▷ 동의 조건을 포함하여 처리를 위한 기본 원칙
▷ 데이터 주체의 권리
▷ 합법적인 국제 데이터 이전 조건
▷ GDPR에 의해 허용되는 경우, 국내법상의 특정 의무
▷ 데이터 흐름 정지를 포함하는 DPA의 명령들

🔑 법 집행 데이터 보호 지침

Directive는 형사 문제에 대한 경찰 및 사법 협력에 관한 개인정보 보호를 위한 특정 규칙('2008 Framework Decision')을 포함한 기타 법적 도구로 보완된다. 2008 Framework Decision은 Directive와 동시에 검토되었다.

GDPR에 대한 합의와 함께 집행위원회, 이사회 및 의회는 형법 집행 기관이 개인정보를 사용할 때마다 시민들의 기본적인 데이터 보호 권리를

보호할 수 있는 경찰 및 형사 사법 부문에 대한 새로운 EU Directive에 합의했다.

LEDP Directive에 포함된 새로운 규칙에는 다음과 같은 3가지 주요 목표가 있다.

- 법 집행 당국간 협력 강화: EU 회원국의 법 집행 당국은 LEDP Directive에 따라 조사에 필요한 정보를 보다 효율적이고 효과적으로 교환할 수 있어 유럽의 테러 및 기타 중범죄와 관련하여 협력을 개선할 수 있다. 집행위원회에 따르면, LEDP Directive는 법 집행의 특정 요구 사항을 고려하고, 회원국의 다양한 법적 전통을 존중하며, 기본 권리 헌장과 완전히 일치해야 한다.
- 시민 데이터 보호 개선: LEDP Directive는 피해자, 범죄자 또는 증인이든 관계없이 범죄 예방을 포함하여 법 집행 목적으로 처리될 때 개인의 개인정보가 보호되도록 하는 것을 목표로 한다. 따라서 GDPR 하에서의 입장과 유사하게 EU 내 모든 법 집행 절차는 개인에 대한 적절한 보호 장치와 함께 필요성, 비례성 및 합법성의 원칙을 준수해야 한다. 독립적인 국가 DPA에 의한 감독이 보장되며 효과적인 사법 구제가 제공되어야 한다.
- 국제 데이터 흐름에 대한 명확한 규칙: LEDP Directive에는 EU 내에서 보장된 개인의 보호 수준이 훼손되지 않도록 보장하기 위해 EU 외부의 법 집행 당국에 의한 개인 데이터 이전에 대한 특정 규칙이 포함되어 있다.

👥 개인정보 보호 및 전자 통신 지침

Directive를 보완하는 또 다른 수단은 통신 부문에 대한 특정 규칙이 포함된 Privacy and Electronic Communications Directive(ePrivacy Directive)이다. ePrivacy Directive에 대한 배경으로 EU 의회와 이사회는 인터넷이 전통적인 시장 구조를 뒤엎고 새로운 첨단 디지털 기술로 정보 사회를 발전시킴에 따라, 10여 년 전에는 예상하지 못했던 개인 프라이버시 문제를 해결할 필요가 있음을 인식했다.

배경

전자 통신 부문의 개인정보 처리 및 개인정보 보호와 관련하여 1997년 지침을 대체하기 위해 2002년 7월 12일 유럽의회 및 이사회는 2002/58/EC Directive(이하 'ePrivacy Directive')에 대한 '수렴'의 절차를 반영하기 시작했다. 거기에서 EU는 기존의 통신법을 확대하여 통신, 팩스, 인터넷, 전자 메일 및 이와 유사한 통신 방법을 포함한 모든 전자 통신이 포함되어 있었다.

새로운 ePrivacy Directive에는 개인정보 보호 및 사용자의 개인정보 보호 및 시장 및 기술 발전과 관련된 특정 요구 사항을 야기하는 공공 통신 네트워크에 도입된 디지털 기술의 발전과 전자 통신 서비스용 시장과 기술 발전을 인정했다. ePrivacy Directive에는 사용된 기술에 관계없이 일관되고 평등한 보호의 필요성이 담겨 있다. ePrivacy Directive의 목표는 제1조에 명시되어 있다.

이 지침은 전자 통신 부문에서의 개인정보 처리와 관련하여 기본적인 권리와 자유, 특히 사생활 침해에 대한 보호 수준을 보장하고 데이터와 커뮤니티 내의 전자 통신 장비 및 서비스의 자유로운 이동을 보장하기 위해 필요한 회원국의 조항을 조화시킨다.

ePrivacy Directive는 2000년 7월 12일에 집행위원회에서 제안한 것이지만 채택 과정은 거의 2년이 걸렸다. 2002년 6월 25일 이사회가 유럽의회 총회에 의한 투표로 개정안을 승인하였다. ePrivacy Directive는 2002년 7월 31일 EU 관보에 게재되었으며 2003년 10월 31일까지 회원국에 의해 국내법으로 이행되어야 했다.

ePrivacy Directive는 2009년 11월 24일 EU 통신 부문에 대한 5가지 EU 지침에 대한 광범위한 개혁의 일환으로 다시 개정되었다. 개혁의 패키지는 개인정보 보호에 대한 소비자의 권리 강화를 포함하여 더 큰 산업 경쟁, 소비자의 선택과 보호를 장려하기 위해 설계되었다.

내용

일반적으로 ePrivacy Directive는 EU의 공공 통신 네트워크에서 공개적으로 사용 가능한 전자 통신 서비스의 제공과 관련된 개인 데이터 처리에 적용된다. 전자 통신 서비스가 공개되어 있지 않은 경우, ePrivacy Directive는 적용되지 않는다. 개인 데이터가 처리되는 경우에 ePrivacy Directive의 원칙이 적용되지만, 회사 인트라넷과 같은 사설 네트워크를 통한 통신은 일반적으로 적용되지 않는다.

ePrivacy 지침에는 다음과 같은 주요 조항이 포함되어 있다.

- 공개적으로 사용 가능한 전자 통신 서비스 제공 업체는 서비스의 보안을 유지하기 위해 적절한 기술적, 조직적 조치를 취해야 하며, 필요한 경우 해당 서비스를 기반으로 하는 네트워크 제공 업체와 협력하여 이러한 보안을 보장해야 한다. 또한 서비스 제공 업체는 가입자에게 네트워크 보안 위반의 특정 위험을 알리는 일반적인 의무가 있다.
- 회원국은 특정 서비스의 사용자가 차단 및 감시에 동의하는 경우 또는

차단 및 감시가 법에 의해 허가된 경우를 포함하여 특정 통신 및 통신에 의해 생성된 트래픽 데이터의 기밀성을 보장해야 한다.

- 전자 메일, SMS 및 MMS 메시징 및 팩스를 포함하지만 개인 대면 전화 마케팅을 제외한 대부분의 디지털 마케팅은 사전 동의(opt-in)를 요구한다. 그러나 업체가 옵트 아웃 방식으로 유사한 제품 및 서비스를 기존 고객에게 마케팅하는 것은 제한적으로 면제된다.(관련 규칙에 대한보다 포괄적인 분석은 2권 11장 참조)
- 트래픽 및 요금 데이터 처리에는 일정한 제한이 있다. 예를 들어, 공개적으로 이용 가능한 전자 통신 서비스의 사용자는 항목별 과금, 전화 회선 식별, 디렉토리, 착신 전환 및 원치 않는 전화와 관련하여 특정 권리를 보유한다.
- 위치 데이터는 해당 데이터가 익명으로 처리되거나 사용자의 동의와 부가 서비스 제공에 필요한 기간 동안 처리되는 경우에만 처리될 수 있다.
- 가입자는 모든 디렉토리에 포함되기 전에 통보를 받아야 한다.

터미널 장비가 사용자의 개인정보 사용을 보호하고 통제할 수 있는 권리와 양립할 수 있는 방식으로 구성되도록 하기 위해 적절한 조치가 채택될 수 있다. 그러나 회원국은 시장에 장비를 배치하고 회원국 간에 그러한 장비를 자유롭게 유통시키는 것을 방해할 수 있는 필수 기술적 요구 사항을 부과해서는 안 된다.

개정안

이미 언급한 바와 같이, ePrivacy Directive의 특정 조항이 개정되어 2011년 5월 말까지 회원국에 의해 시행될 예정이었다. 가장 관련 있는 변경 사항은 전자 통신 서비스 제공자에 의한 개인 데이터 유출에 대한 필수 통지의 도입과 관련된다. 위반이 '가입자 또는 개인의 개인정보 또는 프라이버시에 부정적인 영향을 미칠 수 있는 경우 관련 국가 기관 및 관련 개인에게' 통지해야 한다.

기타 변경 사항에는 수정된 ePrivacy Directive의 범위에 대한 명확한 설명 및 원치 않는 통신에 대한 조치 권한의 강화가 포함된다. 특히 제13조('요청하지 않은 통신')는 불법적인 통신을 상대로 소송을 제기할 수 있는 개인 및 조직(인터넷 서비스 제공 업체 포함)에게 권리를 제공한다. 이 텍스트는 스팸 발송자가 원치 않는 통신을 배포하기 위해 서비스를 사용하는 경우를 포함하여 '합법적인 비즈니스 이익'을 보호하는 '전자 통신 서비스 제공 업체'를 의미한다.

그러나 ePrivacy Directive에 대한 가장 적절하고 논쟁의 여지가 없는 개정안은 '쿠키'(많은 웹 사이트에서 해당 웹 사이트 사용자의 단말기 장비에 자동으로 보내는 작은 텍스트 파일)에 영향을 주는 조항에 관한 것이다. 단순함에도 불구하고 쿠키는 조직 및 개인에게 매우 중요하므로 조직은 사용자의 브라우징 습관을 기반으로 웹 사이트를 개인화하고, 자신의 선호도에 따라 개인에게 온라인 광고를 제공함으로써 온라인 광고업계에서 발생하는 수익을 지원하고 사용자가 더 쉽게 사이트의 페이지를 탐색하고 과거에 발견된 정보를 빠르게 검색하여 온라인 쇼핑을 용이하게 한다.

개정된 ePrivacy Directive에 따라 Article 5(3)은 가입자 또는 사용자의 단말기 장비에 정보를 저장하는 것은, ePrivacy Directive에 따라 명확하고 포괄적인 정보를 제공받고 해당 사용자가 동의를 한 경우에만 허용된다. 이에 대한 예외는 기술적인 지장 또는 접근이 아래와 같은 경우이다.

- 전자 통신 네트워크를 통한 통신 전송을 수행하기 위한 유일한 목적인 경우

• 가입자 또는 사용자가 명시적으로 요청한 정보 사회 서비스(information society service) 제공에 명백히 필요한 경우

각 EU 회원국은 국가별 기준에 따라 다소 차이가 있지만 위에서 언급한 쿠키 동의 요구 사항을 2년에 걸쳐 국가 입법안으로 대체였다.

동의를 얻어야만 하는 방법은 ePrivacy Directive와 각 회원국의 법 모두에 정의되어 있지 않다.[9] 따라서, 적합한 상황에서(해당 데이터 처리의 특성, 특별히 거슬리지 않거나 데이터의 특정 카테고리를 포함하지 않는 경우), 개인의 희망에 대한 '자유롭고 구체적이고 정보가 있는' 표시가 되는 기준을 충족시킨다면, '동의가 주어졌다는 명백한 결론을 이끌어내는 특정 행동으로부터 유추될 수 있는 모호한 동의'에 의존하는 것이 전적으로 가능하고 적절하다.

이 접근 방식은 유럽 전역의 쿠키 동의 요구 사항을 준수하고자 하는 국제 비즈니스를 위한 가장 일반적인 전략인데, 이는 '묵시적 동의'로 알려져 있다. 쿠키 동의 요구 사항은 2권에 자세히 설명되어 있다.

ePrivacy 지침의 개혁

2015년 7월에 집행위원회는 ePrivacy Directive의 효과성에 대한 연구를 발표했으며, 이 영역에서 개혁 권고안을 제안했다('ePrivacy Study'). 이것은 2016년 4월 공개 협의로 이어졌다. 2017년 1월 10일, 집행위원회는 기존의 ePrivacy Directive를 대체할 새로운 ePrivacy Regulation ('ePrivacy Regulation')에 대한 입법 제안을 발표했다.

---

[9] 그러나 쿠키의 사용이 법적으로 민감한 정보(즉, 개인의 건강이나 성생활, 인종 또는 민족적 출신 또는 종교적 신념과 관련된 정보의 '특수한 범주')의 수집을 일으킨다면, 명시적인 정보 일반 데이터 보호법에 따라 동의가 필요할 수 있다.

ePrivacy Regulation 초안의 고차원 목표는 EU 내의 전자 통신과 관련된 개인정보 보호 체계를 조화시키고 GDPR과의 일관성을 유지하는 것이다. ePrivacy 규정의 공표와 함께 유럽연합집행위원회에서 발행한 보도 자료 및 사실 자료에 따르면 ePrivacy Regulation의 주요 특징은 다음과 같다.

- 광범위한 적용: 집행위원회는 현재의 ePrivacy Directive를 모든 전자 통신 서비스 제공 업체(예: 일반 통신 사업자뿐만 아니라 휴대폰, 전자 메일 및 음성 서비스의 메시징 서비스)에까지 확대 적용할 것을 제안한다.
- 규칙의 단일 세트: 직접 적용할 수 있는 ePrivacy Regulation으로 ePrivacy Directive를 교체하는 것은 전자 통신에 대한 동일한 수준의 보호(규칙의 단일 세트)와 유럽연합(EU)의 모든 사람과 기업을 제공하는 목적으로 한다.
- 전자 통신의 기밀성: 집행위원회의 제안에 따라 사용자의 동의 없이는 문자 메시지, 전자 메일 또는 음성 통화를 듣거나, 도청하고, 차단하고, 검색하고 저장하는 것이 허용되지 않는다. 간섭이 허용되는 여러 가지 예외적인 상황이 있다(예: 공공의 이익을 보호하기 위한 경우).
- 통신 내용 및 메타 데이터를 처리하는 데 동의가 필요하다: 제안된 규칙에 따라 전자 통신에서 파생된 콘텐츠 및 메타 데이터(예: 전화, 위치, 기간, 웹 사이트 방문 시간)는, 해당 데이터가 요금 청구 목적으로 필요한 경우가 아니라면, 사용자가 동의하지 않은 경우 익명으로 처리하거나 삭제해야 한다.
- 새로운 비즈니스 기회: 통신 데이터(콘텐츠 및/또는 메타 데이터)에 대한 동의가 부여된 경우, ePrivacy Regulation의 목적은 기존의 통신 사업자가 데이터를 사용하고 추가 서비스를 제공할 수 있는 기회를 더 많이 제공하는 것이다. 예를 들어, 새로운 인프라 프로젝트를 개발할 때 공공 기관 및 운송 회사를 도울 수 있는 개인의 존재를 나타내는 heat map을 생성할

수 있다.

- 쿠키에 대한 개정된 규칙: 집행위원회는 ePrivacy Directive에 포함된 쿠키 규칙이 인터넷 사용자에 대한 동의 요청의 과부하를 초래해왔고 ePrivacy Regulation에서 간소화되어야 한다는 견해를 가지고 있다. ePrivacy Regulation에서 제안된 새로운 규칙은 사용자가 자신의 설정을 보다 잘 제어할 수 있도록 하여 개인정보 위험이 있는 경우 쿠키 및 기타 식별자 추적을 허용하거나 거부하는 쉬운 방법을 제공한다. 제안은 비개인정보 침입 쿠키가 인터넷 경험을 향상시키는 데(예: 장바구니 기록을 기억하거나, 여러 페이지에 걸쳐 온라인 양식을 작성하거나, 동일한 세션의 로그인 정보에 대해) 동의가 필요 없다는 것을 명확히 한다. 해당 웹 사이트 방문자 수를 세는 방문 웹 사이트에서 설정한 쿠키는 더 이상 동의가 필요하지 않다. 동의의 개념은 GDPR과 일치한다.
- 스팸에 대한 보호: 집행위원회의 제안은 어떤 수단이든지 원치 않는 전자 통신을 금지하는 것이다.(개인이 거부할 권리가 있는 유사 제품 및 서비스의 마케팅을 위한 '소프트 옵트 인(soft opt-in)'이 유지되더라도, 사용자가 동의하지 않은 경우 이메일, SMS 및 원칙적으로 전화 통화도 금지됨). 회원국은 소비자가 전화를 걸지 않는 목록에 번호를 등록하는 등의 방법으로 voice-to-voice 마케팅 통화 수신을 반대할 수 있는 국내법을 선택할 수 있다. 마케팅 담당자는 전화번호를 표시하거나 마케팅 전화를 나타내는 특수 접두사를 사용해야 한다.
- 집행: GDPR의 기밀 유지 규칙의 집행은 국가 DPA의 책임이다.

위반에 대한 결과는 다음과 같이 2단계 접근법을 따른다.

- ePrivacy Regulation에 포함된 통지 및 동의, 기본 개인정보 보호 설정, 공개적으로 사용 가능한 디렉터리 및 원치 않는 통신에 관한 규칙 위반은

최대 1,000만 유로까지의 벌금 또는 전 세계 총 연간 매출액의 2% 중 높은 금액으로 처벌될 수 있다.

- 통신의 기밀성, 전자 통신 데이터의 허용된 처리 및 데이터 삭제에 대한 시간제한에 관한 규칙 위반은 2,000만 유로까지의 벌금 또는 전 세계 연간 매출액의 4% 중 높은 금액으로 처벌될 수 있다.

집행위원회의 ePrivacy Regulation 초안의 공표는 정식 입법 과정의 시작이었으며, 현재 이 초안은 유럽의회와 EU 이사회의 손에 맡겨져 있다. 특히, 유럽의회의 시민 자유위원회 위원들은 데이터의 추가 처리에 대한 정당화로서 '정당한 이익'을 도입하기 위한 제안을 포함하여 제안된 ePrivacy Regulation에 800건 이상의 수정안을 제출했다.

ePrivacy Regulation은 2018년 5월(GDPR과 함께) 발효될 예정이었지만, 2020년 이후 발효가 더 유력해 보인다.

데이터 보존 지침

최근까지 유럽연합의 데이터 보존은, 공개적으로 이용 가능한 전자 통신 서비스 또는 공중 통신망의 제공과 관련하여 생성되거나 처리된 데이터의 보존에 관하여, 2006년 3월 15일 유럽의회 및 이사회의 Directive 2006/24/EC(이하 'Data Retention Directive')에 의해 수립된 법적 프레임워크에 의해 뒷받침되었다.

Data Retention Directive는 심각한 범죄 및 테러 방지 목적을 위한 트래픽 및 위치 데이터의 가용성을 보장하기 위해 EU 회원국 간의 데이터 보존에 관한 규칙을 맞추기 위해 마련되었다. 이는 국제 테러의 위협으로 국가 안보에 대한 우려가 높아지면서 도입되었으며, 그 범위와 인지된 위협에 대한 신중한 대응 여부는 상당한 비판을 받고 있다. 수년 동안 EU 회원국의 여러 헌법재판소는 현지 시행법을 위헌으로 판정했다. 그런 다음 2014년 CJEU는 유럽연합 기본법(EU Charter of Fundamental Rights)에 따라 개인정보 보호 및 데이터 보호 권리와 양립할 수 없다는 이유로 데이터 보존 지침(Data Retention Directive)이 무효라는 판결을 내렸다. 비록 회원국들이 ePrivacy Directive(2002/58/EC) 제15조 (1)에 따라 자신의 국가 데이터 보존법을 채택할 능력을 보유하고 있지만(물론 그 법이 EU 법과 CJEU 판결의 일부를 구성하는 권리 원칙을 준수하는 법이라는 전제하에), 데이터 보존 지침은 더 이상 EU 법의 일부가 아니다. 이에 따라 많은 EU 회원국들이 벨기에, 영국 및 핀란드와 같은 개별 국가 수준에서 입법 개정 초안을 도입하거나 국가 데이터 보존법을 시행했다.

🦽 회원국에 미치는 영향

이 장의 앞부분에서 언급했듯이, 각 지침에 따라 일관되고 시기 적절한 이행은 EU 개인정보 보호에서 가장 큰 과제 중 하나였다. 헌법 구조의 차이, 해석의 차이 및 기타 차이점으로 인해 구현에 있어 회원국에 많은 자유가 부여되었다. 조화에 대한 필요성은 기존 EU 데이터 개인정보 보호 규칙에 따라 분열을 줄이기 위한 단일 법안인 GDPR 통과에서 인식되었다.

EU 지침의 구현 과제

기본적으로 EU 지침은 EU 회원국에 본질적으로 '직접적으로 적용 가능'

하지 않으며, 이는 일반적으로 법이 되기 위해서는 국가 법규에 의해 이행되어야 함을 의미한다. 그러므로 비록 EU 지침이 달성될 최종 결과의 관점에서 구속력을 갖지만, 그 이행의 형식과 방법은 회원국들에게 맡겨져 있다. 이는 '이 장의 규정이 허용하는 범위 내에서 개인정보의 처리가 보다 합법적이라고 판단할 수 있는 조건을 보다 정확하게 각 회원국들이 결정해야 한다'는 것을 명시한 Directive 제5조에서 볼 수 있다. 따라서 회원국의 법은 접근 방식, 구조 및 내용면에서 다양하다. 그 결과 일부 회원국은 하나의 일반적인 입법 시행 법안을 통과시키고, 다른 회원국들은 여러 가지 다른 메커니즘을 제정하게 되었고, 그의 일부는 특정 영역에만 적용 가능하다.[10] ePrivacy Directive는 일부 EU 회원국에서 단일 법안이 아닌 다른 법령들을 사용하여 시행된 EU 지침의 한 예이다.

이러한 접근 방식의 유연성은, 특히 다국적 조직의 경우, 여러 회원국에서 데이터 처리 활동을 수행하는 실질적인 문제를 야기하므로 통보, 국제 데이터 이전 및 직접 마케팅 요구 사항과 같은 영역에서 상충되는 준수 의무를 이행해야 한다.

집행

회원국의 EU 입법의 재량권은 무제한이 아니며 집행 조치의 대상이 될 수 있다. 회원국은 일반적으로 지침을 이행하기 위한 기한을 갖고 있으며, 지침이 제대로 이행되도록 하는 책임이 있는 집행위원회는 지침이 세 시간에 이행되지 않거나 시행이 유럽 법에 위반되는 경우 회원국에 대항하여 조치를 취할 수 있다. 예를 들어, 2010년에 집행위원회는 Data

---

10 예를 들어, 영국의 경우 1998년 Data Protection Act가 여기에 해당된다. 또한 노르웨이의 2001년 Personal Health Data Filing System Act도 마찬가지이다.

Protection Directive 및 ePrivacy Directive의 일부 조항을 제대로 이행하지 못함에 따라 영국을 유럽 법원(CJEU)에 회부할 것이라고 발표했다.

또한 2010년에 집행위원회는 제정된 Data Protection Directive를 이행하지 못했다는 이유로 6개 회원국(덴마크, 프랑스, 독일, 아일랜드, 룩셈부르크 및 네덜란드)을 고소했다. 집행위원회는 이후 Directive를 시행한 회원국들에 대한 조치를 철회했다. 그러나 CJEU는 나중에 룩셈부르크가 Directive 이행에 대한 모든 의무를 이행하지 못했으며 절차 비용을 지불하라고 명령했다.

모든 EU 회원국은 이제 Data Protection Directive와 ePrivacy Directive를 구현했다. 그러나 이전 절에서 지적했듯이, 현재의 문제는 여전히 국가 차원에서 존재한다. 더욱이, 회원국이 지침을 이행하지 않았더라도 그 지침의 규정 중 일부는 여전히 '직접 효과'를 가질 수 있다. 즉, 개인이 해당 조항에 의거하여 국가 법원의 정부에 대해 조치를 취할 수 있음을 의미한다. CJEU는 Data Protection Directive의 특정 조항에 '직접적인 영향'이 있다고 판결했다. 또한 회원국과 그 법원은 아직 이행되지 않았더라도 지침의 내용과 목적에 비추어 그들의 법률을 해석해야 한다.

GDPR의 직접적인 영향

EU 지침(Directive)과 달리 EU의 규정(Regulation)은 본질적으로 EU 회원국에 직접 적용될 수 있으므로 국가 법률을 추가로 시행할 필요가 없다. 새로운 일반 데이터 보호법은 GDPR에 명시되어 있으므로 2018년 5월 25일 법률이 되었기 때문에 직접 효과로 인해 EU 전역에 즉시 적용되었다. 결과적으로 국가 데이터 보호법은 GDPR의 범위에 해당하는 모든 문제와 관련성이 없어진다. 적어도 서류상 단일 법률을 보유하는 것이

여전히 국가적 접근법과 특이성에 따라 해석될 것으로 예상됨에도 불구하고
일관성을 제공할 것이다.

Part 3

GDPR의
데이터 보호 개념, 범위 및 규정

Part 3에서는 EU의 데이터 보호 개념과 그 범위를 알아보고, 적용되는 규정을 자세히 알아본다. 특히 규정의 배경에 대한 내용들과 적용의 논거가 많이 지루할 수 있는 내용이지만 차분히 시간을 갖고 읽기를 권한다.

데이터 보호 개념

이 장에서는 데이터 보호와 관련된 여러 가지 용어
들의 정의를 소개하고 개인데이터 보호에 대한 전체
적인 개념에 대해서 알아본다.

🔑 소개

비록 데이터 보호법이 수십 년 동안 존재했음에도 불구하고, 그것의 보다 근본적인 개념 중 일부는 아직 논란의 여지가 있다. 기술 분야의 발전과 기업 운영 방식의 변화는 종종 가장 근본적인 데이터 보호 개념의 정의에 대한 유연성을 테스트한다. 그럼에도 불구하고 1995년 Data Protection Directive에 의해 수립된 핵심 데이터 보호 개념은, 자주 제기되는 문제 중 일부를 명확히 하기 위한 제한적인 수정안과 함께 GDPR에서 본질적으로 동일하다.

예를 들어, 개인의 온라인 행동에 관한 프로필을 생성하기 위해 인터넷 프로토콜(IP) 주소 및 쿠키를 사용하면 IP 주소 및 쿠키가 개인 데이터인지 여부에 대한 논쟁이 있었다. 이 문제는 명시적으로 온라인 식별자가 포함된 개인 데이터의 새로운 정의에서 다루어졌다. 핵심 개념에 대한 또 다른 도전은 아웃소싱의 성장과 서비스 제공 업체의 자율 수준 향상이었다. 입법자들은 컨트롤러와 프로세서 사이의 경계에 대한 의문점에도 불구하고 이 정의를 변경하지 않기로 결정했다.

이 장에서는 개인 데이터, 특수 범주 또는 민감한 개인 데이터, 컨트롤러, 프로세서 및 처리에 대한 GDPR의 핵심 데이터 보호 개념을 살펴본다.

🔑 개인 데이터

개인 데이터의 개념은 데이터 보호법의 핵심이며, 그 정의는 의도적으로 광범위하다. 이것은 기술이 진화함에 따라 해석상의 어려움을 야기했다. 그럼에도 불구하고 개인 데이터 개념에 대해 제29조 작업반(WP29)이 2007

년 6월 'Opinion 4/2007'에서 규정한 개인 데이터 정의의 4가지 구성
요소는 GDPR에서 동일하게 유지되며, 그래서 WP29의 견해는 개인 데이
터의 정의를 이해하는 데 중요하다.

유럽연합 당국은 식별 가능한 개인에 관한 모든 정보를 포함하도록 개인
데이터의 개념에 대해 광범위하게 규정하기를 지향했다. 이 정의는 전체적
으로 미국의 많은 주 데이터 침해 법령보다 훨씬 광범위하다. 이를 바탕으로
개념은 상당한 양의 정보를 포함한다. 심지어 그러한 정보와 식별 가능한
개인 간의 연관성이 희박한 경우에도 마찬가지이다.

GDPR에서 '개인 데이터'의 정의는 다음과 같다.

> 개인 데이터는 식별되거나 식별 가능한 자연인('데이터 주체')과 관련된
> 모든 정보를 의미한다; 식별 가능한 자연인은 이름, 식별 번호, 위치 데이
> 터, 온라인 식별자와 같은 식별자 또는 신체적, 생리학적, 유전적, 정신
> 적, 경제적, 문화적 또는 사회적 정체성 특성과 관련된 하나 이상의 요소
> 를 참조하여 직접 또는 간접적으로 식별될 수 있는 사람이다.

Opinion 4/2007에서 WP29는 개인 데이터의 의미를 구성하는 아래
4개의 구성 요소를 설정했다.

- 모든 정보(any information)
- 관련된(relating to)
- 식별된 또는 식별 가능한(an identified or identifiable)
- 자연인(natural person)

모든 정보(any information)

'정보' 개념의 3가지 측면은 정보가 개인 데이터로 간주될 시기를 정의하는 데 도움이 된다. 이것들은 본질, 내용 그리고 형식이다.

① 본질

개인에 관한 모든 유형의 서술(객관적이든 주관적이든)은 개인 데이터로 간주될 수 있다. 예를 들어, 고용주가 직원에 대해 가지고 있는 고용 기록에는 여러 유형의 객관적 및 주관적 서술이 포함될 수 있다. 객관적인 서술의 예로는 '직원이 컴퓨터 과학 학위를 가지고 있다' 또는 '직원이 IT 부서의 책임자이다'라는 것들이다. 주관적인 서술은 누군가의 의견이나 평가를 표현하는 것이다. 주관적인 서술의 한 예는 '직원은 좋은 일꾼이며 승진을 원한다'이다.

개인정보로 간주되기 위해 정보가 사실일 필요는 없다.

② 내용

개인 데이터의 내용은 모든 종류의 정보를 포함하며 개인의 사생활 및 가족생활에 대한 좁은 해석을 의미하는 정보에 국한되지 않는다. 유럽연합 법원(CJEU)은 개인 및 가족생활의 개념을 널리 해석해야 한다고 규정했다. 따라서 개인정보에는 개인의 사생활 및 개인이 수행한 활동에 대한 정보가 포함된다. 이 활동은 개인의 개인 생활만큼이나 전문직 또는 공공 분야의 활동과 관련될 수 있다. 개인의 근무지 연락처 정보는 집 주소 또는 개인 전화번호와 동일한 방식으로 개인 데이터가 된다. Recital 30에서는 IP 주소, 쿠키 또는 무선 주파수 태그와 같은 '온라인 식별자'를 구성하는 정보를 사용하여 개인의 프로필을 만들고 식별하여 개인 데이터로 간주되는 콘텐츠의 범위를 보여준다.

③ 형식

개인 데이터의 개념에는 어떤 형태로든 사용할 수 있는 정보가 포함된다. GDPR은 자동화된 방법으로 처리된 정보에 명시적으로 적용되지만 제2조 (1)항은 '서류 정리 시스템의 일부분'에 대해서도 수동 수단으로 처리하는 것을 포함한다. 예를 들어, 정보는 교육 목적을 위해 전화 통화를 기록하는 여행사의 고객 서비스 부서에서 보관된 테이프, 사람의 전자 은행 기록을 기록하는 컴퓨터의 메모리, 병원 클리닉의 이력 종이, 또는 CCTV에 기록된 이미지를 포함한다. Recital 15는 GDPR이 기술 중립적인 의도로 작성되었음을 명확히 하지만, '서류 정리 시스템'이 수작업으로 처리될 때는 불분명하다.

관련된(relating to)

개인 데이터가 되려면 정보가 개인에 대한 것이어야 한다. 개인과 정보 간의 관계가 항상 쉽게 성립되는 것은 아니다. 정보가 개인과 관련이 있는지 여부는 분명하지 않다.

객체, 프로세스 또는 이벤트와 관련된 정보는 특정 상황에서 개인정보를 구성할 수 있다. 예를 들어, 객체는 개인에 속할 수 있다(예: 개인이 자동차를 소유). 소유주가 일부 세금을 납부할 의무가 있는지 여부를 판단하기 위해 소유자의 자산으로 간주되는 경우, 자동차 구매 가격에 대한 정보는 개인 데이터일 수 있다. 자동차의 기술적 정보(예: 마일리지 또는 고장 횟수)는 소유자에게 청구서를 발행할 목적으로 정비소에서 처리하는 경우 개인정보로 간주될 수 있다.

Opinion 4/2007에서 WP29는 또한 개인 데이터가 개인에 관련이 되려면, '내용' 요소, '목적' 요소 또는 '결과' 요소의 3가지 요소 중 하나가 적용되어야 한다고 간주했다.

'내용' 요소는 정보가 가장 일반적인 의미의 개인에 관한 정보일 때 존재한다. 예를 들어, 시험 성적은 학생과 분명히 관련된다. '목적' 요소의 존재 여부는 특정 방식으로 개인을 평가, 고려 또는 분석하기 위해 정보가 처리되는지 여부에 달려 있다. '결과' 요소는 특정 정보의 처리가 개인의 권리와 이익에 영향을 미칠 때 존재한다.

이러한 요소를 누적해서 적용할 필요는 없다. 그러나 동일한 정보도, 다른 개인과 관련하여 다른 요소를 기반으로 하는 개인 데이터일 수도 있고 아닐 수도 있다.

식별되거나 식별 가능한(identified or identifiable)

Opinion 4/2007에서 WP29는 자연인이 아직 식별되지는 않았지만 그것을 할 수 있을 때, '식별 가능'하다고 말한다. 사람은 이름으로 직접 식별될 수 있지만 식별 번호나 IP 주소와 같이 간접적으로 식별될 수도 있다.(우리나라에서도 IP 주소를 개인정보로 판단한 판례가 있다) 또한 '다른 정보 조각들과 결합된 정보도, 해당 정보 조각들을 데이터 컨트롤러가 보유하는지 여부에 상관없이, 개인을 타인과 구별할 수 있게 하기' 때문에 개인은 식별될 수 있다. WP29에서 제공하는 예는 웹 트래픽 감시 도구를 사용하여 컴퓨터의 동작과 컴퓨터 뒤의 사용자를 식별할 수 있다. 그 근거에 따르면, '개인'의 개성은 어떤 결정을 그 사람의 것으로 간주하기 위해 함께 조합된다'.

정보 수집 및 결합을 가능하게 하는 낮은 저장 비용과 초고속 프로세싱에 따른 빅데이터의 등장으로 이러한 유형의 퍼즐 맞추기 식의 직소 식별이 가능해지고 식별 가능성 요소가 데이터 컨트롤러에 대한 과제로 대두되고 있다. 그렇다면 식별 가능성의 한계점은 어디까지일까? 이것에 대한 가이드가 다음 Recital 26에 나와 있다.

자연인이 식별 가능한지 여부를 결정하기 위해 컨트롤러 또는 다른 사람이 직접 또는 간접적으로 자연인을 식별하기 위해 사용하는 등 합리적으로 사용하기 쉬운 모든 수단(예: singling out)을 고려해야 한다. 수단이 자연인을 식별하는 데 합리적으로 사용되는지 여부를 확인하기 위해, 처리 시점에서 가용한 기술과 기술 발전을 염두에 두어, 식별에 필요한 시간과 비용과 같은 모든 객관적인 요소를 고려해야 한다.

따라서 신원 확인에 대한 가상의 가능성만으로는 충분하지 않고, 정보를 식별하게 만드는 데 충분한 합리적인 가능성이어야 한다. WP29는 개인을 구별할 가능성이 없거나 무시할 수 있을 때, 그 사람을 식별할 수 있는 것으로 간주해서는 안 되며, 그 정보는 개인 데이터가 아니라고 인식했다.

일부 컨트롤러들은 특정 요소는 식별 가능한 개인과 연결되면 개인 데이터가 될 수도 있지만, 데이터 세트에 있는 개인의 대부분을 식별할 가능성이 없다면, 데이터 세트는 개인 데이터를 구성하지 않는다고 주장해왔다. 일반적인 시나리오는 CCTV(closed-circuit television)를 사용하는 것으로, 식별은 수집된 자료 중 극소수에서만 발생한다. 그러나 WP29는 이 정보가 개인정보로 취급되어야 한다는 입장을 항상 견지하고 있다. 왜냐하면 처리의 근본 목적은 개인이 필요하다고 생각할 때 개인을 지목하고 식별하는 것이기 때문이다. 처리 목적이 정확하게 그(것)들을 식별하는 것이라는 측면에서, 개인을 식별할 수 없다고 주장하는 것은 용어상의 모순일 것이다.

CJEU는 식별 가능성의 넓은 범위를 확인하였고, 특정 상황에서 동적 IP 주소가 개인 데이터를 구성할 수 있다고 판결했다. 패트릭 브레이어(Patrick Breyer) 대 독일연방공화국(Bundesrepublik Deutschland) 사건에서 독일 연방 사법 재판소는 해적당(Pirate Party) 당원 패트릭 브레이어가 제기한 사건에 대해 CJEU에 2가지 질문을 제기했다. 그는, 독일 연방 정부가 운영하는 웹 사이트의 각 연결에 대해 기기에 새로운 번호가 할당되도록 한 경우에도, 웹 사이트의 데이터를 올바른 수신자에게 전송할 수 있도록 기기의 동적 IP 주소를 수집하고 사용하는 것에 대해 문제를 제기하였다. 정부는 이러한 행위를 범죄 예방, 특히 서비스 거부 공격으로 정당화했다.

그러나 CJEU는 동적 IP 주소가 인터넷 서비스 제공 업체(ISP)가 보유한 데이터와 연결되는 시간과 같은 '간접적으로 식별될 수 있는' 개인정보를 구성할 수 있다는 견해를 가지고 있다. 제3자가, 웹사이트 제공자가 보유하고 있는 동적 IP 주소와 함께 사용되어 웹사이트 사용자를 식별할 수 있는 정보를 보유한 환경에서, 그러한 IP 주소가 개인 데이터를 구성한다고 판단했다. 이 경우 연방 정부는 그러한 추가 정보를 얻기 위해 제3자로서 자연스럽게 ISP에 가게 되고, 독일 법은 사이버 공격이 발생하는 경우 합법적으로 이를 수행할 수 있는 메커니즘을 제공했기 때문에, 다양한 정보의 조각이 개인을 식별할 수 있도록 조합되는 가능성이 생겼다.

한 가지 중요한 점은 데이터의 익명성에 관한 것이다. GDPR은 익명의 정보, 즉 식별되거나 식별 가능한 자연인과 관련이 없는 정보이거나, 데이터 주체가 더 이상 식별할 수 없도록 익명으로 처리된 개인 데이터에는 적용되지 않는다.

그러나 위에 설명된 이유로 인해 특히 단일 조직 내에서 완전한 익명화가 어렵다. 가명화(pseudonymisation)는 절충적인 중간 지대를 제공하므로 데이터 최소화 요구 사항을 충족시키는 데 일정 부분 도움이 되는 반면, GDPR에 따라 조직의 의무에서 가명 데이티를 지거히지는 않는다. 가명은 다음과 같이 정의된다.

추가 정보를 사용하지 않고는 개인 데이터가 특정 데이터 주체에 더 이상

귀속될 수 없도록 하는 방식으로 개인 데이터를 처리하는 것. 단, 이러한 추가 정보는 별도로 보관되며 기술적 및 조직적 수단으로 개인 데이터는 식별되거나 식별 가능한 자연인의 속성이 되지 않도록 해야 한다.

비즈니스가 개별 행동 패턴을 보거나 일반 고객의 특성을 발견하기 위해 고객 데이터베이스를 분석하기를 원한다면, 해당 개인의 실제 신원에 관심이 없는 경우, 이름과 이메일 같은 확실한 식별자를 간단한 참조 번호로 대체하여 데이터를 가명으로 만들 수 있다. 프로젝트를 진행하는 직원은 해당 개인이 누구인지는 알지 못하지만 회사는 여전히 이러한 개별 기록을 연결하여, 결론적으로는 해당 개인으로 다시 연결할 수 있다. 보기에는 데이터베이스가 익명으로 처리되지만, 데이터 보호 용어로는, 단지 가명으로 처리된다. 이는 이것이 여전히 개인정보이며 GDPR의 대상이라는 것을 인식하는 것이 중요하다. 그러나 GDPR은 가명화를 개인정보 최소화를 위한 중요한 보호조치로 홍보하고, 처리의 원래 목적과 새로운 목적의 호환성을 결정하는 데 도움을 줄 수 있는 추가적인 보호조치로 인식하고 있다.

통계 목적으로 데이터를 집계하면 비 개인 데이터가 될 가능성이 있다. 그러나 샘플 크기가 충분히 크지 않은 경우 컨텍스트로(예를 들어, k-익명화에서 k값이 작은 경우) 개인을 식별이 가능할 수 있으므로 이러한 방식으로 익명화 데이터를 처리할 때는 항상 주의해야 한다.

자연인(natural person)

개인 데이터의 정의는 단순히 '자연인'을 의미하기 때문에, 거주 국가에 상관없이 보편적으로 '자연인'에게 적용되는 보호는 물론, 영토 범위에 대해 제3조의 규정이 적용된다. GDPR은 자연인의 개념을 정의하지 않고, 회원국의 법률에 맡겨 두고 있다. 그러나 Recital 27은 회원국이 이 분야에서 규칙을 제정하더라도 표준계약의 기밀 조항을 통해 보호받을 수 있는 사망자 또는 조직 데이터의 개인 데이터에는 GDPR이 적용되지 않는다고 규정하고 있다.

🦽 민감한 개인 데이터

GDPR은 특정 유형의 개인 데이터를 특정 보호를 받을 수 있는 개인 데이터의 '특수 범주'로 식별한다. 이러한 범주의 특성은 개인의 기본 권리와 자유에 중대한 위험을 초래할 수 있음을 의미한다. 이들은 '인종 또는 민족적 출신, 정치적 견해, 종교적 또는 철학적 신념, 노동조합 가입 및 유전자 정보 처리, 자연인을 고유하게 식별하기 위한 생체 인식 데이터, 자연인의 성생활 또는 성적 취향'이다.

유전 데이터는 '특히 자연인의 생물학적 시료 분석을 통해 얻어지는, 자연인의 생리학이나 건강에 관한 고유한 정보를 제공하는 자연인의 유전적 특성 또는 유전적 특성과 관련된 개인 데이터'로 정의된다. 건강에 관련된 데이터의 의미에 대한 추가적인 가이드가 제공되며, 넓은 의미로 해석되어야 할 문구가 명확하게 제시되어 있다. 이는 건강 상태에 대한 정보를 밝히는 건강관리 서비스 제공을 포함하여, 자연인의 육체적 또는 정신적 건강과 관련된 개인 데이터를 의미하며, '데이터 주체의 건강 상태와 관련된 모든 데이터를 포함한다. 여기에는 데이터 주체의 과거, 현재 또는 미래의 육체적 또는 정신적 건강 상태'가 포함되며, 아래 사항들을 포함한다.

• 건강관리 서비스의 등록 또는 제공 과정에서 수집된 자연인에 관한 정보

- 건강 목적을 위해 자연인을 고유하게 식별하기 위해 자연인에게 할당된 숫자, 기호 또는 특정 사항
- 유전 정보 및 생물학적 시료를 포함하여 신체 부위 또는 신체 물질의 검사 또는 검사로부터 얻은 정보
- 질병, 장애, 질병 위험, 병력, 임상 치료 또는 데이터 주체의 생리학적 또는 생물 의학적 상태에 관한 모든 정보(의사 또는 다른 건강 전문가, 병원, 의료기기 또는 시험관 진단 등. 그 출처와는 무관)

Recital은 또한 '사진 처리는 자연인의 고유한 식별 또는 인증을 허용하는 특정 기술적 수단을 통해 처리될 때만 생체 인식 데이터의 정의에 의해 다루어지므로 개인 데이터의 특수 범주를 처리하는 것으로 시스템적으로 간주되어서는 안 된다'고 서술한다. 그러나 사진도 역시 개인의 건강 상태에 대한 정보로 간주될 수 있는 사람의 인종적 출신, 종교적 신념 또는 특정 신체장애를 밝힐 수 있기 때문에 Recital이 이를 명확히 정리하지는 못한다.

🎧 컨트롤러 및 프로세서

|

컨트롤러 및 프로세서의 개념은 Directive에 의해 수립되었으며 GDPR 에서도 근본적으로 유사하다. 이것은 그들이 직설적이거나 상호 배타적이 라는 것을 의미하지는 않는다. 실제로 이러한 개념의 적용은 비즈니스 환경의 진화하는 특성, 아웃소싱의 고도화 및 조직이 IT 시스템을 중앙 집중화하는 경향으로 인해 점차 복잡해졌다. 그러나 데이터 주체의 권리와 자유를 보호하는 데 필수적인 요소이고, GDPR에 따라 발생하는 법적 의무 할당을 결정하는 데 핵심적인 요소로 남아 있다.

데이터 컨트롤러는, 단독으로 또는 공동으로, 개인 데이터 처리의 목적과 수단을 결정하는, 자연인 또는 법인, 공공 기관, 에이전시 또는 기타 단체이다. 즉, 데이터 컨트롤러는 개인 데이터와 관련한 주요 의사결정자이다. 결과적으로 GDPR을 준수해야 하는 대부분의 책임은 데이터 컨트롤러의 몫이다. 예를 들어, 데이터 컨트롤러는 데이터 주체에 다음 사항을 확인하는 정보를 제공할 의무가 있다. 처리가 합법적인 근거를 지키며, 데이터 주체의 권리가 존중됨을 보장하고, 위험도가 높은 처리의 경우 데이터 보호 영향 평가를 수행하고, 적절한 데이터 보안을 보장하며, 개인정보 위반 시 DPA 또는 데이터 주체에 대한 통지 필요 여부에 대한 결정을 해야 한다.

프로세서는 GDPR에 따라 일부 의무가 있다(예: 국제 데이터 이전이 GDPR을 준수하는지 확인하고, 적절한 보안을 유지하며, 데이터 유출이 있는 경우 데이터 컨트롤러에 알리는 등). 그러나 이는 매우 부차적인 것으로, GDPR에 따라 대부분의 책임을 지는 컨트롤러의 문서화된 지침에 대해서만 개인정보를 처리하도록 계약한다. 대부분의 경우 데이터 컨트롤러가 DPA의 집행 조치의 첫 번째 대상이 될 것이므로, 개인 데이터를 처리하는 당사자의 상태를 결정하는 것이 중요한 문제이다.

실제로 컨트롤러의 주요 측면은 개인 데이터가 수집, 저장, 사용, 변경 및 공개되는 목적을 결정하는 것이다. 대조적으로, 프로세서는 컨트롤러의 직원이 아닌 컨트롤러 대신 개인 데이터를 처리하는 사람이다.

컨트롤러의 개념
데이터 컨트롤러의 가장 중요한 역할은 데이터 보호법을 준수할 책임자와 개인이 자신의 권리를 행사할 수 있는 방법을 결정하는 것이다. 즉, 컨트롤러는 책임을 할당하는 역할을 한다. 당사자는 하나의 트랜잭션에서 컨트롤러가 될 수 있고 다른 서버에서는 프로세서가 될 수 있으므로, 컨트롤러가 어느 당사자인지 결정하는 것이 주요한 데이터 보호 책임 및 의무를 할당하는 데 중요하다. 이것은 또한 어떤 감독 당국이 데이터 처리 활동을 감독할 책임이 있는지 결정할 것이다. GDPR이 회원국들에게 추가 법안을 시행할 재량권을 부여하는 경우에는 컨트롤러의 위치가 관련될 수도 있다.

컨트롤러의 정의

'컨트롤러'는 GDPR에서 다음과 같이 정의된다.

> 개인 데이터의 처리 목적과 수단을, 단독 또는 공동으로 결정하는 자연인, 법인, 공공기관, 에이전시 및 기타 단체: 그러한 처리의 목적과 수단이 EU 또는 회원국 법률에 의해 결정되는 경우, 컨트롤러 또는 컨트롤러 지명을 위한 특정 기준은 EU 또는 회원국 법에 따라 제공될 수 있다.

따라서 데이터 컨트롤러는 다음의 3가지 구성 요소에 따라 정의된다.

- 자연인 또는 법인, 공공 기관, 에이전시 또는 기타 단체
- 단독 또는 공동
- 개인정보 처리의 목적과 수단을 결정

다시 말하지만, 컨트롤러 및 프로세서는 Directive와 동일하므로, WP29의 Opinion을 참고하여 해석하는 것이 도움이 된다.

첫 번째 구성 요소: 자연인, 법인 또는 다른 단체

데이터 컨트롤러는 법인이거나 자연인일 수 있다. Opinion 1/2010은

누가 데이터 컨트롤러가 될 수 있는지에 대한 정의가 광범위함에도 불구하고, 회사나 단체가 임명한 개인이 아니라 컨트롤러를 회사 또는 단체로 간주하는 것이 바람직하다고 권고한다. 이것은 데이터 주체가 보다 신뢰성 있는 주체 앞에서 자신의 권리를 행사할 수 있도록 하기 위함이다.

조직 또는 법인체 내의 개인이 데이터 보호법 준수 또는 개인 데이터 처리를 보장하기 위해 조직에 의해 임명된 경우, 그 임명이 사람을 데이터 컨트롤러로 전환시키지 않는다. 왜냐하면 이 역할을 수행하면서 그들은 법적 주체를 대리하여 행동하기 때문이다. 개인이 데이터 컨트롤러의 범위와 제어 범위 밖에서 개인 데이터를 처리하는 경우에는 물론 그렇지 않다.

두 번째 구성 요소: 단독 또는 공동

다른 조직, 단체 또는 '자연인'은 동일한 개인 데이터 세트의 데이터 컨트롤러일 수 있다. Opinion 1/2010은 데이터 처리의 현실성의 복합성이 '공동으로'는 '함께 있는 것' 또는 '혼자가 아님'으로 해석될 수 있음을 의미한다. 공동 처리는 반드시 동시에 발생할 비율이 동일할 필요는 없다.

다른 조직은 동일한 개인 데이터 집합의 컨트롤러일 수 있다. 그렇다고 해서 항상 공동 데이터 컨트롤러가 된다는 의미는 아니며, 데이터가 어떻게 전달되는지에 따라 다르다. 예를 들어, 여행사를 통해 휴가를 예약하고 여행사 직원이 선택한 항공사와 호텔에 해당 정보를 전달한 경우, 해당 항공사와 호텔은 동일한 데이터를 별도로 보유하고 있다. 그들은 각각 데이터를 보유하는 기간과 개인에게 특별 제안을 제공하는 데 사용하는지 여부를, 다른 두 단체와 관련 없이 결정한다. 항공사와 호텔은 공동 컨트롤러가 아니지만, 휴가 예약이 공유 데이터베이스에 직접 입력되고 당사자들이 통합 마케팅 활동을 수행하는 여행사와 공유 웹 사이트를 설정하는 것에 동의하는 경우는 공동 컨트롤러가 될 것이다.

공동 관리가 발생할 수 있는 또 다른 일반적인 상황은 기업 그룹 내에 있다. 모회사는 직원 또는 고객 레코드를 위한 중앙 데이터베이스를 포함하여 자회사에 중앙집중식 IT 서비스를 제공할 수 있다. 각 자회사는 데이터를 사업 목적으로 보유하기 때문에 직원 및 고객의 데이터에 대한 컨트롤러 역할을 한다. 예를 들어, 모회사가 데이터에 대해 자체적으로 독립적인 작업을 수행하는 경우, 그룹 전체의 직원 회전율을 비교하면 자회사와 공동 컨트롤러가 될 수 있다.

공동 통제에는 여러 가지 형태가 있다. 그룹 내 시나리오는 특히 복잡할 수 있다. 직원들이 종종 그룹을 구성하는 법인 간의 경계선에 집중하지 않고, 회사 그룹의 목적을 전체적으로 생각할 때가 많고, 사실상 시간이 지남에 따라 공동 관리인으로 변할 위험이 있기 때문이다. GDPR은 공동 컨트롤러가 투명성 있는 방식으로 GDPR 준수에 대한 각자의 책임을 결정해야 하며, '핵심은 복잡한 데이터 처리 환경에서도… 이러한 규칙의 위반에 대한 데이터 보호 규칙과 책임의 준수가 명확히 할당됨을 보장하는 것이다' 라는 WP29의 서술의 법적 기반이 된다.[11] 이것이 적용될 수 있는 구체적인 예는, 데이터 주체에게 공정한 처리 고지를 할 책임이다. 공동 컨트롤러 중 하나만이 데이터 주체와 직접적인 관계가 있는 경우, 모든 컨트롤러를 대신하여 해당 컨트롤러가 관련 정보를 발행하는 것이 논리적일 것이다. 개인을 더욱 보호하기 위해 공동의 컨트롤러는 데이터 주체에 가용한 '합의의 본질'을 만들어야 한다. 데이터 주체는 각각의 컨트롤러에 GDPR에 따라 자신의 권리를 행사할 수 있다.

---

[11] GDPR, 조항 26 (1); WP 169 의견 1/2010은 '컨트롤러'와 '프로세서'의 개념에 관한 것이다.

세 번째 구성 요소: 개인 데이터 처리의 목적과 수단 결정

실제로 컨트롤러 정의의 핵심은 실체가 처리의 목적과 수단을 '결정'하는 지 여부이다. 사실, 제28조 10항은 프로세서가 목적 및 처리 수단을 결정함으로써 GDPR을 침해한다면, 프로세서는 그 처리와 관련하여 컨트롤러로 간주될 것이라고 말하고 있다. 이것은 법적인 맥락이 컨트롤러를 식별하는 데 관련이 있을 수 있지만, 사실적인 요소 또는 상황이 결정적일 수 있다는 정의의 또 다른 주요 측면을 보여준다. 처리의 이유와, 누가 처리를 시작하고 주도했는지가 중요하며, 당사자의 역할에 대한 계약상 지정이 실제 상황과 다른 경우, 데이터 보호법에 따라 당사자의 실제 지위를 결정하는 데 결정적이지는 않다.

WP29는 컨트롤러가 누구인지 알아내려고 할 때 실용적인 관점을 선호한다. 데이터 컨트롤러의 개념은 실제 영향이 있는 책임을 할당하기 위한 기능적인 것임을 명심해야 한다. Opinion 1/2010은 '효과성을 보장해야 하는 필요성은, 통제와 관련하여 예측 가능성을 보장하기 위해 실용적인 접근 방식이 취해져야 할 것을 요구한다. 이와 관련하여, 데이터 보호법의 적용을 안내하고 단순화하기 위해, 경험 법칙과 실질적인 가정이 필요하다' 고 언급하고 있다.

이것은 복잡한 데이터 처리 체계가 될 수 있는 것을 다루는, 덜 법률적이고 상업적으로 접근하기 쉬운 방법을 알려준다.

제어의 출처 식별

Opinion 1/2010 은 컨트롤러가 제어의 출처로 식별될 수 있는 여러 가지 상황을 제시한다.

명시적 법적 능력에서 기인한 제어	국가 또는 지역 사회 법률에 따라 컨트롤러를 명시적으로 임명한다. 보다 일반적으로 법률은 업무를 수립하거나 데이터를 수집할 의무를 부과한다.
내재적인 능력에서 기인한 제어	제어는 일반적인 법적 조항 또는 확립된 법적 관행 (예: 직원 데이터가 있는 고용주)에서 유래한다. 처리 활동을 결정하는 능력은 자연스럽게 조직의 기능적 역할에 부여되는 것으로 간주될 수 있다.
실제 영향에서 기인한 제어	컨트롤러로서의 책임은 사실적 상황의 평가에 기초한다. 문제가 명확 하지 않은 경우, 평가는 당사자가 실제 제어하는 정도, 개인에 주어진 인상 및 이러한 가시성에 기초한 개인의 합리적인 기대치를 고려해야 한다.

목적 및 처리 수단의 결정

컨트롤러는 처리의 목적과 수단, 즉 처리 활동의 이유와 방법을 결정한다. 예를 들어, 어떤 클라우드 서비스 공급자를 고객 정보를 저장하기 위한 데이터베이스로 사용할지 결정하는 회사를 가정해보면, 그 회사는 컨트롤러이고 클라우드 서비스 데이터베이스 공급자는 프로세서이다.

평가 시, '처리의 목적과 수단'의 결정을 내리는 데 관련된 세부적인 수준이 그 사람이 컨트롤러로 간주되기 위한 한계점을 충족시키는지 여부를 고려하는 것이 중요하다. Opinion 1/2010은 복잡한 상황에 대한 실용적인 접근 방식을 취하고 합리적인 결론에 도달하기 위해 묻는 질문을 간략히 보여준다(처리가 진행되는 이유와, 처리에 참여하는 당사자의 역할은 무엇입니까?) Opinion은 '프로세서가 주로 목적에 따라 제공되는 일반 지침보다 더 많이 작동할 수 있으며, 수단과 관련하여 세부 사항에 깊이 관여하지 않을 수도 있다'라고 허용한다. 즉, 프로세서 자체가 컨트롤러가 되지 않고, 컨트롤러를 대신하여 처리를 수행하는 방법에 대한 재량권이 있을 수 있다. 그러나 이 결과는 프로세서가 전체 처리를 담당하는 다른 당사자를 가리킬 수 있는 경우에만 가능하다.

유럽 법률에 따른 컨트롤러 역할의 정의에 대한 최초의 제안을 고려할 때, Opinion 1/2010은 '수단'이 개인정보를 처리하는 기술적 방법뿐만 아니라 처리 방법도 나타내고 있고, 이는 어떤 데이터가 처리되어야 하는지, 어떤 제3자가 이 데이터에 접근할 수 있는지, 그리고 데이터가 언제 삭제되어야 하는지에 대한 질문을 포함한다. 예를 들어, 클라우드 기반으로 고객 데이터베이스를 제공하는 업체는 컨트롤러에 서비스를 제공하는 것 이외의 목적으로 저장된 데이터를 사용하는지? 관계가 끝나면 컨트롤러가 고객 정보가 삭제된다는 보장은 무엇인지? 와 같은 질문들이 그것이다.

특정 기술적 및 조직적 결정을 프로세서에 위임할 수도 있다. 예를 들어, 프로세서는 사용할 소프트웨어 유형에 대해 조언할 수 있다. Opinion 1/2010에서는 '처리의 목적을 결정하는 것이 어쨌든 컨트롤로서의 자격을 촉발시키는 반면, 결정 수단이 본질적 요소에 관한 것이라면 통제 수단을 내포하게 될 것'이라고 계속 말하고 있다.

'수단의 핵심 요소'는 처리의 핵심에서 의사결정을 가리킨다. 컨트롤러는 목적 또는 수단의 결정에 대한 가장 중요한 결정을 직접 한다는 전제하에, 처리의 기술적 측면과 조직적 측면에 대한 결정을 프로세서에 위임할 수 있다. 물론 컨트롤러는 데이터 처리 목적을 달성하는 데 사용된 수단에 대해 완전히 알고 있어야 하지만, 더 중요한 것은 '처리의 적법성의 핵심에 필수적이고 실질적인 질문은 컨트롤러의 몫'이라는 것이다. 예를 들어, 데이터의 저장 기간을 결정하거나 어떤 다른 당사자가 데이터에 접근할지를 결정하는 것은 컨트롤러의 일이다.

프로세서의 개념

프로세서는 개인 데이터 처리에 보다 밀접하게 관여할 수 있지만, 컨트롤러에 대한 책임을 할당할 수 있는 권한은 없다. 경우에 따라 처리 메커니즘

(즉, 수단)은 서비스 제공 업체(예: 연금 계획 관리자 또는 인프라를 서비스로 제공하는 클라우드 제공 업체)에 의해 전적으로 결정될 수 있지만, 전체적으로 목적은 여전히 고객(컨트롤러)에 의해 결정된다.

프로세서의 정의

GDPR은 프로세서를 '컨트롤러를 대신하여 개인 데이터를 처리하는 자연인 또는 법인, 공공 기관, 에이전시 또는 기타 단체'로 정의한다.

따라서 사람이 데이터 프로세서가 되기 위해서는 2가지 기본 요소가 있어야 한다.

- 그 사람은 컨트롤러와 관련하여 별도의 법적 독립체일 것
- 그 사람은 컨트롤러를 대신하여 개인 데이터를 처리할 것

데이터 프로세서의 존재 여부는 처리 활동의 전부 또는 일부를 외부 조직이나 개인에게 위임하는 컨트롤러의 결정에 달려 있다. 프로세서의 역할은 조직의 '특정 상황에서의 구체적인 활동'에 기인한다.

컨트롤러는 기술적 또는 조직적 문제에 관한 한, 처리 수단 결정을 프로세서에 위임할 수 있다. 이 부분은 GDPR이 프로세서에 직접 부과한 의무에 반영된다. 그 의무는 보안, 기록 유지, 규정 위반 사실을 컨트롤러에 알리고 GDPR의 제5장에 설정된 국제 데이터 이전 제한을 준수하는지 확인하는 의무를 포함한다. 이것은 프로세서가 자신의 임무 수행 방식에 있어 종종 매우 넓은 재량권을 가지고 있음을 인식하지만, 이러한 의무는 모두 '방법'과 관련된다. 처리와 관련하여 합법적인 근거를 확보하고 데이터 주체의 권리를 존중하는 등 목적과 관련된 의무는 데이터 컨트롤러에만 부과된다.

이에 대한 더 깊은 인식은 제28조 (10)항에 있다. 명령의 범위를 넘어

처리의 핵심이나 처리의 핵심 수단을 결정하는(예: 연금 계획 관리자가 연금 계획 회원의 세부 정보를 사용하여 다른 금융 상품을 시장에 판매하기로 결정한 경우) 프로세서는 그 처리와 관련하여 컨트롤러로 간주되어야 한다. 이것은 GDPR에 따라 예상되는 프로세서의 의무 범위를 즉각적으로 증가시키고, 해당 활동에 대한 잠재적 책임을 증가시키기 때문에 중요하다.

GDPR에서는 프로세서가 컨트롤러의 지침에 대해서만 개인 데이터를 처리하고 컨트롤러와 프로세서 간의 관계를 규율하는 계약 또는 법적 구속력을 서면으로 작성해야 한다고 요구하고 있다. 계약서에는 데이터 처리의 성격과 목적, 개인 데이터 유형 및 데이터 주체 범주가 명시되어야 한다. 이전에 많은 클라우드 제공 업체가 자신의 플랫폼에서 호스팅되는 내용을 모르거나 관심이 없는 중립 플랫폼 제공 업체로 제시되었기 때문에, 유럽경제지역(EEA) 프로세서를 사용하는 컨트롤러가 이 요구 사항을 설명해야 할 수 있다. 제28조는 처리 계약서에 대한 상세한 내용을 정리하고 있으며, 프로세서의 의무를 다음과 같이 규정하고 있다.

- EEA 외부로의 데이터 이전을 포함하여, 컨트롤러의 문서화된 지침에 대해서만 개인 데이터를 처리할 것
- 개인정보를 처리하도록 허가된 사람이 기밀을 유지하는지 또는 적절한 기밀 유지 의무를 지는지 확인할 것
- 처리의 보안에 대해 제32조에 따른 모든 조치를 취할 것
- 다른 프로세서를 등록하는 조건을 존중할 것
- 데이터 주체의 권리 행사 요청에 응답하는 컨트롤러의 의무 이행을 위한 적절한 기술적 및 조직적 조치를 통해 컨트롤러를 지원할 것
- 처리의 본질을 고려하여 제32-36조(보안, 데이터 보호 영향 평가 및 위반 통지)의 의무를 준수하는 데 있어 컨트롤러를 보조할 것
- 컨트롤러의 선택에 따라, 데이터 처리 서비스 제공 종료 후 컨트롤러에

대한 모든 개인 데이터를 삭제하거나 반환할 것

- 제28조에 규정된 의무 준수를 입증하는 데 필요한 모든 정보를 컨트롤러에 게 제공하고, 조사를 포함하여 컨트롤러나 컨트롤러가 지명한 감사인이 수행하는 감사를 수용하고 기여할 것

서비스 제공 업체가 계약 조건을 준비한다는 사실 자체가 컨트롤러라는 것을 의미하지는 않는다.

현대 아웃소싱의 복잡한 구조는 컨트롤러가 두 개 이상의 프로세서로 처리 작업을 하청하거나 데이터 프로세서가 두 개 이상의 하청 업체("다층 하도급 계약자")에게 전적으로 또는 부분적으로 하청을 제공할 수 있음을 의미한다. 제28조는 다음을 요구함으로써 이 가능성을 규제한다.

I. 프로세서는 데이터 컨트롤러의 사전 승인 없이 다른 프로세서를 고용할 수 없다. 이 허가는 일반적이거나 구체적일 수 있다. 일반적인 경우, 프로세서는 컨트롤러에게 다른 프로세서의 추가 또는 교체를 거부할 기회를 주어야 한다.

ii. 첫 프로세서와 그 서브 프로세서 간의 계약은 위에서 규정된 필수 조항을 포함해야 한다.

iii. 첫 프로세서는 서브 프로세서의 수행에 대해서 컨트롤러에 대한 완전한 책임을 진다.

컨트롤러와 프로세서의 역할 구분 시 고려 요소

Opinion 1/2010은 당사자의 역할을 결정하는 데 도움이 되는 다음 기준을 제시한다.

- 프로세서가 수행할 수 있는 독립적인 판단의 정도를 결정하는 컨트롤러의 사전 지시 수준
- 컨트롤러에 의한 서비스 수행 모니터링: 컨트롤러에 의한 자세한 모니터링은 그것이 처리에 있어 완전하고 유일한 통제 하에 있다는 것을 의미한다.
- 개인에 대한 컨트롤러가 묘사하는 가시성/이미지와, 그러한 가시성을 바탕으로 한 개인의 기대치
- 당사자의 전문성: 고객의 서비스 제공자와 관련하여 서비스 제공 업체의 전문성이 높을수록 해당 서비스 제공자가 컨트롤러로 분류될 가능성이 커진다.

🔑 처리

|

처리는 GDPR에 의해 다음과 같이 정의된다.

> 자동화 여부를 불문하고, 수집, 기록, 조직, 구조화, 저장, 개조 또는 변경, 검색, 협의, 사용, 전송에 의한 공개, 유포 또는 이용 허용, 정렬 또는 조합, 제한, 삭제 또는 파기 등과 같이, 개인 데이터 또는 개인 데이터 집합에 대해 수행되는 모든 작업

이러한 광범위한 정의로 인해 GDPR에 정의된 '처리'에 미치지 않는 개인 데이터가 포함된 사용을 식별하기가 어렵다. 그러나 GDPR의 제2조 (1)항은 적용 범위를 정의함으로써 GDPR이 의미하는 개인 데이터 처리에 대한 제한을 설명한다. 제2조에 따르면 다음 조건이 GDPR에 적용되는 개인 데이터 처리에 적용되어야 한다. (1) 처리가 자동화된 방법으로 전체적 또는 부분적으로 수행되어야 한다. (2) 처리가 자동화된 수단이 아닌 경우,

파일 시스템의 일부를 구성하거나 파일 시스템의 일부를 구성하도록 의도된 개인 데이터와 관련되어야 한다. 파일링 시스템은 특정 기준에 따라 액세스 할 수 있는 개인 데이터의 구조화된 집합을 말한다.

🔑 데이터 주체

'데이터 주체'와 같은 핵심 개념이 자체적으로 정의되어 있지 않다는 것이 놀라울 수 있지만, 그렇게 놀랄 일은 아니다. 대신, 개인 데이터의 정의 내에서 부수적으로 정의되며, '식별되거나 식별 가능한 자연인'을 데이 터 주체로 간주한다.

Recital 14는 GDPR의 보호가 법인에까지 미치지 않는다는 것을 분명히 한다.

> GDPR에 의해 제공되는 보호는 그들의 개인정보 처리와 관련하여 자연 인에게 그들의 국적 또는 거주지에 관계없이 적용되어야 한다. 이 GDPR 은 법인과 관련된 개인 데이터 처리, 특히 법인의 이름 및 형식 및 법인의 연락처 세부 정보를 비롯하여 법인으로 설립된 것들을 다루지 않는다.

자연인으로서의 사망자는 데이터 주체가 될 수 있지만, 회원국이 이 분야에서 규칙을 제정할 수는 있음에도 불구하고, GDPR 자체는 고인의 개인 데이터에 적용되지 않는다. 다만 사망자의 의료관련 정보는 사망 이후에도 의료정보로 취급되어 관리된다.

🔑 결론

GDPR의 근본적인 개념을 알면 조직은 주어진 사례에서 GDPR의 대상이 되는지, 트랜잭션에서 어떤 역할(컨트롤러 또는 프로세서)을 하는지, GDPR 준수에 대한 추가 지침을 어디에서 찾을지 여부를 결정하는 데 도움이 된다.

GDPR의 지리적 및 물적 범위

GDPR이 국내에도 영향을 미치게 된 근거는 GDPR
의 지리적 범위를 역외 조직까지 설정하였기 때문이
다. 이 장에서는 GDPR의 지리적, 물적 범위와 그
법적 근거를 다룬다.

👤 서론

이 장은 아래 내용을 다룬다.

- GDPR의 지리적 범위: 즉 EU에서 설립된 기관에 대한 GDPR의 적용 및 역외에서의 적용 및 국제법에 의거한 적용
- GDPR의 물적 범위: GDPR은 광범위한 범위를 가지고 있지만, 적용되지 않는 유형의 처리가 있다(예: 가구 내 처리 또는 Regulation 45/2001과 같은 다른 EU 데이터 보호법에 의해 규제되는 처리. 이는 EU 기관의 개인 데이터 처리에 적용된다).

👤 지리적 범위

GDPR은 아래에 적용된다.

- EU에 설립된 조직
- EU 내 개인에게 제품이나 서비스를 판매하거나 또는 개인을 모니터하는 역외 조직

제3조 (1): EU에 '설립된' 컨트롤러 및 프로세서

① 설립의 개념
GDPR 제3조 (1)항은 다음과 같이 규정하고 있다.

처리가 EU 내에서 이루어지는지 여부와 상관없이, EU 내 컨트롤러 또는 프로세서 사업장의 활동과 관련하여 개인 데이터 처리에 적용된다.

그러므로, 첫 번째 질문은 조직이 제3조 (1)항의 의미 내에서 EU에 '사업장'을 가지고 있는지 여부이다.

GDPR에는 '사업장'에 대한 정의가 없다; 그러나 Recital 22에서는 이 용어에 넓은 의미를 부여한다.

사업장은 안정된 방식을 통해 효과적이고 실제적인 활동을 하는 것을 의미한다. 그러한 방식의 법적 형식은, 지점 또는 법인 성격을 가진 자회사를 통한 것이든 관계없이, 결정적인 요소는 아니다.

제29조 작업반(WP29)은 Opinion WP 179(2010년 채택되고 2015년 Costeja 이후에 업데이트 됨)에서 지리적 범위(Data Protection Directive 제4조 (1)항 (a)의 맥락 속이지만)를 고려했다. Opinion은 '사업장'의 개념이 유럽연합(CJEU) 판례법의 초기 재판을 반영한다고 언급했다. 이것은 '사업장'에 대한 광범위한 해석을 보여준다. 기준은 단지 기업이 조직되어 있는 곳이 아니라, 필요한 사람 및 기술적 리소스가 있는지 여부이지만, 단일 서버만 있다고 해서 이 조건이 온전히 충족된다고 보기는 어려울 것이다.

Directive에서 사용되었듯이 설립(Establishment)은 CJEU에 의해 웰티모(Weltimmo) 대 NAIH(Nemzeti Adatvédelmi és Információ-szabadság Hatóság, 헝가리의 데이터 보호 및 정보 자유 사무국) 사건에서 고려되었다. 웰티모는 슬로바키아에 설립되었고, 부동산 광고 웹 사이트를 운영했지만, 그 웹 사이트는 헝가리 시장이 목표였다(실제 헝가리 자산을 대상으로 헝가리어로 작성되었다). 광고 첫 달은 무료였지만 그 이후에는 유료였다. 헝가리의 개인들은 헝가리의 데이터 보호 당국(DPA)에 웰티모가 사이트에서 물건을 제거하라는 요청에 대응하지 않았기 때문에 개인들에게 요금이 부과되었다고 민원을 제기하였다. 헝가리 당국은 웰티모를 상대로 조치를 취했지만, 웰티모는 헝가리 법이 적용되지 않았으며 대신 슬로바키아 DPA의 일이 되어야 한다고 주장했다.

CJEU는 '사업장'이 법적인 형식에 의존해서는 안 되는 '광범위하고 유연한' 문구임을 확인했다. '회원국의 영토 내에서 안정된 방식을 통해 최소한의 것이라고 하더라도 실제의 유효한 활동'을 수행하는 경우 사업장이 된다. 한 명의 대리인으로도 사업장이 되기에 충분할 수 있다. 이 경우 웰티모는 슬로바키아에 등록된 법인임에도 불구하고 헝가리에 설립된 것으로 간주되었다. CJEU가 결정을 내리는 데 고려한 관련 요소들은 다음과 같다.

- 웰티모의 웹 사이트는 헝가리에서 주로 또는 전체적으로 운영되었다(이는 헝가리에 소재하고 헝가리어로 작성된 부동산과 관련된 사실에서 알 수 있다)
- 웰티모는 헝가리에 행정 및 사법 절차에서 웰티모를 대리하는 대표자를 두었다
- 웰티모는 채무 회복을 위해 헝가리에 은행계좌를 개설했다
- 웰티모는 일상 업무를 관리하기 위해 헝가리에서 편지함을 사용했다
- 그러나 데이터 주체의 국적은 관련이 없다

② 활동의 맥락

두 번째 질문은 문제가 되는 개인 데이터의 처리가 사업장의 '활동의 맥락에서' 수행되는지 여부이다. 이 경우 GDPR은 '처리가 EU에서 이루어지는지 여부와 관계없이' 적용된다.

Google Spain SL 대 AEPD(Agencia Española de Protección de Datos, 스페인의 데이터 보호 기관) 소송에서 CJEU는 데이터 보호 지침

(Directive)의 목적이 자연인의 기본적인 권리와 자유, 특히 사생활에 대한 권리를 효과적으로 보호를 보장하는 것임을 고려하면, Directive에서 '활동의 맥락에서'라는 문구를 제한적으로 해석해서는 안 된다고 판결하였다.

이 소송에서, 자신의 이름에 대한 검색에 대한 응답으로 그에 관련된 정보를 구글이 표시하지 않기를 요구했던 스페인 시민의 요청과 관련하여, 스페인에서 Google Inc.를 대신하여 광고 공간을 홍보하고 판매를 했던 Google Spain SL의 활동은 Directive 제4조 (1)항 (a)를 충족시키기에 충분했다. Google Spain SL 자체가 검색 엔진의 기능과 관련이 없으며 데이터의 실제 처리에도 관련이 없음에도 불구하고 마찬가지이다. CJEU는 Google Spain SL의 활동과 검색 엔진의 데이터 처리 활동 사이에 충분한 연결이 있다고 다음과 같이 판결했다.

> … 스페인에서의 … 활동은 광고 공간과 관련된 활동이 검색 엔진을 구현하는 수단을 구성하기 때문에 불가분하게 연결되어 있다… 경제적으로 이득이 있으며 엔진은 동시에 이러한 활동을 수행할 수 있는 수단이다.

WP29의 업데이트된 Opinion WP 179는 이 '불가분의 연결' 개념을 고려한다. WP29는 너무 확장해서는 안 된다는 점을 지적한다. 같은 회사 그룹에 속해 있다는 것은 독립체 간에 '불가분의 연결 고리가 있음을 입증하는 데 충분하지 않다.

반대로, WP29는 그 결정이 검색 컨텍스트에만 국한되지는 않는다고 말한다. 홍보 또는 광고/마케팅 판매, 또는 EU의 개인을 대상으로 하는 EU 영업 사무소가 있는 조직은, 제3조 (1)항의 적용을 받는다. 그들은 EU 사무소를 두고 멤버십 요금 또는 가입으로 돈을 내는 EU 서비스를 내놓은 해외 회사들에도 확장될 수 있음을 시사한다.

③ 프로세서

Directive의 제4조 (1)항 (a)는 각 회원국이 컨트롤러 활동의 맥락에서 수행된 개인정보 처리에 회원국의 법을 적용하도록 요구했다. GDPR 제3조 (1)항은 EU 내 컨트롤러 또는 프로세서의 사업장의 활동의 맥락에서 개인 정보 처리에 적용된다. 앞서 언급했듯이, GDPR은 EU에서 처리가 이루어 지는지에 따라서도 적용된다.

앞서 언급하였듯이, GDPR의 모든 조항이 프로세서에 적용되는 것은 아니다. 그러나 이 조항의 효과는 여전히 매우 광범위하며 데이터 컨트롤러, 데이터 주체 및 데이터 처리가 모두 EU 외부에 위치/발생하고 있음에도 불구하고, 데이터 프로세서가 EU 사업장을 가지고 있는 데이터 처리에 적용되는 것으로 보인다. 예를 들어, 독일에 본사를 두고 있는 IT 서비스 회사는 전 세계 고객과 글로벌 서비스 계약을 체결하여 직원 데이터 처리 서비스를 제공할 수 있다. 독일 측이 글로벌 계약을 체결한 경우, 계약에 따라 수행된 모든 절차는 '독일 측 기업 활동'의 맥락에서 수행되는 것으로 보인다. 독일 기업이 미국 고객과 미국 직원 데이터 처리를 위한 계약을 체결했다고 가정해 보면, 이 데이터가 EU 데이터 보안 및 데이터 전송 규칙의 적용을 받는 것으로 볼 수 있다.

④ '활동의 맥락에서'는 여러 회원 국가 법 중 어느 것이 적용되어야 하는 지를 결정하기 위해 더 이상 명시적으로 사용되지 않음

Directive 제4조 (1)항 (a)는 '동일한 컨트롤러가 여러 국가의 영역에서 설립된 경우, 사업장들은 각각 지국의 법적 의무에 부합하도록 필요한 조치를 취해야 한다'고 서술한다. Opinion WP 179는 이 조항이, 처리가 사업장의 '활동의 맥락에서' 수행되어야 한다는 요구와 함께, 현지 사업장에 의한 처리가 현지 법률 또는 다른 사업장의 법률에도 구속될 수 있다는

것을 의미한다.

조직은 때로는 EU 사업장들 중 하나를 관련 컨트롤러로 임명하고, 그 회원국 법률이 적용되도록 EU 관련 처리는 이 사업장의 활동의 맥락에서 수행되고 있다고 주장해왔다.

이 규정은 GDPR에는 나타나지 않는다. GDPR은 보다 많은 조화를 달성할 것이므로, 이것과 일관성 메커니즘(2권 참조)은 회원국 간 접근 방식의 다양성을 줄여야 하며, 따라서 어느 회원국의 법이 우선해야 하는지를 결정하는 메커니즘의 필요성을 줄여야 한다. 그러나 GDPR은 여전히 회원국의 주요 차이를 허용하고 있다. 특히 GDPR의 제9장에 설명된 특수 처리 상황과 관련하여 뿐만 아니라 표현의 자유와 관련하여 Recital 153은 '그러한 면제 또는 감면이 회원국마다 다르면 해당 컨트롤러가 적용되는 회원국의 법이 적용되어야 한다'고 지적한다.

컨트롤러가 하나 이상의 회원국에서 설립된 경우, 법원과 DPA는 여전히 회원국의 법률이 적용되는지를 결정하기 위해 '컨트롤러의 사업장의 활동의 맥락'이라는 개념에 의존할 것이다. CJEU는 VKI 대 Amazon 소송에서 전자 상거래의 맥락에 이것을 고려했다. Amazon의 룩셈부르크 법인 회사는 그룹의 .de 웹 사이트를 관리하고 이러한 웹 사이트를 사용하여 소비자와 계약을 체결한다. 이 사이트는 오스트리아 소비자뿐만 아니라 독일 소비자도 사용한다. Amazon은 오스트리아에 없고 독일에 법인이 있다.

Amazon은 사이트와 관련된 개인 데이터 처리가 룩셈부르크 데이터 보호법(독일 또는 오스트리아 법이 아닌)의 적용을 받았다고 주장했다. CJEU은 회사가 회원 국가(여기서, 오스트리아)에서 액세스할 수 있는 웹 사이트를 가지고 있다는 사실은, 거기 '설립'되었다고 보기에 충분하지 않다고 확인했다. CJEU는 또한 처리가 특정 시설의 '활동의 맥락으로' 수행되는지 여부는 국가별 위탁 법정에 의해 결정되어야 하는 문제라고 언급했다.

이 경우 오스트리아 법원이 이 문제를 결정할 것이다. 처리가 Amazon의 룩셈부르크 또는 독일 법인의 활동의 맥락에서 수행되었다는 것을 주목해야 한다.

비 EU 회원국(제3조 (2)항)

제3조 (2)항은 아래와 같이 서술하고 있다.

> EU에 속하지 않은 컨트롤러 또는 프로세서에 의해 연방에 있는 데이터 주체의 개인 데이터 처리에 적용되며, 처리 활동은 다음과 관련된다:
> a. EU의 데이터 주체에 데이터 주체의 지불이 요구되는지 여부와 관계 없이 재화 또는 용역의 제공; 또는
> b. 그들의 행동이 EU 내에서 일어나는 한 그들의 행동에 대한 모니터 링

'EU에 속한 데이터 주체'가 어떻게 해석될지는 분명하지 않으며, EU 거주가 전제 조건이라고 가정하면 안 된다.

① EU 데이터 주체를 목표로 하기

제3조 (2)항 (a)에 따라, 비 EU 회원국은 EU 데이터 주체에 대한 상품 또는 서비스 제공과 관련하여 EU 데이터 주체에 관한 개인 데이터를 처리하는 GDPR의 적용을 받는다. 데이터 주체에 의한 지불은 요구되지 않는다.

Recital 23은 조직이, EU에 있는 데이터 주체에 대해 재화나 용역을 제공하는지 여부를 결정할 때 컨트롤러 또는 프로세서가 하나 이상의 연합 회원국의 데이터 주체에 서비스를 제공하는 것을 예상하는지 여부를 확인해야 한다. 개인의 경우와 달리, EU의 기업에 제품과 서비스를 제공하는

비 EU 기업이 제3조 (2)항 (a)의 범위에 속하는 것인지 명확하지 않다.

EU 내의 개인에게 우연히 판매하는 조직이 반드시 GDPR의 적용을 받지는 않을 것이다. '예상'은 어느 정도의 의도 또는 인식을 시사하며, '명백'은 이 의도에 대한 외부 증거가 있어야 한다는 것을 시사한다.

Recital 23은 이것을 시사하거나, 시사하지 않을 행동의 예를 제시한다. 유럽연합 내에서 웹 사이트에 대한 접근성만으로는 제3조 (2)항 (a)를 충족시키기에 충분하지 않으며, EU에서 접근할 수 있는 단순한 연락처 또는 컨트롤러의 본국과 동일한 언어를 사용하는 것이 아니다. 관련 요소는 다음과 같다.

- EU 언어의 사용
- EU 통화로 가격을 표시
- EU 언어로 주문을 할 수 있는 능력
- EU 사용자 또는 고객에 대한 언급

CJEU는 '민사 및 상사의 관할권'에 대한 Brussels I Regulation하에서 다른 맥락으로 언제 EU 회원국으로 '보내진' 것으로 간주되는지를 조사했다. 그 의견은 GDPR 제3조 (2)항 (a)의 해석을 도울 것으로 보인다.

Brussels I Regulation은 기업이 활동을 소비자 회원 국가로 보냈다면 기업이 소재한 회원국보다 소비자의 거주지 회원국의 판매자에 대한 소송을 할 수 있게 한다. CJEU에 따르면, 재화나 용역이 EU 회원국을 대상으로 하는지 여부를 고려할 때, 아래 사항을 고려해야 한다.

소비자와의 계약이 체결되기 전에, 해당 웹 사이트와 거래자(회사)의 전반적인 활동에서, 거래자(회사)가 해당 소비자의 소재지인 회원국을 포함하여 하나 이상의 회원국에 소재한 소비자와 거래하는 것을 고려하고

있는 것이 분명한지 여부

위에서 언급된 고려 사항 이외에도, CJEU가 EU 고객을 대상으로 하는 의도는 (1) 회원국 또는 회원국에 의해 이름으로 지정된 곳에서의 접근을 용이하게 하는 검색 엔진에 돈을 지불하는 것과 같은 '명백한' 증거. (2) 기타 요소로 보여질 수 있다. 가능하면 서로 결합하고 또한 다음을 포함하여 증명될 수 있다.

- 해당 활동(예: 관광 활동)의 '국제성'
- 국가 번호를 포함한 전화번호의 언급
- 거래자(회사)가 설립된 국가의 최상위 도메인 이름이 아닌 다른 최상위 도메인 이름 사용(예: .de 또는 .eu를 취득한 미국 단체)
- 회원국에서 서비스가 제공되는 장소까지의 '일정표'에 대한 설명
- '다양한 회원국에 거주하는 고객으로 구성된 국제 고객'에 대한 언급

이 목록은 완전한 것이 아니며 문제는 사례별로 결정되어야 한다.

② 행동 모니터링

EU 회원을 감시(즉, 프로파일링)하는 비 EU 조직은 모니터링되는 행동이 EU 내에서 발생하는 경우 GDPR의 적용을 받는다.

Recital 24에 따르면 '모니터링'에는 구체적으로 프로필을 작성하는 온라인 개인 추적이 포함된다. 특히 개인과 관련된 결정을 내리는 데 사용되거나, 개인적 취향, 행동 및 태도를 분석하거나 예측하는 데 사용된다. 다른 것들 중에, 전자 상거래 회사와 광고 기술 네트워크는 제3조 (2)항 (b)에 구속될 것이다.

Directive에 따르면, EU 데이터 주체를 타겟팅하지만 EU 사업장이 없는

조직이 개인 데이터를 처리하기 위해 EU에서 '장비'를 사용하는 경우 EU 규칙을 준수해야 한다. 이것은 관할권을 주장하는 국가 감독 당국이, 쿠키를 두거나 사용자에게 양식을 채우도록 요청하는 것이, Directive 제4조 (1)항 (c)의 해석 내에서 EU의 '장비'를 사용하는 것에 해당한다는 주장을 하게 되었다. 제3조 (2)항은 이제 '장비' 제한에 관계없이 비 EU 조직에 EU 법이 적용됨을 입증하는 것을 용이하게 한다.

국제 공법(제3조 (3)항)

제3조 (3)항은 'EU에 설립되어 있지 않지만 회원국 법이 국제 공법에 의해 적용되는 곳에서 개인정보 처리'에 GDPR이 적용될 것이라고 규정하고 있다.

제3조 (3)항은 국제 조약에 따라 GDPR이 적용되는 EU 회원국의 대사관/영사관 또는 항공기 및 선박을 다룬다. 일반적으로 대사관 및 영사관은 그들이 위치한 국가의 법률이 아니라 해당 국가의 법률에 따라야 한다. 상업 및 비즈니스 환경에서 데이터 컨트롤러에 대한 실질적인 중요성은 거의 없으므로 이 장에서 더 이상 검토하지 않는다.

🔩 GDPR의 물적 범위

특정 활동은 GDPR의 범위를 완전히 벗어난다.

EU 법의 범위를 벗어나는 사항(제2조 (2)항 (a) 및 제2조 (2)항 (b))

제2조 (2)항 (a)는 GDPR이 '연합법의 범위를 벗어나 활동하는 과정의' 개인정보 처리에 적용되지 않는다고 명시하고 있다. 여기에는 공공 보안,

국방 및 국가 보안과 관련된 처리 작업이 포함된다.

제2조 (2)항 (b)는 GDPR이 유럽연합 조약의 제목 5 제2장의 범위에 속하는 활동을 수행할 때 회원국에 의한 개인 데이터 처리에 적용되지 않는다고 명시하고 있다.

여기에는 EU의 일반적인 외무 및 안보 정책과 관련된 활동이 포함된다.

상업적 목적으로 처음 수집된 개인 데이터가 나중에 보안 목적으로 사용된 경우, 이러한 면제 조항에 해당될 수 있다.

가구 면제(제2조 (2)항 (c))

'순수한 개인 또는 가구 활동 과정에서 자연인'에 의한 데이터 처리도 면제된다. 예를 들어, 타인의 사생활에 우연히 관련되거나, 관련되더라도 개인적인 목적으로 사용되며 전문적 또는 사업적 활동과 관련이 없다는 조건하에 서신과 주소록을 소지하고 보유하는 활동이 포함된다. GDPR은 그러한 개인 또는 가구 활동에 대한 개인 데이터 처리 수단을 제공하는 컨트롤러 또는 프로세서에 적용된다.

Directive의 상응하는 면책 조항의 연장선상에서, GDPR의 Recital 18은 사회적 및 가구 내 목적의 소셜 네트워킹 및 온라인 활동은 제2조 (2)항 (c)에서 다룬다고 언급한다.

이는 Directive 제3조 (2)항에서 동등한 면제에 대한 CJEU 판례법의 확대 가능성을 의미한다. 린드크비스트(Lindqvist) 사건에서, CJEU는 그녀의 교구 교회에서 자발적으로 일한 개인에 관한 정보를 그녀의 개인 웹 사이트에 게시한 린드크비스트 여사가 가구(household) 면제를 받았는지 여부를 고려했다. CJEU는, 면제가 개인의 개인 또는 가족생활 과정에서 수행된 활동에 국한되어 있기 때문에, 린드크비스트 여사는 제3조 (2)의 적용을 받을 수 없다고 판결했다. 그러한 데이터는 무한한 수의 "사람"에게 접근 가능하도록 만들어 인터넷에 공개 처리가 되는 경우는 적용되지 않는다.

이는 사적 개인이 수행하는 데이터 처리의 유형이 Directive가 채택될 당시의 데이터 처리 유형과 거의 관계가 없어진 기술의 변화를 감안할 때, 이러한 면제 조항에 대한 제한적 해석은 WP29가 '범위가 비현실적으로 좁다'는 비판을 받았다.

Recital 18의 소셜 네트워킹 및 온라인 활동에 대한 언급이 GDPR의 면제를 확대할 것인지는 명확하지 않다. 특히 제2조 (3)항의 표현 자체가 Directive에서 변경되지 않았고, 좁은 그룹의 친구들과 비교하여 전 세계에 정보를 공개하는 것이 면제의 적용 가능성에 영향을 미칠 수 있다고 WP29 가 지적하고 있기 때문이다.

Ryneš 사건에서, 다른 맥락으로 CJEU는 Directive의 제3조 (2)항의 가구 면제가 좁게 해석되어야 한다고 판결했다. 이 사건은 집 밖 인도의 이미지를 캡처한 개인 주택에 대한 보안 카메라의 사용이 관련된 경우이다. 이 경우, CJEU의 견해로는 가정용 폐쇄 회로 텔레비전(CCTV)의 목적을 위한 개인 데이터의 처리는 서신과 주소록의 유지와는 달리 '순전히' 개인적 또는 가구적 활동이 아니라는 것이다.

형사처벌의 방지, 탐지 및 기소(제2조 (2)항 (d))

GDPR의 제2조 (2)항 (d)는 형사 범죄의 예방, 조사, 탐지 또는 기소 또는 형사처벌을 집행하기 위한 목적으로 사용하는 관할 당국의 개인정보 처리를 면제한다. 이는 공공 보안에 대한 위협에 대한 예방 및 보호조치를 포함한다.

이 면제로 인해 발생하는 입법상의 차이는 법 집행 데이터 보호 지침

(LEDP Directive)에 의해 채워지며, 이는 GDPR과 동시에 발효되었다.

LEDP Directive은 GDPR에 포함되지 않은 형사 범죄 및 관련 사법 활동의 예방, 탐지, 조사 또는 기소를 목적으로 처리된 개인 데이터와 관련된다. LEDP Directive은 관할 당국에 적용된다. '권한 있는 당국'은 다음과 같이 정의된다.

a. 공공 보안에 대한 위협에 대한 예방 및 보호조치를 포함하여, 형사 범죄의 예방, 조사, 탐지, 기소 또는 형사처벌 집행을 관할하는 공공 기관. 또는

b. 공공 보안에 대한 위협에 대한 예방 및 보호조치를 포함하여, 형사 범죄의 예방, 조사, 탐지, 기소 또는 형사처벌 집행을 목적으로 회원국 법률에 의해 공공의 권위와 공권력을 행사하도록 위임된 기타 단체 또는 독립체.

이 정의에는 예를 들어 경찰, 기소 당국, 법원 및 가해자 지원 서비스가 포함된다.

주무관청이 LEDP Directive의 목적 이외의 목적으로 개인 데이터를 처리하는 경우, 유럽연합법의 범위를 벗어나는 활동(예: 국가 안보)에 따라 처리가 수행되지 않는 한, GDPR이 적용된다. 감독관청은, 서로 다른 목적을 위해 처리되는 동일한 데이터에 대한 경우를 포함하여, GDPR과 LEDP Directive 둘 다의 대상이 될 수 있다.

반면, 관할 당국이 LEDP Directive의 적용을 받지 않는 단체에 데이터를 이전하거나 감독관청이 LEDP Directive을 벗어나는 목적으로 다른 감독관청에 데이터를 이전하는 경우는 GDPR이 적용된다.

마찬가지로 LEDP Directive의 범위 내에서 권한 있는 기관을 대신하여 개인 데이터를 처리하는 프로세서는 LEDP Directive에 따라 프로세서에

적용되는 조항에 구속되지만, LEDP의 범위를 벗어나는 활동에 대한 처리는 GDPR이 적용된다. 프로세서가 고객을 위해 처리할 때, 그들이 적용 입법하는 프레임워크를 확인하기 위해 LEDP Directive의 의미 내에서 누가 감독 관청인지 식별하는 것이 중요하다.

EU 기구 (제2조 (3)항)

EU 기관, 단체, 기관 및 에이전시는 GDPR의 적용을 받지 않는다. 그러나 공동체 기관 및 단체의 개인 데이터 처리와 관련하여 개인 보호에 관한 GDPR 45/2001/EC는 계속 적용될 것이다.

GDPR No 45/2001은 GDPR에 비추어 일관성을 유지하기 위해 업데이트되어야 한다.

ePrivacy Directive와의 관계

GDPR 제95조에는 다음과 같이 명시되어 있다.

> GDPR은 Directive 2002/58/EC에 명시된 동일한 목적을 가진 특정 의무에 관련된 문제에 대해서, EU의 공공 통신 네트워크에서 공개적으로 이용 가능한 전자 통신 서비스의 제공과 관련하여 자연인 또는 법인에게 처리와 관련하여 추가 의무를 부과해서는 안 된다.

GDPR은 ePrivacy Directive의 해석에 여전히 영향을 미칠 수 있다. 예를 들어, ePrivacy Directive는 Data Protection Directive를 참조하여 '동의'를 정의하였고, 나중에 2018년 5월 25일부터 GDPR을 참조하여 대체되었다. 따라서 ePrivacy Directive에 따른 직접 마케팅 활동에 대한 동의는

GDPR에 따른 보다 엄격한 동의 요구 사항을 준수해야 할 수 있다. GDPR의 제95조는 ePrivacy Directive가 동의의 증거에 대한 유효성 요구사항을 언급하지 않는다는 것에 기반한 결과를 예방하지 않는 것으로 보인다.

Recital 173은 'GDPR이 채택되면, GDPR과의 일관성을 유지하기 위해 Directive 2002/58/EC를 특히 검토해야 한다'고 명시하고 있다. 유럽연합 집행위원회('Commission')는 영토 범위, 데이터 위반 통지 및 책임 및 제재와 관련하여, 두 법률 문서 간에 중대한 차이점과 중복되는 부분이 있으므로 ePrivacy Directive와 GDPR 간에 완전한 일관성을 유지하는 것을 목표로 한다. 집행위원회는 2016년 4월에 ePrivacy Directive에 대한 평가 및 검토에 대한 공개 협의를 시작했으며, 2017년 1월 10일에 ePrivacy Directive를 대체하기 위한 GDPR에 대한 제안서를 발표했다.

전자 상거래 지침과의 관계

GDPR은 E-Commerce Directive 2000/31/EC의 규칙을 침해하지 않아야 한다고 서술하고 있다. 이 Directive는 특히 '중개 서비스 제공자'의 책임에 관한 것으로, 그들이 단순히 호스팅하고 캐싱을 하거나, 단지 "단순한 도관"의 역할을 했다는 측면에서 금전적 형사적 책임을 제한해야 한다고 주장한다. E-Commerce Directive는 개인 데이터 처리와 관련된 문제가 관련 데이터 보호법에 의해 그 범위에서 배제되고 '유일하게 통제'됨을 명시하고 있으므로, E-Commerce Directive와의 관계는 간단하지 않다.

GDPR 및 E-Commerce Directive는 사용자의 행동에 대한 인터넷 서비스 공급자(ISP)의 책임이 E-Commerce Directive에 의해 결정되고 개인 데이터의 사용에 관련하여 ISP가 지우거나 수정해야 할 의무와 같은 다른 문제들은 GDPR에 의해 통제될 것이라고 가정하면 일관되게 해석할 수 있다. 그러나 그럼에도 불구하고 여전히 불분명한 점은 남아 있다.

♟ 결론

GDPR은 광범위한 지리적 및 물적 범위를 가지고 있다. Directive의 관할권에 속하지 않은 많은 조직은 그들의 처리 활동이 EU 시민들에게 국한되지 않는 상품이나 서비스를, EU 데이터 주체에 대해 제공하는 경우, 그 처리 활동이 GDPR의 적용을 받게 될 것이다. GDPR이 Directive보다 더 명확하게 물적 범위를 제한하려고 시도하지만, 다음 장에서 논의되는 바와 같이, 많은 경우의 처리 활동이 GDPR에 해당된다.

데이터 처리 원칙

이 장에서는 GDPR에 기반한 개인정보보호 실무를
할 때 가장 자주 접하게 될 데이터 처리 원칙을 알아
본다.

🔑 서론

데이터 처리 원칙은 이전의 국제 및 유럽 데이터 보호 법률 문서에서 파생되었고 그에 포함되어 있다. 개인정보 자동 처리와 관련된 개인 보호 협약('Convention 108')은 데이터 보호 원칙을 규정한 최초의 국제법적 구속력 있는 문서이다. 유럽의 관점에서, 데이터 보호 지침('Directive')은 기본적인 데이터 보호 원칙을 통합했다.

GDPR에서 해당 원칙이 제5조에 명시적으로 나열되어 있고, 다음을 포함한다.

- 합법성, 공정성 및 투명성
- 목적 제한
- 데이터 최소화
- 정확성
- 저장 제한
- 무결성 및 기밀성

GDPR은 Directive에 포함된 기존 기본 원칙을 재정의하고 보강한다. GDPR은 또한 책임성 원칙을 명시적으로 추가하고 위에서 언급한 원칙을 준수함을 입증하기 위해 데이터 컨트롤러의 의무를 규정함으로써 그들을 강화시킨다.

👤 합법성, 공정성 및 투명성

GDPR에 따라, 개인 데이터는 합법적으로, 공정하게 그리고 데이터 주체와 관련하여 투명한 방식으로 처리되어야 한다. 즉, 개인정보는 합법적 근거가 존재하고, 수집 및 사용되는 개인 데이터가 그 개인에 대해 공정하고 투명한 방법으로 수행되는 경우에만 처리되어야 한다.

합법성

합법성이란 데이터 컨트롤러가 데이터 처리를 위한 법적 근거가 있는 경우에만 개인 데이터를 처리해야 함을 의미한다. 따라서 합법성은 해당 법률의 범위 내에서 데이터 처리가 허용되고 수행되도록 요구한다. 여기에는 데이터 보호법뿐만 아니라, 고용, 경쟁, 건강, 세금 또는 특정 경우에 따라 일반적인 공공의 이익 목적과 같은 다른 영역을 다루는 기타 적용 가능한 규칙 및 강령이 포함될 수 있다.

요컨대, 합법적인 데이터 처리를 위해서는 특정 상황에서 적용 가능한 모든 법률과 일관되어야 한다.

GDPR에 따라, 적용 가능한 데이터 보호법과 관련, 다음과 같은 법적 근거 중 하나가 충족된 경우에만 개인정보의 처리가 합법적인 것으로 간주된다.

a. 동의: 데이터 주체는 하나 이상의 특정 목적을 위해 자신의 개인 데이터를 처리하는 데 동의한 경우
b. 계약 이행: 데이터 주체가 당사자인 계약의 수행 또는 계약 체결 전에 데이터 주체의 요청에 따라 조치를 취하기 위해 처리가 필요한 경우
c. 법적 의무: 처리가 컨트롤러가 법적 의무를 이행하는 데 필요한 경우

d. 개인의 필수 이익: 데이터 주체 또는 다른 자연인의 필수적인 이익을 보호하기 위해 처리가 필요한 경우

e. 공공의 이익: 공공의 이익을 위해 또는 컨트롤러에게 부여된 공식 권한 행사에서 수행된 업무 수행을 위해 처리가 필요한 경우

f. 합법적 이익: 컨트롤러 또는 제3자에 의해 추구된 정당한 이익의 목적을 위해 처리가 필요한 경우. 단, 개인 데이터의 보호를 요구하는 데이터 주체의 이해관계 또는 기본적 권리와 자유가 그러한 이익에 우선하는 경우, 특히 데이터 주체가 아동인 경우는 제외한다. 제1호 (f)항은 공공 기관이 업무를 수행함에 있어 수행된 처리에 적용되지 않는다.

EU 내에서의 조화를 추구하기 위해 GDPR은 개인의 권리와 자유에 대한 높은 수준의 보호를 규정한다. 이 경우 위에서 언급한 법적 기준을 규정하고 각 기준과 관련하여 충족 되어야 하는 특정 최소 요구 사항을 포함한다. 그러나 회원국은 특정 상황에서 시행을 구체적으로 규정하기 위해 GDPR과 일치하는 범위 내에서 국가 법률을 도입하거나 보존할 권리를 여전히 보유하고 있다. 사실 GDPR은 특정 처리 상황에서 합법적이고 공정한 개인 데이터 처리를 보장하기 위해, 보다 구체적인 법적 요구 사항을 결정할 권리를 회원국에 부여한다(예: 고용주-직원 관계, 회원국이 미성년자를 정의할 수 있게 함; 유전적 또는 생체 인식 데이터, 통계적, 역사적 또는 과학적 목적의 데이터의 보호).

GDPR에 따른 각각의 합법적 처리 기준에 대한 자세한 분석은 뒤에서 다루기로 한다.

공정성

합법적인 것 외에도 개인정보 처리는 공정해야 한다. 처리의 공정성은

데이터 주체가 데이터 수집, 보관 및 사용 방법을 포함하여 개인 데이터가 처리된다는 사실을 알고 있어야 하고, 그들로 하여금 그러한 처리에 동의하며 그들의 데이터 보호 권리를 행사할 수 있도록 정보에 근거한 결정을 내릴 수 있어야 한다는 것이다.

그러나 어떤 경우에는 처리가 법률에 의해 자동으로 허용되므로 데이터 주체의 지식이나 선호도에 관계없이 공정한 것으로 간주된다. 예를 들어, 개인 데이터가 세무 당국이 직원의 임금에 대한 세부 정보를 제공해야 하는 법적 의무가 있는 고용주로부터 얻은 것이라면, 직원이 동의하거나 또는 이를 알고 있는지 여부와 무관하게, 공정히 얻어진 것이다.

또한 공정성은 처리가 데이터 주체에 미치는 영향에 대한 평가를 요구한다. 처리가 개인에게 부정적인 영향을 미치고 그러한 손해가 정당화할 수 없다면, 그 처리는 불공정한 것으로 판단한다. 예를 들어, 여행사는 사용자가 여행사 웹 사이트를 탐색하는 동안 행동 데이터를 수집하고 처리할 수 있다. 이 회사는 쿠키 또는 기타 추적 기술을 사용하여 비행기 티켓과 호텔을 검색하는 동안 사용자의 선호도를 분석한다. 특정 휴일에 대한 가격 결정에 대한 자동 결정을 하도록 시스템이 프로그래밍되어 있고 동일한 개인이 웹 사이트를 여러 번 방문하여 특정 목적지에 대한 정보를 검색한 경우 해당 정보를 기반으로 가격을 인상하는 것은 불공정 처리로 간주될 수 있다.

대조적으로, 처리가 개인에게 부정적인 영향을 미치지만 그러한 손해가 정당화될 때에는 다른 상황이 발생할 수 있다. 이 경우 처리는 공정한 것으로 간주된다. 예를 들어, 속도 제한을 초과하여 운전하는 개인의 경찰관이 개인 데이터를 수집할 수 있으며 이전에 과속을 위해 여러 번 벌금을 부과했다. 개인 데이터의 처리는 데이터 처리가 첫 번째 과속 벌금을 받은 운전자와 비교하여 속도위반 벌금을 부과할 가능성이 높으므로 운전자에게 해가 된다. 그러나 이 경우 데이터 처리는 지역 규칙에 따라 정당화될 수 있으므로 공정한 것으로 간주된다.

공정한 처리를 보장하려면 데이터 컨트롤러가 사례의 모든 상황을 고려해야 하며 충분한 정보를 제공하고 적절한 메커니즘을 구현함으로써 투명해야 한다. 처리가 달리 정당화되지 않는다면, 이러한 메커니즘을 통해 개인은 정보에 입각한 결정을 내리고 선택과 권리를 행사할 수 있다.

투명성

공정성과 직접적으로 관련이 있는 투명성 원칙은 개인 데이터를 처리할 때 컨트롤러가 데이터 주체에 대해 공개적이고 명확해야 한다는 것을 의미한다.

중요한 것은 GDPR은 DPA에 개인정보 처리를 통보하는 것이 개인정보 보호에 반드시 기여하지는 않는다는 사실을 근거로 Directive의 일반적인 통지의 의무를 제거한다. Recital 89는 무차별적인 일반 통지 의무가 폐지되어야 하며, 그러한 형태의 처리 그 특성, 범위, 문맥 및 목적으로 인해 자연인의 권리와 자유에 높은 위험을 초래할 수 있는 처리 형태에 초점을 맞추는 효과적인 절차와 메커니즘으로 대체되어야 한다고 설명한다.

GDPR은 데이터 주체에게 개인 데이터 처리 방법을 알리는 것을 촉진한다. 충분한 정보량은 특정 상황에 따라 달라질 것이다. 이와 관련하여 GDPR은 데이터가 데이터 주체 또는 다른 출처로부터 직접 획득되는지 여부를 고려하여 데이터 컨트롤러가 제공할 것으로 예상되는 최소한의 정보를 규정한다.

정보 제공 요구 사항에 대한 자세한 분석은 2권에서 자세히 설명한다.

GDPR은 데이터 주체가 데이터를 직접 얻은 경우 및 데이터 주체가 이미 정보를 알고 있는 경우, 데이터 컨트롤러의 의무를 면제한다. 또한,

GDPR은 개인정보가 다른 소스에서 수집되었을 때 다음과 같은 경우에 정보를 제공할 의무로부터 면제된다.

- 정보 제공이 불균형한 노력이 필요하거나 불가능하다고 여겨지는 경우
- 공개가 관련 법률에 의해 명시적으로 규제되고, 데이터 주체의 합법적인 이익을 보호하기 위한 경우
- 데이터 컨트롤러가 적용되는 법률에 의해 규제되고, 정보의 기밀 유지를 하기 위한 경우

투명성은 또한 적시에 정보가 제공될 것을 요구한다. 개인 데이터가 데이터 주체로부터 직접 획득되는 경우, 수집 시 해당 정보를 사용할 수 있어야 한다. 그러나 다른 출처에서 개인정보가 수집된 경우, GDPR은 해당 정보가 제공되어야 하는 기간을 규정하고 있다.

또한 GDPR은 정보가 명확하고 간결하며 이해하기 쉽고 접근 가능한 방식으로 제공되어야 한다고 요구하고 있다.

컨트롤러는 명확하고 쉽게 접근할 수 있는 정보를 제공하기 위해 다음과 같은 상황을 고려하여, 데이터 주체에 대해 이 정보를 사용할 수 있도록 가장 편리한 도구 또는 방법을 고려해야 한다. 여기에는 처리할 데이터 유형, 개인 데이터 수집 방식, 정보가 데이터 주체 또는 다른 출처로부터 직접 얻어지는지 여부도 포함된다. 좀 더 실용적인 지침은 다음과 같다.

- 처리 과정에서 아동의 개인 데이터가 포함될 때, GDPR은 아동이 이해할 수 있도록 의사소통 또는 정보가 간단하고 평이한 언어로 작성되어야 할 필요성을 강조한다.
- 정보가 예를 들어 신체검사의 맥락에서 얻어진 경우, 의사는 평이한 언어를 사용하여 환자에게 알려야 한다(예, 별도의 설명이 되지 않는다면, 의사가

아닌 개인이 이해할 수 없는 과학적 또는 의학적 용어가 포함되면 안 된다). 그러한 정보는 검사가 수행되기 전에 제공되어야 한다.

- 디지털 환경에서 개인정보 알림은 개인에게 알리기 위해 널리 사용된다. 길이가 긴 법적 텍스트 대신, 짧고 특수한 개인정보 보호 고지를 사용하는 것이 권장되고 모범 사례로 간주된다.

GDPR은 간결하고 명확한 방법으로 개인에게 알리기 위한 대안 수단으로 시각적 및 표준화된 아이콘 또는 기호의 사용을 장려한다.

🗝 목적 제한

|

목적 제한은 추가 처리가 개인 데이터가 원래 수집된 목적과 호환되지 않는 것으로 간주되지 않는 한, 특정되고, 명백하고 합법적인 목적을 달성하기 위해서만 개인 데이터를 수집 및 처리하고, 그러한 목적을 넘어서는 개인 데이터를 처리하지 않아야 함을 의미한다.

따라서 데이터 컨트롤러는 먼저 개인 데이터가 처리되는 특정 목적을 식별해야 한다. 이러한 목적은 데이터 컨트롤러가 개인 데이터를 수집하여 사용해야 하는 경계가 된다. 2차 처리는 그러한 처리가 개인 데이터가 수집된 본래 목적과 양립할 때만 합법적으로 수행될 수 있다.

통계적 목적, 공익, 과학적 또는 역사적 연구 목적을 위해 개인 데이터를 사용하는 것은, 그러한 처리가 특정 처리를 규제하는 EU 또는 회원국의 법률에 의해 설정된 제한 범위 내에서 이루어지는 한, 호환 가능한 것으로 간주된다.

그러나 2차 또는 추가 데이터 처리가 이러한 목적과 관련이 없는 경우, 컨트롤러가 데이터의 2차적 사용이 원래의 목적과 양립할 수 있는지 평가하기 위해 GDPR에서는 다음과 같이 명시한다: '··· 컨트롤러는 원래 처리의 적법성에 대한 모든 요구 사항을 충족한 후, 특히 다음을 고려해야 한다.'

- 그 목적과 의도된 추가 처리의 목적 사이의 연결성
- 개인정보가 수집된 배경, 특히 추후 사용과 관련하여 컨트롤러와의 관계에 근거한 데이터 주체의 합리적인 기대와 부합하는지
- 개인정보의 성격
- 데이터 주체에 대한 의도된 추가 처리의 결과
- 원래의 처리 작업과 의도된 추가 처리 작업 모두에서 적절한 안전장치의 존재

위의 모든 조건이 충족되고 처리가 호환 가능하다고 판단되면, 원래 수집 및 개인 데이터의 사용을 허용한 것 외에 다른 별도의 법적 근거가 필요하지 않다. 그러나 처리가 호환되지 않는 것으로 간주되면 별도의 법적 근거가 필요하다(예: 새로운 목적을 위해 데이터 처리를 시작하기 전에 데이터 주체의 동의를 받기).

다음 예는 실제적인 경우와 관련하여 목적이 호환 가능하거나 호환되지 않는 것으로 간주될 수 있음을 명확히 하는 데 도움이 될 수 있다.

- 데이터 컨트롤러는 피트니스 모바일 애플리케이션에 연결된 서비스를 제공하기 위해 개인 데이터를 수집하고 처리할 수 있다. 데이터 처리의 특정 목적은 개인 데이터를 분석하여 사용자에게 맞춤 피트니스 그룹을 권장하는 것이다. 이러한 모바일 응용 프로그램의 기술적 오류를 식별하기 위한 개인 데이터의 추가 처리는 적합한 것으로 간주된다. 피트니스 모바일 응용 프로그램의 효율성을 향상시키는 것이 원래의 목적과 관련되어 있기 때문이다. 또한, 회사가 피트니스 앱의 기술적 능력을 향상시키기를

원할 수도 있다는 사실을 사용자가 합리적으로 기대할 수 있다.

- 약물 투약에서 당뇨병 환자를 돕기 위해 혈당 농도 수준을 모니터링 할 수 있는 앱이 개발되어 제공된다. 이 앱에는 당뇨병 치료제를 판매하는 회사와 개인정보를 공유할 수 있는 기능이 있다. 당뇨병 치료제의 홍보 및 상용화는 당초의 목적(환자가 언제 약을 복용해야 하는지 평가하기 위해 혈당 농도를 모니터링하는 것)과 부합되지 않는다.
- 건강 전문가는 환자의 건강 상태를 평가하고 치료할 수 있는 개인 데이터를 수집한다. 보험 회사가 서비스(예: 생명 보험 또는 건강 보험)를 제공할 수 있도록 환자 목록을 보험 회사와 공유하는 것은 개인정보가 수집된 본래의 목적과 양립할 수 없는 것으로 간주된다.

결론적으로 컨트롤러는 개인 데이터를 수집하는 특정 목적을 식별해야 한다. 추가 처리가 이루어지면 컨트롤러는 개인 데이터가 원본 수집 목적에 부합하는지 여부를 확인해야 한다. 만약 부합한다면, 별도의 법적 근거가 필요하지 않다.

그러나 2차적인 목적이 원래의 목적과 부합하지 않을 때, 컨트롤러는 데이터 주체에게 적절히 알리고 (1) 새로운 목적과 관련하여 별도의 동의를 얻거나 (2) 처리를 정당화하기 위해 이용 가능한 다른 법률 기준 중 하나를 만족해야 한다.

🔧 데이터 최소화

데이터 최소화의 원칙은 데이터 컨트롤러가 처리 목적을 달성하기 위해, 관련 있고 필요하며 적절한 개인 데이터만 수집하고 처리해야 한다는 것을 의미한다.

European Data Protection Supervisor의 말에 따르면 '…데이터 최소화는 데이터 컨트롤러가 개인정보 수집을 특정 목적을 달성하기 위해 직접적으로 관련되고 필요한 것으로 제한해야 한다는 것을 의미한다. … 데이터 컨트롤러는 실제로 필요한 개인 데이터만 수집해야 한다'.

이 원칙을 실제로 구현하려면 개인 데이터 처리의 필요성과 비례성이라는 2가지 개념을 적용해야 한다.

필요성

컨트롤러는 특정 목적을 달성하기 위해 수집할 개인 데이터가 적합하고 합당한지 여부를 평가해야 한다. 개인정보가 목적을 달성하는 데 필요한 성격을 띠는 경우 적합하다고 판단된다. 개인정보의 성격이나 양이, 목적과 관련하여 비례하는 경우 적절한 것으로 간주된다.

익명 데이터를 사용하여 특정 목적을 달성할 수 있는지 여부를 확인하는 것은 데이터 최소화 평가에서 유용한 출발점이 될 수 있다. 컨트롤러는 모든 고유한 식별자를 제거한 익명 데이터를 처리하여 목적을 달성할 수 있는지 여부를 평가해야 한다.[12]

또한 만약 특정 데이터 필드를 처리(예: 일반 연령(또는 25~35 같은 연령대)으로도 앱이 제대로 동작하는 데 충분한 경우)에서 제외하여 이러한 목적이 달성될 수 있는 경우, 목적과 관련하여 데이터가 과도하고 불필요하다고 할 것이다.

---

[12] 익명 데이터는 모든 고유 식별자가 완전히 제거된 개인정보이다. 따라서 별도의 매칭 테이블이 존재하는 한, 가명의 데이터는 익명으로 간주되어서는 안 된다. 유럽법에 따라 개인정보를 익명으로 처리하는 방법에 대한 자세한 내용은 2014년 4월 10일 채택된 익명화 기술에 대한 WP 216 Opinion 05/2014를 참조하면 도움이 된다.

비례성

비례 면에서 컨트롤러는 수집할 데이터의 양을 고려해야 한다. 예를 들어, 컨트롤러가 달성하고자 하는 목적과 관련하여 과도하게 많은 양의 데이터를 어떤 제한도 없이 수집하는 것은 불균형한 것으로 간주된다. 그러므로 '모든 것을 저장'하는 접근법은 데이터 최소화 원칙을 위반한 것으로 간주될 수 있다.

타당성을 평가하기 위해, 데이터 컨트롤러는 처리 수단의 잠재적으로 부정적인 영향을 고려해야 하며, 데이터 주체의 프라이버시와 관련하여 침해가 더 적은 처리나 덜 불리한 결과를 초래할 수 있는 대체 수단이 존재하는지 확인해야 한다.

과도하거나 불균형한 방법의 예로는, 동일한 목적을 달성하기 위해 대체적이고 덜 간섭적인 수단(예: 신분증)을 사용할 수 있는 개인 식별에 생체 데이터(예: 지문)를 사용하는 것을 들 수 있다. 어떤 경우에는 데이터 최소화 원칙을 실제로 구현하는 것은 상대적으로 간단한 평가가 필요할 수 있다. 그러나 다른 경우에는 데이터 최소화를 수행하는 것이 컨트롤러에 대한 도전적 과제가 될 수 있다.

특히 데이터 최소화 원칙을 구현하려면 큰 데이터 프로젝트를 처리할 때 창의적인 사고가 필요하다. 이 문제는 이 프로젝트와 관련하여 데이터 보호 원칙의 적용성과 유효성을 강조한 DPA에 의해 인지된다.[13] 이와 관련하여 제29조 작업반은 아래와 같이 서술하였다.

---

[13] 제29조 작업반과 유럽 데이터 보호 감독관(EDPS)은 이러한 생각을 지지했다. 2014년 7월 11일자 EDPS 보고서, '개인정보, 소비자, 경쟁 및 빅데이터 워크샵 보고서'(법이 점차적으로 "매일 데이터의 바다로 모이는 소량의 데이터"를 다루지는 않는 것으로 보인다. 이것은 겉보기에 무해한 데이터라도 민감한 정보를 밝힐 수 있는 사용자 프로필을 구성한다. 이 프로세스는 점점 더 많은 장치가 온라인 상태로 전환됨에 따라 가속화될 것이며, 이는 디자인, 높은 수준의 데이터 보안 및 데이터 최소화에 대한 개인정보 보호의 필요성을 더욱 강화할 것이다.)

제29조 작업반은 빅데이터의 문제점들에 대해 이들 및 기타 주요 데이터 보호 원칙들이 실제로 어떻게 적용되는지에 대한 혁신적인 사고가 필요할 수도 있음을 인정한다. 그러나 현 단계에서 EU 데이터 보호 원칙이, 더 큰 효력을 발휘할 수 있도록 개선된 빅데이터 개발에 더 이상 유효하지 않으며 적절하지 않다고 믿을 만한 이유가 없다.

디지털 경제에서 개인 데이터를 법적으로 처리하고 성공적으로 사용 및 보호하려면, 데이터 과학자뿐만 아니라 데이터 보호 책임자(DPO)도 함께 협력하여, 빅데이터와 관련하여 데이터 최소화 연습을 구현하는 창의적인 방법을 찾는 것이 중요하다.

정확성

컨트롤러는 데이터가 정확하고 필요할 경우 최신 정보로 유지하기 위해 적절한 조치를 취해야 한다. 합리적인 조치는 데이터 수집 프로세스 중에, 또한 데이터가 처리되는 특정 용도와 관련하여 진행 중인 데이터 처리 중에, 부정확성을 방지하기 위한 프로세스를 구현하는 것으로 이해해야 한다(즉, 데이터가 정확하고 완전하며 오도하지 않는지 확인하는 것). 컨트롤러는 목적과 관련하여 개인 데이터의 정확성을 유지하기 위해, 데이터의 유형과 특정 목적을 고려해야 한다. 수집 프로세스 중에 컨트롤러가 정보의 신뢰성을 제대로 확인하지 않으면 개인 데이터의 부정확성이 발생할 수 있다. 컨트롤러는 잠재적인 부정확성이 개인에게 악영향을 미칠 수 있는 경우 추가적인 주의를 해야 하고, 정보를 수집하는 출처의 신뢰성을 평가해야 한다. 반면 데이터가 통계 또는 기록 목적으로 수집될 때 컨트롤러는 원래 수집된 개인 데이터만 유지하면 된다.

정확성은 또한 오류의 기록을 유지하거나 오류를 수정해야 할 수도 있다. 영국정보위원회(ICO)는 '사실에 대해 오도하지 않는 한, 실수로 발생한 사건에 대한 기록을 유지하는 것이 허용된다'라고 말한다. 예를 들어, 의학적 상태의 오진은 환자에게 주어진 치료를 설명하기 위한 목적이나 추가적인 건강 문제에 관련되기 때문에 진단 후에도 환자의 의료 기록의 일부로 계속 유지된다는 것이다.

요약하면 정확성 원칙을 준수하기 위해 컨트롤러는 특정 목적에 따라 정보 업데이트가 필요할 수도 있고 하지 않을 수도 있는 적절한 조치를 구현해야 한다. 또한 불완전한 정보 또는 잘못된 정보가 들어 있는 기록을 수정하기 위한 데이터 주체 요청에 응답할 책임이 있다.

🔒 저장 제한

저장 제한은 개인 데이터가 처리되는 목적을 위해 필요 이상으로 오래 보관되어서는 안 된다는 것을 의미한다. 즉, 정보가 더 이상 필요하지 않으면 개인 데이터를 안전하게 삭제해야 한다.

GDPR 제5조 (1)항 (e)는 '개인정보가 처리되는 목적을 위해 필요한 동안만 식별될 수 있는 형태로 유지되어야 한다'고 명시하고 있다. '개인적 데이터가 공공의 이익, 과학적 또는 역사적 연구 목적 또는 통계 목적으로 보관 처리되는 한, 개인 데이터는 더 오랜 기간 동안 저장될 수 있나…'

GDPR은 '… 개인정보가 저장되는 기간은 엄격한 최저치로 제한된다 … 개인정보가 필요 이상으로 오래 보관되지 않도록 하기 위해, 컨트롤러는 시간제한을 설정하거나 정기적인 점검을 해야 한다…'

따라서 컨트롤러는 개인 데이터가 하나 또는 여러 가지 용도로 사용되는지 여부를 평가하고, 특정 목적을 달성하는 데 필요한 기간 내로 처리를 제한해야 한다. 예를 들어, 고용관계뿐만 아니라 고용 프로세스의 맥락에서 개인 데이터 처리가 필요할 수 있다. 채용 프로세스가 끝나면 컨트롤러는 더 이상 실패한 후보자의 개인 데이터를 보관해서는 안 된다. 컨트롤러는 직원 관계가 끝났을 때 직원의 개인 기록을 검토하여 합법적인 이유 또는 기타 이유로 보존해야 할 기록이 있는지 결정해야 한다.

컨트롤러는 법정 데이터 보존 기간이 처리 유형과 관련하여 존재하는지 확인해야 한다.(예: 세금, 건강 및 안전 또는 고용 규정을 준수하기 위해 개인 데이터를 보관해야 할 수도 있음) 법에 해당 내용이 규정되어 있지 않을 때는 내부 데이터의 보존 기간을 저장 제한 원리에 맞게 설정해야 한다. 그 기간은 데이터가 수집되고 사용되는 목적을 고려하여 설정해야 하며, 저장 기간이 만료되어 데이터를 유지해야 하는 이유가 없어지면 데이터를 삭제해야 한다. 그러나 개인정보가 공공의 이익, 과학적, 역사적 연구 또는 통계를 위한 보관 목적으로만 처리되는 경우 개인 데이터는 더 오랜 기간 저장될 수 있다. 그렇지 않으면 데이터 컨트롤러는 데이터가 되돌릴 수 없게 익명화될 때만 개인 데이터를 무제한으로 유지할 수 있다.

♨ 무결성 및 기밀성

GDPR 제5조 (1)항 (f)는 개인정보의 무단 또는 불법적인 처리 및 우발적인 손실, 파괴 또는 손해에 대한 보호를 포함하여 개인정보의 적절한 보안을 보장하는 방식으로 적절한 기술적 및 조직적 조치를 사용하여 개인정보를 처리해야 한다고 규정하고 있다("무결성 및 기밀 유지"). 따라서 수명 주기 전반에 걸쳐 개인 데이터를 보호하고 보존하기 위해, 컨트롤러는 2권의 5장에서 자세히 설명하는 정보 보안 프레임워크를 구현해야 한다.

GDPR은 개인정보를 보호하기 위해 가명화(pseudonymisation) 및 개인정보의 암호화와 같은 기술의 사용을 촉진한다. 처리 과정에서 중요한 개인 데이터가 포함될 경우 추가 주의를 기울여야 한다. 이러한 측면에서 컨트롤러는 개인을 충분히 보호하는 조치를 취할 수 있는 수단을 구현하기 위해, 개인 데이터의 무결성 또는 기밀성에 대한 침해가 개인에게 야기할 수 있는 잠재적인 영향을 고려해야 한다. 또 데이터 컨트롤러는 데이터의 무결성, 기밀성 및 가용성을 유지하기 위해 정보 보안 정책 프레임워크를 개발하고 구현하는 데 충분한 리소스를 할당해야 한다.

법률 및 기술 데이터 보안 전문가를 포함한 복합 기능 팀이 조직의 정보 보안 전략 및 정책을 적절하게 정의하는 표준 사례이다. 조직적 및 기술적 조치를 올바르게 구현하고 유지하기 위한 전담 예산을 설정하는 것은 무결성 및 기밀성을 준수하기 위한 적절한 프로세스와 도구를 효과적으로 구현하는 데 중요하다.

🔧 결론

|

GDPR은 Convention 108 이후로 데이터 처리 원칙을 명시적으로 포용하고 강화하기 위한 최초이자 세계적으로도 중요한 데이터 보호법 중 하나이다. GDPR은 조직이 데이터 수집 및 보관을 전체적으로 피하고, 정확성을 보장하고 데이터 주체의 권리를 존중하면서, 투명하고 안전한 방식으로 개인 데이터를 처리하는 것으로부터 개인정보 보호 개념을 구현할 것을 요구한다.

합법적인 처리 기준

GDPR을 잘 살펴보면 개인정보보호에만 경도된 것
이 아님을 알 수 있다. 이 장에서는 개인의 동의 외에
도 합법적으로 처리할 수 있는 근거들을 알아본다.

🔑 배경

GDPR은 개인정보를 합법적이고 공정하며 투명하게 처리해야 할 것을 요구한다. GDPR의 제6조와 제9조는 합법적인 처리를 위해 충족되어야 하는 기준(동의 포함)을 규정한다. 제7조는 동의에 의존할 때 입증되어야 하는 조건을 규정한다. 제8조는 아동에게 정보 사회 서비스를 제공할 때 동의를 신뢰하기 위해서 추가 요구 사항을 규정한다.

동의는 종종 데이터 보호 및 개인정보 보호법의 핵심이다. 데이터 주체에게 개인정보가 사용되는 방법과 시기를 선택할 수 있게 하는 것이 모범적인 사례가 될 수 있다. 그럼에도 불구하고 GDPR은 계약 의무 이행, 법적 의무 준수, 데이터 주체의 중대한 이익 보호 및 공익과 컨트롤러 또는 제3자의(데이터 주체의 권리 및 이익과 균형을 이룰 때) 합법적인 이익기반으로 작업을 수행하는 것과 같은, 동의 이외의 많은 합법적인 기반을 인정한다.

🔑 개인 데이터 처리

제6조는 개인 데이터 처리를 위한 합법적인 기반을 설명한다. 데이터 컨트롤러가 이러한 기반 중 하나에 근거할 수 없는 경우, 컨트롤러가 언론의 자유로운 발언 및 기타 공공 이익이 우선하는 저널리즘 또는 연구를 위한 개인 데이터 처리와 같은 일부 예외를 설정할 수 없다면, 이를 진행하는 것은 위법이다. GDPR의 토론과 초안에서, 합법적인 처리의 주된 기준으로 동의가 자주 언급되었다. 그러나 GDPR의 최종 버전은 합법적인 처리를 위한 몇 가지 대안 중 하나로서 동의를 취급한다. 이 장에서는 각각의

개별적인 합법적인 기반이 논의된다.

데이터 주체는 하나 이상의 특정 목적을 위해 자신의 개인 데이터를 처리하는 것에 동의하는 경우

개인정보 처리를 위한 최초의 합법적인 근거는 데이터 주체가 동의를 하는 것이다. 이것이 액면 그대로는 비교적 간단하지만, 동의는 GDPR에서 특별한 의미가 있다. 데이터 주체의 동의는 '진술 또는 명확한 긍정의 행위로 자신과 관련된 개인 데이터의 처리에 동의한다는 것을 의미하는 데이터 주체의 희망에 대한 자유롭고 구체적이며, 정보가 풍부하고 모호하지 않은 표시'로 정의된다. 데이터 주체의 동의는 다음 조건을 충족해야 한다.

- 자유롭게 주어져야 할 것
- 구체적일 것
- 정보가 충분히 제공될 것
- 바람의 표시가 명백할 것

데이터 주체가 처리에 동의했음을 입증하는 책임은 컨트롤러에게 있다. 대부분의 경우 컨트롤러에 의해 동의 선언이 사전에 공식화되는 경우, 명확하고 평이한 언어를 사용하며 소비자 보호 요구 사항에 맞추어, 이해할 수 있고 쉽게 접근할 수 있는 형태로 동의가 제공되어야 한다. '자유롭게' 동의한다는 것은 데이터 주체가 진정한 선택을 해야 하며 동의를 거절하거나 철회할 수 있어야 한다는 것을 의미한다. 가능한 선택지보다 더 적은 것을 제시하는 것은 유효한 동의가 되지 않을 수 있다. 데이터 보호 지침('Directive')에 따라 여러 국가에서는 컨트롤러가 동의서만 처리하는 완전히 별개의 문서를 제공해야 했다. 이러한 이견의 배경은 데이터 주체가 동의가 다른 문제(예: 서비스 구매)와 함께 제공되는 경우 자유로운 동의를 제공하지 않는다는 것이다. 이 입장은 이제 GDPR에도 포함되었다. 제7조에 따라, 데이터 주체의 동의가 다른 문제에도 관련된 서면 선언의 맥락에서 주어지는 경우, 동의 요청은 다른 문제와 명확하게 구별되는 방식으로 제시되어야 한다. 이 분리의 중요성은 동일한 조항에 강조되어 있으며, 이 조항은 GDPR을 침해하는 선언의 어떤 부분도 구속력이 없다고 명시한다. 또한 컨트롤러는 계약을 수행하는 과정에서 데이터 처리에 대한 동의가 필요하다는 것에 대해 신중해야 한다. 동의가 자유롭게 주어지는지 여부를 고려할 때, 계약의 이행이 개인 데이터 처리에 필요하지 않음에도 계약의 이행을 동의에 대한 조건으로 하였는지에 대한 최대한의 고려가 이루어질 것이다.

GDPR의 Recital 43은 데이터 주체와 컨트롤러, 특히 컨트롤러가 공공 기관인 경우에는 명확한 불균형이 있는 곳에 동의를 해서는 안 된다는 것을 나타낸다. GDPR에서 명시적으로 언급하지는 않았지만, EU 규제 기관은 고용주와 고용인 간의 관계가 자유롭게 주어진 동의를 입증하는 데 문제가 될 수 있다고 판단했다. 규제 기관의 견해로는 직원이 종속 관계에 있기 때문에, 직원이 편견을 겪지 않고 동의를 보류할 실제 기회가 있는 경우에만 유효한 동의가 가능하다는 것이다.

마찬가지로 직원은 자신의 마음이 바뀌면 나중에 동의를 철회할 수 있는 선택권이 있어야 한다. 규제 당국은, 고용주가 동의에 의존하는 것을 주장하여 자유롭지 않게 되는 것은 근로자의 업무 상황에 실질적으로 해를 끼칠 수 있다고 예상하기 때문에, 고용주가 처리의 합법적인 근거로 동의에 의존해야 하는 상황은 거의 없을 것이다. 특정 관할 구역에서는 고용주와 직원 관계에 대한 이러한 묘사가 다소 극단적이라고 인정할 수 있지만, 사용자는 동의에 초점을 맞추기 전에, 직원 데이터를 처리하는 기타 합법적인 기준을 고려하는 것이 좋다.

사실, 동의를 철회할 자유가 자유로이 부여된다는 사실 때문에 컨트롤러는 동의가 장기 처리 약정에 가장 적합한 조건인지 여부를 고려해야 한다. 예를 들어, 직원 개인 데이터를 인적 자원 데이터베이스에 업로드하는 것에 대해 직원의 동의를 구하는 것은 적절하지 않을 수 있다. 직원이 처음에는 동의하지만 미래에 동의를 철회하도록 합법적으로 결정할 수 있기 때문이다. 따라서 고용주는 직원이 시스템 디자인에 참여하도록 유도하는 한편, 동의에 관한 문제의 측면에서 추가적인 합법적인 처리 조건을 찾을 수 있다. 물론 이 접근 방식은 자체적으로 문제가 있을 수 있다. 직원이 자신의 동의를 제공하거나 보류하는 것이 고용주의 데이터 사용에 영향을 미치지 않는다는 사실을 발견할 경우 직원이 불만을 가질 수 있기 때문이다. 언뜻 보기에는 너무 많은 것을 약속했지만 동의는 실제로 관리하기가 매우 까다로울 수 있다.

동의가 유효하기 위해서는 '구체적'이어야 한다. 즉, 문제의 특정 처리 작업에 대해 구체적으로 동의해야 한다. 따라서 컨트롤러는 데이터 주체의 동의가 해당 특정 처리에 동의하도록 데이터의 제안된 사용을 명확하게 설명할 수 있어야 한다. 처리 목적이 여러 개인 경우(적절한 통지와 함께) 그 전부에 대해 동의가 주어져야 한다. 여러 가지 목적으로 처리하는 것은 어려움을 야기할 수 있다. 어떤 처리가 관련될지 정확하게 미리 알 수 있는 것은 아니기 때문에, 특정 시간에 주어진 동의는 그 때 설정된 특정 한도로 제한된다. 처리 활동이 변경되는 경우, 영향을 받은 모든 개인으로부터 새로운 동의를 구해야 할 수 있다. 이전에 제공된 동의서가 새로운 처리를 다루지 않기 때문이다. 이 요구 사항은 과학 연구 목적으로 개인 데이터를 처리할 때 어느 정도 융통성이 있다. 특히, 과학 연구 목적으로 데이터 처리의 목적을 완전히 식별할 수 없는 경우 데이터 주체가 과학적 연구에 대한 인정된 윤리 기준과 일치하는 과학 연구의 특정 영역에 합법적으로 동의할 수 있다고 GDPR은 허용한다.

또한 동의는, 데이터 주체가 처리 활동에 필요한 모든 세부 사항을 이해할 수 있는 언어 및 양식으로 제공하여 프로세스가 어떻게 처리에 영향을 미칠지 이해할 수 있도록 '정보를 제공'해야 한다. 동의를 적절히 얻기 위해서 필요한 모든 정보를 포함하여 충분히 정확한 정보에 근거하여 데이터 주체의 동의를 받았음을 입증해야 하는 책임은 항상 컨트롤러에 있다. 예를 들어, 데이터 주체가 이 동의의 중요성을 알 수 있는 합리적인 기회가 있었음을 컨트롤러가 증명할 수 없다면, 데이터 주체가 수락을 인지하도록 온라인 양식에 '수락' 버튼을 놓는 것이 데이터 보호법에 따른 동의에 해당되지 않을 수 있다. GDPR은 동의가 정보를 제공하기 위해서는, 데이터 주체가 최소한 컨트롤러의 신원과 처리의 목적을 알아야 한다고 명시하고 있다.

'모호하지 않게' 하기 위해 데이터 주체의 진술이나 명확한 긍정의 행위는 동의 의사에 대해 의심의 여지가 없어야 한다. 동의가 주어졌는지 여부에 관한 불확실성이 있는 경우, 상황은 컨트롤러에 대해 불리하게 해석된다. 명확한 진술이나 적극 조치가 있는 적극적인 동의 표시가 필요하다. 데이터 주체가 적극적으로 선택 상자를 체크하는 경우 해당 동작은 모호하지 않은 동의로 간주되는 반면, 미리 체크 표시된 선택 상자는 그렇지 않을 수 있다. 모호하지 않은 동의는 GDPR에 의거한 모든 동의에 대해 최소한의 요구 사항을 제공한다는 점에 유의해야 한다.

미리 체크된 박스는 모호한 농의해 해당할 수 있다.

침묵하거나 또는 사전 체크된 박스는 동의를 의미하지 않는다. 그러나 유효한 동의가 획득되면 데이터 주체와의 지속적인 상호작용에 의존하는 것으로 충분할 수 있다. 예를 들어, GDPR은 정보 사회 서비스에 대한 데이터 주체의 기술 설정 선택이, 데이터 주체가 제안한 처리에 대한 승인을 문맥상 명확하게 나타낼 수 있는 한 충분한 동의를 제공함을 인지한다. 또한 컨트롤러가 개인 데이터 처리를 시작하기 전에 데이터 주체에서 동의를 얻어야 함은 물론이다.

GDPR은 데이터 주체로부터 동의를 얻었음을 입증하는 서면 증거를 컨트롤러가 보유해야 한다고 명시적으로 규정하지 않는다. 그러나 컨트롤러는 '데이터 주체가 처리 작업에 동의했다는 것을 입증'할 의무가 있으며, 이는 특정 개인 데이터 주체가 부여한 동의 기록을 유지하는 컨트롤러의 의무에 해당된다. 이러한 관리 요구 사항은 특히 컨트롤러가 여러 데이터 주체와 추후 변화하는 처리 작업을 다루는 경우 동의에 의존하는 것이 부담이 될 수 있는 또 다른 이유이다.

동의는 데이터 주체에 옵트 아웃 기회를 부여하는 것과 동일하지 않다. 동의는 바람에 대한 명시적인 표시를 요구하는 반면, 옵트 아웃은 데이터 주체의 조치 부족으로 이의가 없음을 나타낸다. 예를 들어, 컨트롤러가 데이터 주체의 개인 데이터를 어떤 식으로든 사용한다는 것을 나타내는 미리 체크된 상자는, 데이터 주체가 개인 데이터가 그러한 방식으로 사용되는 것을 거부하는 옵션을 제공한다. 그러나 데이터 주체가 상자를 선택 취소하지 않으면 데이터 주체가 자신의 바람 표시를 적극적으로 나타내지 않았으므로 동의에 해당되지 않는다. 데이터 주체는 옵트 아웃 권리를 행사하지 않기로 결정했으나 개인 데이터의 특정 사용에 대해 알게 된 후 구체적이고 모호하지 않으며 자유롭게 동의하지는 않았다고 볼 수 있다. 비록 제6조가(제9조의 특수 범주와 제49조의 국제 데이터 이전에서 요구되는) '명시적'인 동의를 요구하지는 않지만, 동의가 일련의 행동을 필요로 한다는 것은 분명하다.

강압 또는 강제로 얻은 동의 또한 유효한 동의가 아니다. 특정 유형의 취약한 사람들이 동의할 수 있는 능력을 가지고 있는지에 대한 정당한 우려가 있을 수 있다. GDPR은 제8조에서 아동 및 아동에게 제공되는 정보 사회 서비스와 관련하여 구체적으로 다루고 있다. 제8조에 따라, 컨트롤러가 합법적인 처리 기준으로서 동의에 의존하여 정보 사회 서비스가 아동에게 직접 제공될 때, 아동이 적어도 16세 이상인 경우에만 개인정보 처리가 합법적이다. 아동의 나이가 16세 미만인 경우, 그러한 처리는 '아동에 대한 개인적인 책임자가 동의를 하거나 승인한 경우만 합법적'이다. 회원국은 이 요구 사항을 더욱 복잡하게(아동의 연령이 13세 이하가 아닌 한) 16세 미만으로 동의 연령을 설정할 수 있다. EU 전역에 최소 연령 동의 범위가 있을 가능성이 있다. 예를 들어, 영국은 13세로서 정보 사회 서비스 제공 컨트롤러가 부모의 동의를 얻지 않고도, 자신의 개인 데이터를 처리하는 13세의 동의를 합법적으로 얻을 수 있도록, 연령을 13세로 정할 것이라고 이미 발표했다. 불가피하게 모든 회원국이 동일한 연령 요건을 준수하지는 않으므로 EU 전체에서 연령대가 달라질 것이다. 부모의 동의가 필요한 경우, 컨트롤러는 부모 또는 보호자의 동의를 받았는지 확인하기 위해 합당한 노력을 기울여야 한다. 동의 규칙의 최소 연령은 아동에게 직접 제공되는 정보 사회 서비스의 맥락에서, 컨트롤러가 전적으로 동의에 의존하거나 다른 기준에 의존할 수 없는 경우라는 것을 기억하는 것이 중요하다.

컨트롤러는 아동의 개인 데이터를 처리하기 위한 또 다른 합법적인 기준을 고려하는 것이 좋다. 특히, 데이터 보호 당국(DPA)은 아동의 개인 데이터 처리가 필요한 경우 아동에게 필요한 추가적인 보호의 적절한 인식을 원할 것이다.

필요성을 충족시키는 처리인 경우

제6조에 따른 나머지 모든 기준은 개인 데이터의 처리가 특정 이유로 필요하다고 규정하고 있다. 이미 제29조 작업반(WP)은 필요성에 대한 요구가 이러한 기준에 의존할 수 있는 상황을 제한하는 제한 요소임을 지적한 바 있다. 본질적으로, 필요성 테스트는 처리와 목적 사이의 밀접하고 실질적인 연결을 필요로 한다. 따라서 단순히 편리하거나, 필요 없는 기준 중의 하나를 위하여 처리하는 것은 이러한 표준을 충족시키지 못한다. 컨트롤러가 그 목적에 필요한 프로세싱을 간단하게 고려하는 것만으로는 충분하지 않다. '필수'는 객관적인 의미를 지닌다. 데이터 컨트롤러는 명시된 목적을 위해 특정 처리 작업이 반드시 필요한지 신중하게 고려해야 한다.

데이터 주체가 당사자인 계약을 수행하거나 계약 체결 전에 데이터 주체의 요청에 따라 조치를 취하기 위해 처리가 필요한 경우

컨트롤러는 데이터 주체가 속한 계약 또는 당사자가 될 계약을 수행하기 위해 데이터 주체의 개인 데이터를 처리해야 할 때 이 기준에 의존할 수 있다. 명백히, 컨트롤러가 개인 데이터를 처리할 필요가 있는 제품 또는 서비스의 제공을 통하여, 데이터 주체가 컨트롤러로부터 제품과 서비스를 구매할 때 가장 관련이 있다. 이 조건은 계약을 완료하기 위해서 개인 데이터 처리가 불가피하도록, 규제 당국에 의해 좁게 해석된다.

컨트롤러가 법적 의무를 이행하기 위해 처리가 필요한 경우

이 기준에 의거할 때, 법이 준수해야 하는 법적 의무(예: 세금 또는 사회보장 의무)와 관련이 있음을 기억하는 것이 중요하다. 컨트롤러가 체결한 계약에 따른 의무는 될 수 없다.

과거에 제3국(즉, 유럽연합국 외)이 컨트롤러에게 부과한 법적 의무가 이 기준의 요구 사항을 충족시킬 수 있는지에 대한 논란이 과거에 있었다. GDPR의 Recital 45는 제3국에서 컨트롤러에 부과된 의무가 이 기준에 포함되지 않는다는 것을 분명히 한다. 모든 경우에 이 기준은 좁게 해석된다. GDPR은 이 기준에 의지할 때 추가 조항을 제시한다.

데이터 주체 또는 다른 자연인의 중요한 이익을 보호하기 위해 처리가 필요한 경우

'중요한 이익'을 지키는 것은 삶이나 죽음의 상황을 의미한다. 즉, 고려된 처리가 개인의 생존에 필수적인 경우이다. 결과적으로, 이 기준은 드문 응급 상황에서만 관련이 있다. 예를 들어, 데이터 주체가 의식이 없으면 긴급한 의료 서비스를 제공하기 위해 개인 데이터 처리가 필요할 수 있다. Recital 46은 자연인의 중대한 이익에 근거한 이 원칙은 '원칙적으로 처리가 다른 법적 근거에 근거할 수 없는 경우에만 일어나야 한다'고 지적한다.

공공의 이익이나 컨트롤러에게 부여된 공식 권한 행사에서 수행된 업무 수행을 위해 처리가 필요한 경우

GDPR은 Directive의 일부인 이 기준에서 세 번째 범주였던, 데이터가 공개된 제3자에게 공식 권한의 행사가 부여되는 경우를 삭제했다. 따라서 컨트롤러가 이 기준에 의존할 수 있는 상황은 이전보다 좁아졌다. 이 조건이 관련된 상황을 나열하는 것은 쉽지 않을 수 있지만, GDPR은 컨트롤러가 이에 의존할 수 있는 경우를 상세하게 규정한다. 물론 컨트롤러가 공공의 이익을 위해 개인정보를 처리해야 할 가능성이 있다. EU 또는 회원국의 법률은 이 기준에 따라 공공의 이익을 위해 수행되는 업무를 결정한다.

중요한 것은 이 기준에 따라 개인 데이터를 처리할 때 컨트롤러는 데이터 주체가 데이터 사용에 이의를 제기할 권리가 있음을 인지해야 한다. GDPR에 따라 컨트롤러가 데이터 주체로부터 이의 제기를 받으면 컨트롤러가 개인 데이터를 처리할 수 있는 합법적인 근거가 있음을 입증할 책임이 컨트롤러에 있다. 이러한 근거는 '데이터 주체의 이익, 권리 및 자유보다 우선하거나 법적 청구의 설정, 행사 또는 방어'에 충분해야 한다.

처리가 컨트롤러 또는 제3자에 의해 추구된 합법적 이익의 목적을 위해 필요한 경우(단, 개인 데이터의 보호를 요구하는 데이터 주체의 이익 또는 기본적 권리 및 자유가 우선하는 경우와 특히 데이터 주체가 아동인 경우는 제외)

이 이익의 균형성 테스트는 대다수의 개인 데이터 처리가 일반적으로 이루어지는 기준이다. 단, GDPR에 따라 공공 당국은 더 이상 정당한 이득 기반에 의존할 수 없다. Recital 47은 법에 의해 공공 당국이 개인 데이터를 처리할 법적 기반을 제공하는 것이 입법부의 입장임을 설명한다. 따라서 공공 당국은 합법적인 이익에 의존할 수 없다.

공공 기관이 아닌 경우, 정당한 이익 조건을 만족할 많은 요소들이 있다.

- 목적을 위해 처리가 꼭 필요할 것
- 목적은 컨트롤러 또는 제3자의 정당한 이익이어야 할 것
- 합법적인 이익이 데이터 주체의 이익이나 기본적인 권리와 자유에 의해 무시되지 않을 것

컨트롤러 또는 제3자의 정당한 이익이 데이터 주체의 이익, 권리 및/또는 자유에 우선하는지 고려할 때, 컨트롤러는 컨트롤러와의 관계를 기반으로

데이터 주체의 합리적인 기대를 고려해야 한다. Recital 47이 설명하듯이, 그러한 정당한 이익은 '데이터 주체가 고객이거나 컨트롤러의 서비스를 받는 상황에서 데이터 주체와 컨트롤러 간에 관련된 적절한 관계가 있을 때' 존재할 수 있다. Recital에서 중점을 두는 것은 데이터 수집의 시간 및 맥락을 고려하여 데이터 처리에 관한 데이터 주체의 합리적인 기대를 고려하는 것이다. 그러나 Recital 47은 사기 예방 목적으로 엄격하게 필요한 개인정보 처리는 합법적인 이익을 구성한다고 말한다. 특히, Recital에는 직접 마케팅의 예가 가능한 목적으로 포함되어 있다(직접 마케팅 목적의 개인 데이터 처리는 합법적인 이익을 위해 수행된 것으로 간주될 수 있다). Recital 48은 또 다른 가능한 목적을 설명한다. 고객 또는 직원의 개인 데이터 처리와 같은 내부 관리 목적을 위해 중앙 기관에 소속된 사업체 그룹 또는 기관 내에서 개인 데이터를 공유하는 것은 정당한 이익이 될 수 있다. 마지막으로, Recital 49는 정당한 관심사를 구성하는 것으로 네트워크 및 정보 보안을 보장하기 위해 엄격하게 필요하고 비례하는 개인 데이터 처리를 구체적으로 나타낸다.

합법적 이익 기준에 의존할 때, 컨트롤러는 역사적으로 EU 전역에서 다르게 이해되었기 때문에 지역 데이터 보호 규제 기관 및 법원의 해석을 신중하게 고려해야 한다.

예를 들어, 영국에서 DPA는 기준이 비교적 광범위하게 해석될 수 있음을 시사했다. 영국의 DPA의 현재 가이드는 컨트롤러가 따라야 하는 2가지 시험을 제시한다. 첫째, 추구된 이익의 합법성을 확립하고, 둘째, 관련된 개인에 편견을 주는 특정 사례에 대한 처리가 부당한 것이 아닌시 확인하는 것이다. 이 두 번째 테스트에서 영국 DPA는 개인 데이터 처리가 특정 데이터 주체를 침해할 수 있다고 해서 반드시 모든 데이터 처리 대상에 대해 모든 처리 작업이 불리하다고 간주하지는 않는다. 예를 들어, 고용주는 고용주의 정당한 이익을 추구하는 데 필요한 직무 수행과 관련하여 직원에 대한 데이터를 처리할 수 있다. 고용주는 여전히 그러한 절차가 개인의 기본적인 권리와 자유에 영향을 미치지 않도록 해야 한다. 그러나 특별한 상황으로 인해 특정 직원과 관련된 편견이 있더라도, 이것이 모든 직원과 관련된 모든 처리 작업을 반드시 침해하지는 않는다.

영국, 프랑스 및 다른 회원국들이 이 조건을 광범위하게 해석한 반면, 일부 회원국에서는 합법적 이익 기준에 관한 입장이 훨씬 좁아졌다.

이탈리아에서는 별도로 합법적인 이익 조건은 역사적으로 이탈리아 DPA에 의해 구체적으로 설정되었다. 따라서 합법적인 이익 기준에 의존하려는 컨트롤러는 DPA가 정한 결정 범위 내에서 데이터 사용을 해야 한다.

중요한 것은 이 기준에 따라 개인 데이터를 처리할 때 컨트롤러는 데이터 주체가 데이터 사용에 이의를 제기할 권리가 있음을 인지해야 한다는 것이다. GDPR에 따라, 데이터 주체의 이익, 권리 및 자유에 우선하거나, 법적 요구에 대한 설립, 행사 또는 방어를 위해 개인 데이터를 처리하는 것에 대한 설득력 있고 합법적인 근거가 있음을 입증하는 것은 컨트롤러의 책임이다. 데이터 주체로부터 정당한 반대가 있는 경우, 컨트롤러는 데이터 처리를 중단해야 한다.

법적 의무 및 공익

GDPR은 법적 의무 준수에 필수적이며 공공의 이익을 위한 업무 수행에 필요한 2가지 기준에 대한 의존성에 대해, Directive보다 더 자세한 내용을 제공한다. 두 경우 모두에서, Recital 45는 처리가 EU 또는 회원국 법률에 기초해야 함을 나타낸다. 이것은 비 EU 법률에 의거한 의존성이 이 기준 하에서 유효하다는 주장을 막기 위한 것이다. GDPR은 회원국이 다음과 같은 법의 상세한 요구 사항을 설정할 수 있도록 허용한다. 예를 들어,

컨트롤러 결정, 처리 대상 개인 데이터 유형, 관련 데이터 주체, 개인정보가 공개될 수 있는 개체, 목적 제한, 저장 기간 및 기타 조치 등을 결정하기 위한 기준 등이 그것이다. EU 또는 회원국의 법에 따라 컨트롤러가 추가로 공공 기관이 되어야 하는지 여부도 결정될 수 있다. 이 2가지 기준은 또한 GDPR 제9장의 특정 처리 상황과 특히 관련이 있는 것으로 고려될 수 있다. 여기에는 표현 및 정보의 자유를 위한 처리, 고용관계에서의 처리, 그리고 기록, 과학, 역사 또는 통계 목적의 처리가 포함된다. 이것이 실제로 의미하는 바는 이러한 2가지 기준에 의존하는 범위는 EU와 회원국 법률에 대한 신중한 고려가 필요하다는 것이다. 이것은 또한 국가별로 차이가 있을 수 있다는 것을 의미한다. 공공의 이익을 위한 업무 수행에 필요한 것으로 간주되는 처리가 한 회원국 법에는 허용되더라도 다른 회원국의 법에는 동일한 조항이 없을 수도 있기 때문이다.

결론

GDPR에 따른 합법적인 처리 기준의 처리에는 변화가 있다. Directive에 따르면 컨트롤러는 개인 데이터를 처리할 때 어떤 정당한 기준을 사용하고 있는지, 또는 데이터 주체에 기준을 전달해야 하는지에 대해 문서화할 필요가 없다. 이것은 GDPR에서 달라진다. 개인정보 보호 통지를 제공할 의무의 일부로 컨트롤러는 처리에 대한 법적 근거를 개인정보 보호 고지에 명시해야 하며, 합법적인 이익 기준에 의존할 때 추구하는 정당한 이익을 설명해야 하기 때문이다. 또한 합법적이 이익 기반에 의존할 때 컨트롤러는 추구하는 특정 합법적인 이익을 설명해야 한다. 다시 말하자면, 컨트롤러는 영향을 받는 데이터 주체에 통지해야 하기 때문에 데이터 처리 작업을 시작하기 전에 어떤 기준에 의존할지 적절히 고려해야 한다. 데이터 주체에 대한 적절한 고려 사항, 또는 혼란스럽거나 투명하지 않은 통지의 증거도 없으며 합법적인 기준에 연결되지 않은 것으로 밝혀진 컨트롤러의 처리활동은 컨트롤러를 조사하는 DPA에 좋은 인상을 주지는 못할 것이다. 따라서 신중한 컨트롤러는 규제기관이 증거를 요구할 경우, 컨트롤러가 개인 데이터를 처리할 때 의존하는 기준뿐만 아니라 데이터 주체에 대한 적절한 통지도 제시할 수 있도록 조치를 취해야 한다.

👤 민감한 데이터 처리

제9조는 '민감한 데이터'라고도 알려진 특수한 데이터 범주를 보호하는 것에 관한 것이다. 구체적으로 제9조는 '인종 또는 민족적 출신, 정치적 견해, 종교적 또는 철학적 신념 또는 노동조합 가입'을 밝히는 개인 데이터 처리를 금지하고, 또한 '자연인을 고유하게 식별하기 위한 목적의 유전 데이터, 생체 데이터, 건강 관련 데이터 또는 자연인의 성생활이나 성적 취향에 관한 데이터'의 처리를 금지한다. 이러한 범주 중 GDPR은 자연인을 독점적으로 식별하기 위해 유전자 데이터 및 생체 인식 데이터를 Directive 의 기존 특수 범주에 추가한다.

흥미롭게도 GDPR의 Recital은 고유한 식별 또는 인증을 허용하는 특정 기술적 수단을 통해 처리될 때만 사진(아마도 개인의 사진)이 생체 인식 데이터의 정의에 의해 다루어지므로, 사진을 민감한 데이터를 처리하는 것으로 시스템적으로 간주해서는 안 된다는 것을 명확히 한다. GDPR은 회원국이 유전자 데이터, 생체 데이터 또는 건강과 관련된 데이터의 처리 제한을 포함하여 추가 조건을 유지하거나 도입할 수 있게 허용한다. 범죄 유죄 판결 및 위반에 관한 자료는 제10조에 따라 처리된다.

이러한 데이터 범주를 사용하면 본질적으로 개인정보를 위협할 수 있다.

중요한 것은 이 범주의 일부는 Convention 108에서 유래되고, 그것들은 특수 범주로 식별된다. GDPR의 Recital에서, 기본적인 권리와 자유와 관련하여 특히 민감한 개인 데이터는 그 맥락이 심각한 위험을 야기할 수 있기 때문에 특정 보호를 받을 수 있음이 인정된다.

카테고리의 선택은 차별금지법에 의해 크게 영향을 받았는데, 이는 사회 보장 번호 및 신용카드 세부 정보와 같은 특정 카테고리가 그 데이터의 오용이 개인에게 심각한 피해(예: 사기 및 신원 도용)를 줄 수 있음에도 불구하고 포함되지 않았던 이유를 설명할 수 있다. 그러나 이러한 추가 범주의 데이터와 관련하여 데이터 주체에 대한 잠재적인 피해는 GDPR에 따른 통지 의무 위반에서 인정된다. 따라서 컨트롤러는, 단지 GDPR에 따라 민감한 데이터의 정의에 기술적으로 부합하지 않는 데이터 카테고리이기 때문에 더 낮은 수준의 데이터 보호 준수만을 적용해서는 안 된다. GDPR의 초안 작업을 했던 사람들은 특정 범주의 개인 데이터가 더욱 높은 수준의 개인정보 보호를 요구한다고 명백히 결정하였고, 그러한 데이터를 컨트롤러가 처리하는 데 엄중한 규칙을 부과하였다.

역사적으로 민감한 데이터의 사용을 둘러싼 민감성은 일부 EU 국가에서 민감한 데이터를 처리하기 전에 규제 기관으로부터 승인을 받아야 하는 경우 같은 것이다. 예를 들어, 덴마크, 포르투갈(특정 예외가 있음) 및 오스트리아의 경우가 이에 해당된다. 또한 벨기에 및 룩셈부르크와 같은 일부 관할권에서는 민간 부문 조직이 범죄자 신상에 관한 데이터를 처리하는 것이 금지되어 있어, 고용주가 백그라운드 검사를 수행할 수 있는 능력에 영향을 미칠 수 있다. 보다 제한된 맥락에서 이와 유사하게, 제10조는 범죄 유죄 판결 및 위반에 대한 개인 데이터 처리는 '공식 당국 기관의 통제 하에서, 또는 처리가 데이터 주체의 권리와 자유를 위한 적절한 보호조치를 제공하는 EU 또는 회원국의 법에 의해 승인된 경우'에만 수행할 것을 요구한다.

컨트롤러가 제9조에 따른 예외 중 하나에 의존하여 민감한 데이터 처리를 합법화할 수 있다고 해서, GDPR의 나머지가 처리에 적용되지 않는다는 것을 의미하지는 않는다. 컨트롤러는 민감한 데이터를 처리할 때 제6조와 제9조의 조건을 모두 충족해야 한다.

민감한 데이터에 대한 더 높은 보호 수준으로 인해, 컨트롤러는 다른 모든 준수 측면을 충족시키는 데 특별한 주의를 기울여야 한다. 예를 들어, 컨트롤러는 개인에게 민감한 데이터가 제12-14조에 따라 어떻게 사용될 것인지에 대한 적절하고 완전한 통보를 보장해야 한다.

제9조에 따른 일반적인 출발점은 민감한 데이터를 처리하는 것이 금지되어 있다는 것이다. 그 금지에는 많은 예외가 있다. GDPR의 입안자들은 민감한 데이터가 높은 수준의 보호를 필요로 함을 강조하기 위해 Directive에 따른 접근법을 선호했다. 선호하는 입장은 민감한 데이터의 사용에 대한 광범위한 금지부터 시작하여 좁은 예외로 허용하는 것이다.

데이터 주체는 하나 이상의 특정 목적을 위해 그러한 개인 데이터를 처리하는 것에 명시적으로 동의한 경우(단, EU 또는 회원국의 법에 따른 처리 금지가 데이터 주체에 의해 해제되지 않을 수 있는 경우는 제외)

제9조의 첫 번째 예외에서 요구되는 동의는 제6조의 동의와는 명시적이어야 한다는 점에서만 다르다. 즉, 제9조의 동의는 여전히 명확하고, 자유롭고, 구체적이고, 정보가 있어야 하며, 명시적이어야 한다. 동의의 정의에는 절차에 대한 동의를 표명하는 서면 또는 명확한 긍정의 행동이 필요하다. 그러나 제9조에 의한 동의는 분명히 그 이상의 것이어야 한다. 동의의 수준이 진술이나 명확한 긍정의 행동 이상의 것이라고 명시할 것을 요구한다. 이것은 동의서가 필기 서명의 서면으로 주어져야 함을 암시한다. 그러

나 WP29는 Directive하에 동의에 대한 의견으로, 종이 또는 전자 또는 디지털 서명 또는 아이콘을 클릭하거나 확인 이메일을 보내는 전자 양식으로 명시적인 동의가 주어질 수 있음을 허용한다. 민감한 데이터에 대한 더 강력한 보호로 인해, 규제 당국과 법원은 그들의 민감한 데이터를 사용하는 데이터 주체의 명확한 동의에 의존하기를 원하는 컨트롤러로부터 엄격한 준수 기준을 요구할 가능성이 있다.

따라서 컨트롤러는 동의 요구 사항을 충족시키는지 주의 깊게 확인해야 하며, 명확하고 구체적이며 정보가 풍부하고 자유롭게 제공되는지 확인해야 한다. 또한, 주어진 동의는 명시적이어야 하며 처리의 목적을 명시해야 한다.

예를 들어, 동의서 양식은 처리될 실제 자료 또는 자료의 범주를 구체적으로 언급하는 것이 신중한 처리가 될 것이다(제14조에 포함되어 있지만, 제13조의 통지 의무에서 엄격히 요구되지는 않는다). 명시적 요구 사항을 충족시키기 위해서는 동의서가 서면으로 작성되거나 다른 영구 기록물로 문서화되어야 한다.

또한 민감한 데이터 처리에 대한 금지를 피하기 위해 동의를 해주는 것만으로는 충분하지 않다고 회원국의 법에 명시되어 있는 상황이 있을 수 있다. 이 경우 컨트롤러는 또 다른 지원 기준을 찾아야 한다.

DPA의 가이드는 명백한 동의 기준을 충족시키는 데 필요한 것을 명시할 것이다. 서면이 요구되는 경우, 현지 법이 서면 동의의 증거로 전자 형식으로 표시된 동의를 수락하는지 여부에 따라 인터넷을 통해 민감한 데이터를 수집하는 네 어려움을 겪을 수 있다. DPA 기이드 및 판례법에 따라 다른 관할 구역이 다른 입장을 취할 수 있다. 예를 들어, 상자에 체크하고 "수락" 버튼을 누르는 결합된 행동은 영국의 인터넷에서는 명시적인 동의에 해당한다. 그러나 독일 법에 따르면, 더 광범위한 개인정보 취급 방침 외에도,

민감한 데이터의 처리에 대한 동의는, 그 동의가 처리될 민감한 데이터에 한정적인 것이며, 잠재적으로 '적시'(just-in-time)에 동의 통지를 요구할 때만 유효하다.

데이터 주체의 근본적인 권리와 이익을 위한 적절한 보호조치를 제공하는 EU 또는 회원국 법률 또는 회원국의 단체협약에 따라 허가를 받는 한, 고용법 및 사회보장 및 사회보호법 분야에서 컨트롤러 또는 데이터 주체의 의무 및 특정 권한을 행사하는 목적으로 처리가 필요한 경우

금지의 두 번째 예외는 주로 컨트롤러가 고용법, 사회보장법 또는 사회보호법에 따른 법적 의무를 준수하기 위해 민감한 데이터 처리가 필요한 경우에 적용된다. 따라서 이 기준은 데이터 주체가 현지 고용법에 따라 허용되는 후보자, 직원 및 계약자인 경우에 적합하다. 컨트롤러는 또한 필요성 테스트를 준수해야 한다. 이 기준의 범위는 현지 고용법 및 현지 규칙의 해석에 따라 달라진다. 또한 회원국은 고용 맥락에서 개인정보 처리와 관련된 보다 구체적인 규칙을 제공할 수 있다.(2권 참조).

데이터 주체 또는 데이터 주체가 물리적 또는 법적으로 동의를 할 수 없는 다른 자연인의 중요한 이익을 보호하기 위해 처리가 필요한 경우

제6조의 중요한 이익의 기준과 마찬가지로, 이 기준은 삶이나 죽음의 상황을 가리킨다. 이 기준은 제9조에 따라 '데이터 주체가 물리적으로 또는 법적으로 동의를 할 수 없기 때문에' 동의를 얻을 수 없다는 것을 입증할 수 있어야 한다는 사실을 제외하고는 제6조의 규정과 본질적으로 동일하다. 민감한 데이터 처리에 동의를 얻을 수 없는 명백한 비상 상황에 대한 구체적 예시가 있다(예: 데이터 주체가 의식이 없는 경우). 그러나 이것은 컨트롤러

가 나중에 동의를 구할 것으로 예상된다는 것을 암시한다.

처리는 재단, 협회 또는 기타 비영리기구가 정치적, 철학적, 종교적 또는 노동조합 목적을 가지고 적절한 보호조치를 취한 상태에서 합법적인 활동 중에 수행되고, 그 처리가 전적으로 회원 또는 전 회원에 대하여, 또는 그 목적과 관련하여 정기적인 연락을 취한 사람에 대하여, 그리고 데이터 주체의 동의 없이 해당 기관 외부에 개인 데이터가 공개되지 않는다는 조건하에 수행되는 경우

이 기준은 교회, 기타 종교 단체 또는 정당과 같은 특정 비영리 기관을 대상으로 한다. 조직의 구성원 또는 이전 구성원 또는 조직과 정기적으로 연락하는 사람에 대한 중요한 데이터 처리와 관련된다. 이 기준은 회원들에게 민감한 데이터를 보유하고 있는 교회와 같이 활동적인 시민 사회 기관이 있는 회원국들에게 시사하는 바가 특별하다. 이러한 기관들은 GDPR의 다른 요구 사항을 준수하여 민감한 데이터를 처리해야 하며, 이 기준에 따라 처리가 합법적인 활동 중에만 발생해야 하고, 적절한 보호 장치와 함께 그 특정 목적과 관련하여서만 처리가 되어야 한다는 것을 언급하는 것이 중요하다. 또한 해당 데이터 주체의 명시적인 동의하에서만 조직 외부로 중요한 데이터를 공개할 수 있다. 이 기준과 관련된 구체적인 요구 사항은 현지 법에 따라 정해져 있다. 제91조는 교회와 종교 단체 또는 공동체가 개인의 보호와 관련하여 포괄적인 데이터 처리 규칙을 적용하는 경우, 그 규칙들이 GDPR에 부합된다면 계속 적용될 수 있음을 분명히 한다.

데이터 주체에 의해 명시적으로 공개된 개인 데이터와 관련된 처리가 필요한 경우

이 기준은 데이터 주체가 자신에 대한 민감한 데이터를 의도적으로 공개할 때 충족된다. 예를 들어, 개인이 미디어 인터뷰를 제공할 때 정치적 견해나 건강에 대한 세부 정보를 제공할 때와 같은 상황이 그것이다. 민감한 정보를 소셜 네트워킹 플랫폼에 공개적으로 공유하는 것도 잠재적으로 이 기준에 해당할 수 있다.

법적 청구의 설정, 행사 또는 방어에 대해서 또는 법원이 사법 능력으로 행동할 때마다 처리가 필요한 경우

민감한 데이터를 사용하는 것은 컨트롤러가 법적 요구를 설정, 실행 또는 방어하는 데 필요할 수도 있다. 이 기준에 의지하려면 컨트롤러가 필요성을 입증해야 한다. 즉, 처리와 목적 사이에 밀접하고 실질적인 연관성이 있어야 한다. 이 기준에 해당하는 활동의 한 예로는 의료 보험 청구가 유효한지 여부를 결정하기 위한 보험 회사의 의료 데이터 처리가 있다. 이러한 데이터를 처리하는 것은 보험 회사가 청구자의 보험 증권 청구를 고려하는 데 필요하다.

GDPR에는 또한 법원이 사법 능력으로 행동할 때마다 필요한 처리와 관련된 문헌이 포함된다. 그러한 모든 처리는 제5조에 규정된 데이터 보호 원칙의 적용을 받는다.

추구하는 목표에 비례하여, 데이터 보호 권리를 존중하고, 적절하고 구체적인 수단으로 데이터 주체의 기본 권리와 이익을 보호하기 위한 수단을 제공하는 EU 또는 회원국의 법률에 입각한 실질적인 공익을 이유로 처리가

필요한 경우

비록 Directive가 회원국에게 상당한 공공의 이익을 위한 민감한 데이터의 처리에 대한 추가 면제를 설정할 수 있는 보다 큰 자유 등급을 부여하며, 이러한 추가 면제는 적절한 안전장치의 대상이 되지만, 이 규정은 Directive의 유사한 규정을 반영한다. GDPR은 회원국들이 법률에 2가지 추가 요구 사항을 추가하여 실질적인 공익에 있다고 생각하는 것을 법에 제정할 수 있는 능력을 강화한다. 즉, '추구하는 목표에 비례함' 및 '데이터 보호 권리의 본질에 대한 존중'을 보여준다. Directive나 GDPR 어느 것도 실질적인 공공 이익이 의미하는 바를 정의하지 않는다. 따라서 회원국들이 이를 해석할 수 있도록 개방되어 있다.

상당한 공공의 이익을 위한 민감한 데이터를 처리하기 위한 특정 면제 조항은 일부 회원국에 의해 이미 지정되어 있다. 예를 들어, 이탈리아의 데이터 보호법에 따르면 국가 보건 서비스 및 기타 공공보건 기관에서 수행하는 특정 활동은 상당한 공공의 이익으로 간주된다.

영국에서는 법적인 도구가 상당한 공공의 이익을 위해 민감한 개인 데이터를 처리하기 위한 기준을 마련했다. 법적 도구는 불법 행위를 예방하거나 탐지하기 위한 목적에서 또는 어떤 조직이나 단체의 운영에 있어 불성실, 심각하게 부적절한 수행 또는 그릇된 처리로부터 대중을 보호하기 위해 고안된 기능을 이행하기 위해 필요할 때, 그러한 민감한 데이터의 처리를 허용한다.

회원국의 법에 따른 이러한 기존의 근거는, 그 법이 목적에 비례하고 데이터 보호 권리의 본질을 존중하고 데이터 수체의 기본적 권리와 이익을 보호하기 위한 적절하고 구체적인 수단을 제공하는 한, GDPR하에서 계속 적용될 수 있다. 중요한 것은, GDPR하에, 근본적인 공공의 이익을 이유로 민감한 개인 데이터를 처리하는 것에 대한 금지를 감면하는 회원국은,

Directive와 달리 이러한 감면을 유럽연합집행위원회('Commission')에 통지할 필요가 없다는 것이다.

예방적 또는 산업 의학적 목적, 직원의 근무 능력 평가, 의료 진단, 보건 또는 사회복지 또는 치료의 제공 또는 건강 또는 EU 또는 회원국의 법에 기초한 사회복지 시스템 및 서비스의 관리 또는 건강 전문가와 계약에 따라 그리고 조건과 추가 안전 조치에 따라서 처리가 필요한 경우

민감한 데이터의 처리가 광범위하게 말해서 의료 또는 사회복지 목적과 관련이 있는 경우에는 민감한 데이터 처리에 대한 금지가 적용되지 않는다. 이 예외는 예방 또는 직업 의학, 의료 진단, 치료 또는 보건 의료 시스템 및 서비스 관리와 같은 의료 서비스를 제공하는 맥락에서의 데이터 처리를 포함한다. 또한 사회 복지 제도 및 서비스의 처리 및 관리는 물론 사회 복지 제공 맥락에서의 데이터 처리를 포함한다. 이 절차는 EU 또는 회원국 법에 기초하거나 의료 종사자와의 계약에 따라 수행될 수 있지만 반드시 제9조 제3항에 규정된 '조건 및 추가 안전 조치'의 적용을 받는 의료 종사자일 필요는 없다. 제3항에 따르면, 민감한 개인 데이터는, 전문가 비밀 유지 의무 또는 EU 및 회원국의 다른 비밀 유지 의무 또는 관할 국가 기관에 의한 규칙하에 있는 사람에 의해, 또는 그 사람의 책임하에 민감한 개인 데이터가 처리될 수 있다.

이해하는 것이 가장 쉬운 규정은 아니지만, 이 예외는 의사, 간호사 및 의료 전문직 종사자에게 주로 적용될 것이다. 이러한 직업은 일반적으로 건강 데이터의 수집 및 사용 방법 및 그러한 데이터의 사용 방법에 관한 자체 법률, 규칙 및 전문 지침의 적용을 받는다. 물론 이 예외가 나머지 데이터 보호법의 운영에서 제외된다는 의미는 아니다. 예를 들어, 컨트롤러는 여전히 이 민감한 데이터가 부적절하게 액세스되지 않도록 안전하게 보관해야 한다.

특히 이 조항에는 직원의 근무 능력을 평가하는 데 필요한 처리가 포함된다. 이것은 직원의 마약 검사 및 직원이 일하기에 적합한지를 확인하기 위해 필요한 다른 평가를 포함할 수 있다. 데이터 주체가 직원이 아니며 처리의 목적이 이 예외에 해당하지 않는 건강 데이터 처리와 관련된 회사는 종종 해당 개인의 명시적인 동의를 받아야 한다.

공중보건 영역에서 공공의 이익을 이유로 처리가 필요한 경우(예를 들어 보건에 대한 심각한 국경 간 위협에 대한 보호 또는 전문적 비밀에 있어서 데이터 주체의 권리와 자유를 보호하는, 적절하고 구체적인 수단을 제공하는 EU 또는 회원국의 법률에 근거하여 보건 의료 및 의약품 또는 의료 기기의 품질 및 안전에 대한 높은 기준을 보장하는 경우)

Recital 54는 민감한 데이터의 처리가 데이터 주체의 동의 없이 공중보건 영역에 대한 공공의 이익을 이유로 필요할 수 있음을 인지한다. 공중보건은 EU GDPR No. 1338/2008에 정의된 대로 '건강과 관련된 모든 요소, 즉 질병 및 장애, 해당 건강 상태에 영향을 미치는 결정 요인, 건강관리 요구 사항, 건강관리에 할당된 자원, 건강관리, 보건 서비스에 대한 보편적 접근, 건강관리 지출 및 재원 조달, 사망 원인 등을 포함한 건강 상태'로 해석된다. 개인이 자신의 건강 데이터 사용에 대해 가질 수 있는 우려를 염두에 두어, Recital은 그러한 데이터 처리가 고용주, 보험 또는 은행 회사와 같은 제3자에 의해 다른 목적으로 처리되도록 해서는 안 된다고 규정한다. 분명히, 이것은 개인이 차별받을 걱정을 하지 않도록 개인을 보호하는 보호조치로서 포함되어 있다.

이 기준은 공공보건과 품질과 안전을 보장하기 위해 약물 및 의료 기기의 감독에 종사하는 사람들에 의한 건강 데이터 처리를 다루도록 고안되었다.

Recital 53은 이 배경이 자연인과 사회 전체를 위한 건강 관련 목적을 달성하는 데 필요한 데이터 처리와 관련이 있음을 나타낸다.

> 처리는 목적 달성에 비례하는 EU 또는 회원국 법에 기초한 제89조 (1)항에 따라 공공의 이익, 과학적 또는 역사적 연구 목적 또는 통계적 목적으로 보관할 목적으로 필요하며, 데이터 보호 권리의 본질을 존중하고, 데이터 주체의 기본 권리 및 이익을 보호하는 적절하고 구체적인 수단을 제공하는 경우

Directive 제8조에는 이 GDPR 예외와 거의 동등한 것이 없다. Directive 에서 통계 목적을 위한 데이터 처리 또는 역사적 또는 과학적 연구는 특정 상황에서 특별한 지위를 갖는다. 예를 들어, Directive는 개인 데이터가 직접 수집되지 않은 데이터 주체에 대한 통지를 제공할 의무가 없으며, 데이터 주체의 액세스 권한에 대한 면제를 제공한다. GDPR의 9조는 보관, 과학적 또는 역사적 연구 또는 통계 목적을 위한 처리와 관련된 컨트롤러에 대한 구체적인 기준을 제공한다. 이 기준에 의거하기 위해서는, 처리는 제89조 (1)항에 따라 적절한 안전장치를 가져야 하며, EU 또는 회원 국가 법률에 근거하여 이러한 목적 중 하나에 필요한 것이어야 하며, 비례적이고 데이터 보호 권한의 본질을 존중하며 적절한 안전장치를 제공해야 한다.

제89조 (1)항은 이 기준에 해당하는 모든 처리를 위한 안전 조치를 요구한다. '이러한 안전장치는 특히 데이터 최소화 원칙의 존중을 보장하기 위해 기술적 및 조직적 수단이 마련되어 있음을 보장해야 한다.' 수단에는 가명화(pseudonymisation)도 포함될 수 있다. GDPR에서 명시적으로 요구하지는 않지만, 익명성은 데이터 주체의 식별 가능성을 제거하므로 가능한 경우 모범 사례를 반영한다. 또한 제89조는 EU 또는 회원국 법률이 이러한 권리가 특정 목적의 달성을 불가능하게 하거나 심각하게 저해할

가능성이 있는 데이터 주체에 부여된 권리에 대한 추가적인 감면을 제공할 수 있으며, 이러한 목적의 달성을 위해 감면이 필요한 경우도 해당된다.

기록관과 역사가는 제89조에 따른 제도에 감사하겠지만, 이미도 가장 큰 영향을 받을 조직은 과학 연구 및 통계 작업에 참여하는 조직이 될 것이다. 특히, 과학 연구를 수행하는 제약 회사와 학술 기관은 이 제도의 매개 변수를 탐구하는 데 열중할 것이다. Recital 159는 과학 연구 목적의 개인 데이터 처리가 기술개발 및 시연, 기초연구, 응용연구 및 사설 연구를 포함한 광범위한 방식으로 해석되어야 함을 나타낸다. 과학적 연구는 공중 보건 분야에 대한 공공의 이익을 위해 수행된 연구를 포함하지만, 사설 연구 목적으로 수행된 연구를 배제하지는 않는다.

🛴 위반, 유죄 판결 및 처벌 그리고 보안 조치에 관한 데이터

범죄 유죄 판결 및 범죄 또는 관련 보안 조치에 관한 데이터는 당연히 더 높은 수준의 보호를 필요로 한다. GDPR 제10조는 그러한 데이터가 '공식 기관의 통제하에 있거나 처리가 데이터 주체의 권리와 자유에 대한 적절한 보호 장치를 제공하는 EU 또는 회원국 법에 의해 승인된 경우에만 처리되도록 요구한다.' 이런 맥락에서 공식 당국은 데이터 보호 규제 기관이 될 것으로 보이지는 않는다. 포괄적인 범죄 유죄 판결은 공식 기관의 통제하에 만 보관할 수 있다. 따라서 민간 부문 컨트롤러는 합법적인 처리의 범위를 이해하기 위해 그러한 데이터를 처리하는 EU 또는 지역 법률에 따라 규칙을 검토해야 한다. 중요한 것은, 이런 형태의 데이터는 제9조에 따른 민감한 개인 데이터의 범주로 추가적으로 고려되지 않는다. 그러나 이런 형태의 데이터를 처리할 때, 컨트롤러는 여전히 GDPR의 모든 다른 요구사항을 준수해야 한다.

⚙ 식별이 필요 없는 처리

제11조는 '컨트롤러가 개인정보를 처리하는 목적이 더 이상 컨트롤러에 의한 데이터 주체의 식별을 필요로 하지 않거나 더 이상 필요로 하지 않는 경우' 컨트롤러는 GDPR을 준수한다는 유일한 목적으로 데이터 주체를 식별하기 위해 추가 정보를 유지, 획득 또는 처리할 의무가 없다고 명시한다. 따라서 컨트롤러는 데이터 주체가 컨트롤러에 추가 정보를 제공하여 식별할 수 있는 경우 이 가정이 취소된다는 점을 제외하고는 데이터 주체의 권한과 관련된 특정 의무를 준수할 필요가 없다. 이 조항은 온라인 조직이 개인이 조직에서 보유하고 있는 개인 데이터에 대한 액세스 요청을 받지만 개인 데이터의 데이터 주체를 확인하려고 하지 않는 상황을 겨냥한 것이다. 이러한 경우 조직이 어떤 개인 데이터가 개인과 관련되어 있는지를 결정하는 것이 기술적으로 어려울 수 있다.

⚙ 결론

민감한 데이터의 처리를 정당화하는 기준은, GDPR의 목적이 개인의 기본 권리에 영향을 미치는 데이터의 잠재적인 오용으로부터 개인을 보호하는 것이기 때문에 상대적으로 좁게 해석된다. GDPR이 2개의 데이터 유형(유전자 및 생체 데이터)을 Directive하의 원래 리스트에 추가한 반면, 오늘날의 세계에서는 사람들에게 더 큰 위험이 금융 정보의 오용으로 빈번하게 나타나기 때문에 이러한 제한된 분류는 놀라운 것일 수 있다. 논란의 여지가 있지만, 개인에게, 개인의 생계 수단, 안전 또는 자금에 대해 심각한 영향을 미칠 수 있는 정보는 엄격한 보호 수준으로 처리되어야 한다. 그러나 EU 법은 이 구체적이고 제한된 데이터 리스트만이 특별한 보호를 필요로 하는 것으로 식별하고, 제9조에서 정의된 합법적인 기준하에서만 처리되도록 요구하고 있다.

참고문헌

A. Patrikios, 'Cloud computing: the key issues and solutions', Data Protection Law and Policy, May 2010

Advocate General Cruz Villalon, in Opinion C2015:426, Paragraphs 28과 32–34

Agreement on Commission's EU data protection reform will boost Digital Single Market, https://ec.europa.eu/commission/presscorner/detail/en/IP_15_6321

Article 25(1)과 Recital 78, Regulation(EU) 2016/679 of the European Parliament and of the Council 27 April 2016(Regulation)

Article 29 Data Protection Working Party, 'Statement of the Working Party on current discussions regarding the data protection reform package, page 2

Article 29 Working Party Opinion 1/2008, 8/2010

Article 29 Working Party Opinion on online behavioural advertising(00909/10/EN: Working Party 171)

Article 6, European Parliament and Council Directive 95/46/EC of 24 October 1995

Big data as the key to better risk management - EIU Perspectives. https://eiuperspectives.economist.com/sites/default/files/RetailBanksandBigData.pdf

Biometrics Institute, www.biometricsinstitute.org

Bodil Lindqvist [2003] Case C-101/01, 6 November 2003

Charter of Fundamental Rights of the European Union, (2000/C 364/01)와 (2012/C 326/02)

COM(90) 314 final—SYN 287, 13.9.1990

Commission Decision amending Decision 2001/497/EC as regards to the introduction of an alternative set of standard contractual clauses for the transfer of personal data to third countries, 27 December 2004. https://eur-lex.europa.eu/legal-content/EN/TXT/?uri=CELEX%3A32004D0915

Commission Decision on standard contractual clauses for the transfer of personal data to processors established in third countries, under Directive 95/46/EC. https://eur-lex.europa.eu/homepage.html

Commission Decision pursuant to Directive 95/46/EC of the European Parliament and of the Council on the adequacy of the protection provided by the Safe Harbor Privacy Principles and related frequently asked questions issued by the U.S. Department of Commerce, 26 July 2000. http://eur-lex.europa.eu/legal-content/en/ALL/?uri=CELEX:32000D0520

Commission Implementing Decision(EU) 2016/1250 pursuant to Directive 95/46/EC of the European Parliament and of the Council on the adequacy of the protection provided by the EU-U.S. Privacy Shield, 12 July 2016.

　http://eur-lex.europa.eu/legal-content/EN/TXT/?uri=OJ%3AJOL_2016_207_R_0001

Commission v. Grand Duchy of Luxembourg [2001] Case C-450/00, 4 October 2001

Communication from the Commission to the European Parliament and the Council on the functioning of the Safe Harbor from the Perspective of EU citizens and companies established in the EU, COM(2013) 0847 final.

　http://eur-lex.europa.eu/legal-content/EN/TXT/?uri=CELEX%3A52013DC0847

Communication from the Commission to the European Parliament and the Council rebuilding the trust in EU-U.S. data flows, COM(2013) 846 final.

　http://eur-lex.europa.eu/resource.html?uri=cellar:4d874331-784a-11e3-b889-01aa 75ed71a1.0001.01/DOC_1&format=PDF

Council Framework Decision 2008/977/JHA

Council of Europe Recommendation 509 on human rights and modern scientific and technological developments, 31 January 1968

Council of the European Union: Overview, European Union.

　https://europa.eu/european-union/about-eu/institutions-bodies/council-eu_en

Declaration of the Article 29 Working Party on Enforcement, Working Party 101, November 2004

Deliberation No. 2014-500 of 11 December 2014 on the Adoption of a Standard for the Deliverance of Privacy Seals on Privacy Governance Procedures.

　https://www.cnil.fr/sites/default/files/typo/document/CNIL_Privacy_Seal-Gover nance-EN.pdf

Digital Agenda: Commission refers UK to Court over privacy and personal data protection, European Commission, 30 September 2010.

　https://ec.europa.eu/commission/presscorner/detail/en/IP_10_1215

Digital Rights Ireland Ltd. v. Minister for Communications, Marine and Natural Resources, Minister for Justice, Equality and Law Reform, The Commissioner of the Garda Síochána, Ireland, The Attorney General, and Kärntner Landesregierung, Michael Seitlinger, Christof Tschohl and others, [2014] C293/12 and C594/12, 8 April 2014.

　http://curia.europa.eu/juris/document/document.jsf?text=&docid=150642&pag eIndex=0&doclang=EN&mode=lst&dir=&occ=first&part=1&cid=717066

Digital Rights Ireland Ltd. v. Minister for Communications에 대한 CJEU 판결, Marine and Natural Resources C-293/12 joined with Känter Landesregierung C-594/12

Digital Rights Ireland, Seitlinger and Others, C-293/12, C-594/12, 8 April 2014

Digital Single Market—tronger privacy rules for electronic communications, European Commission, 10 January 2017.

　https://ec.europa.eu/commission/presscorner/detail/en/MEMO_17_17

Directive(EU) 2016/1148 of the European Parliament and of the Council of 6 July 2016 concerning measures for a high common level of security of network and information systems across the Union; Directive 2013/40/EU of the European Parliament and of the Council of 12 August 2013 on attacks against information systems and replacing Council Framework Decision 2005/222/JHA; Directive(EU) 2015/2366 of the European Parliament and of the Council of 25 November 2015 on payment services in the internal market, amending Directives 2002/65/EC, 2009/110/EC and 2013/36/EU and Regulation(EU) No 1093/2010, and repealing Directive 2007/64/EC

Directive 2000/31/EC(the e-Commerce Directive)의 Article 6와 ePrivacy Directive의 Article 13(4)

Directive 2002/19/EC, 2002/20/EC, 2002/21/EC, 2002/22/EC, 2002/58/EC, 2009/136/EC, 2016/680, 97/66/EC of the European Parliament

Draft Code of Conduct on privacy for mobile health applications. https://ec.europa.eu/digital-single-market/en/news/code-conduct-privacy-mhealth-apps-has-been-finalised, 7 June 2016

EBA Report On The Prudential Risks and Opportunities Arising For Institutions From Fintech

Edward Snowden comes forward as source of NSA leaks, The Washington Post, 9 June 2013. https://www.washingtonpost.com/politics/intelligence-leaders-push-back-on-leakersmedia/2013/06/09/fff80160-d122-11e2-a73e-826d299ff459_story.html

ePrivacy Directive. https://iapp.org/media/pdf/resource_center/CELEX_32009L0136_en_TXT.pdf

ePrivacy Directive: assessment of transposition, effectiveness and compatibility with proposed Data Protection Regulation(the 'ePrivacy Study'), published by the European Commission on 10/06/2015

Europe v. Facebook. http://europe-v-facebook.org/EN/en.html

European Commission Press Release. https://ec.europa.eu/commission/presscorner/detail/en/IP_12_46

European Commission Press Release. https://ec.europa.eu/commission/presscorner/detail/en/IP_17_16

European Commission sets out strategy to strengthen EU data protection rules, European Commission, 4 November 2010. https://ec.europa.eu/commission/presscorner/detail/en/IP_10_1462

European Commission v. Federal Republic of Germany [2010] C-518/07, 9 March 2010

European Commission v. Republic of Austria [2012] C-614/10, 16 October 2012

European Convention on Human Rights, Council of Europe. www.echr.coe.int/Documents/Convention_ENG.pdf

European Court of Human Rights, www.echr.coe.int

European Data Protection Law and Practice, ISBN: 978-0998322353

European Parliament v. Council of the European Union and Commission of the European Communities [2006] Joined Cases C-317/04 and C318/04, 30 May 2006

EU Treaty, https://en.wikipedia.org/wiki/Treaties_of_the_European_Union

EU Treaty No.005: Convention for the Protection of Human Rights and Fundamental Freedoms, Council of Europe.

www.coe.int/en/web/conventions/full-list/-/conventions/treaty/005

Federal Data Protection Act(BDSG),

    https://www.gesetze-im-internet.de/englisch_bdsg/englisch_bdsg.html

Fintech in a Flash: Financial Technology Made Easy, ISBN: 978-1547417162

First Report on the implementation of the Data Protection Directive(95/46/EC),

    http://eur-lex.europa.eu/legal-content/EN/ALL/?uri=CELEX%3A52003DC0265

František Ryneš v. Úřad pro ochranu osobních údajů [2014] Case C-212/13, 11 December 2014

Future of Identity in the Information Society(FIDIS), 'D11.5: The legal framework for locationbased services in Europe', Working Party 11 Cuijpers C., Roosendaal, A., Koops, B.J.(eds), 2007, Chapter 3

General Data Protection Regulation.

    https://eur-lex.europa.eu/legal-content/EN/TXT/?uri=CELEX%3A32016R0679

Google: Privacy & Terms, 'Types of location data used by Google'.

    https://www.google.com/policies/technologies/location-data/

Google Spain SL and Google Inc. v. Agencia Española de Protección de Datos(AEPD) and Mario Costeja González [2014] Case C-131/12, 13 May 2014

Guidelines on the right to data portability(16/EN: Working Party 242), 13 December 2016, http://ec.europa.eu/newsroom/document.cfm?doc_id=43822

Guidelines in the form of a Recommendation by the Council of the OECD were adopted and became applicable on 23 September 1980.

    www.oecd.org/sti/ieconomy/oecdguidelinesontheprotectionofprivacyandtransborderflowsofpersonaldata.htm

Halford v. United Kingdom [1997] ECHR 32, 25 June 1997; Copland v. United Kingdom [2007] 45 EHRR 37, 3 April 2007

Italian Personal Data Protection Code, www.privacy.it/archivio/privacycode-en.html

Jay, Rosemary, Data Protection Law and Practice, Fourth Edition(Sweet & Maxwell, 2102), page 201

Judgment of the European Court of Human Rights in the case Amann v. Switzerland of 16.2.2000

Law Enforcement Data Protection Directive.

    https://eur-lex.europa.eu/legal-content/EN/TXT/?uri=CELEX%3A32016L0680

Loideain, Nora Ni, 'EU Law and Mass Internet Metadata Surveillance in the Post-Snowden Era', Media and Communication(ISSN: 2183-2439), 2015, Volume 3, Issue 2, pages 53–62.

    https://www.cogitatiopress.com/mediaandcommunication/article/view/297

Maximillian Schrems v. Data Protection Commissioner [2015] Case C-362/14, 6 October 2015

OECD Guidelines on the Protection of Privacy and Transboder Flows of Personal Data, OECD.

    www.oecd.org/sti/ieconomy/oecdguidelinesontheprotectionofprivacyandtransborderflowsofpersonaldata.htm

On Locational Privacy, and How to Avoid Losing it Forever, Electronic Frontier Foundation, 3 August 2009, https://www.eff.org/wp/locational-privacy

Opinion 01/2014 on the application of necessity and proportionality concepts and data protection within the law enforcement sector(536/14EN: Working Party 211)

Opinion 01/2015 on Privacy and Data Protection Issues relating to the Utilisation of Drones, Working Party 231, adopted 16 June 2015

Opinion 01/2016 on the EU-U.S. Privacy Shield draft adequacy decision

Opinion 02/2013 on apps on smart devices(00461/13/EN: Working Party 202)

Opinion 05/2012 on Cloud Computing(01037/12/EN: Working Party 196)

Opinion 1/2006 on the application of EU data protection rules to internal whistleblowing schemes in the fields of accounting, internal accounting controls, auditing matters, fight against bribery, banking and financial crime(00195/06/EN; Working Party 117)

Opinion 1/2008 on data protection issues related to search engines(00737/EN: Working Party 148), page 19

Opinion 1/2010 on the concepts of 'controller' and 'processor'(00264/10/EN: Working Party 169)

Opinion 10/2004 on More Harmonised Information Provisions(11987/04/EN; Working Party 100)

Opinion 13/2011 on Geolocation services on smart mobile devices(881/11/EN: Working Party 185), page 14

Opinion 15/2011 on the definition of consent(01197/11/EN: Working Party 187), 13 July 2011.

Opinion 2/2010 on online behavioural advertising(00909/10/EN: Working Party 171), page 13

Opinion 4/2007 on the concept of personal data(01248/07/EN: Working Party 136)

Opinion 5/2009 on online social networking(01189/09/EN: Working Party 163)

Opinion 8/2014 on the on Recent Developments on the Internet of Things(14/EN: Working Party 223)

Pammer v. Reederei Karl Schlüter GmbH & Co and Hotel Alpenhof v. Heller [2010] Joined Cases C-585/08 and C-144/09, 7 December 2010

Patrick Breyer v. Germany [2016] Case C-582/14, 12 May 2016

Personal Information Online Code of Practice, Information Commissioner's Office, https://ico.org.uk/media/for-organisations/documents/1591/personal_information _online_cop.pdf

Press release issued by the Registrar, 27 October 2009. http://hudoc.echr.coe.int/app/conversion/pdf/?library=ECHR&id=003-2909811-3196312&filename=003-2909811-3196312.pdf

Privacy by Design, Information and Privacy Commissioner of Ontario. https://www.ipc.on.ca/privacy/protecting-personal-information/privacy-by-design /

Privacy in mobile apps: Guidance for app developers, Information Commissioner's

Office, page 5.
https://ico.org.uk/media/for-organisations/documents/1596/privacy-in-mobile-apps-dp-guidance.pdf
Proposal for a Council Directive Concerning the Protection of Individuals in Relation to the Processing of Personal Data, COM(90) 314 final —SYN 287, 13.9.1990
Protocol(No. 30) on the application of the Charter of Fundamental Rights of the European Union to Poland and to the United Kingdom
Public Consultation on the evaluation and review of the ePrivacy Directive, page 3.
Rechnungshof v. Österreichischer Rundfunk and Others [2003] Case C-465/00, 20 May 2003
Reform of EU data protection rules.
https://ec.europa.eu/info/law/law-topic/data-protection/reform_en
Report from the Commission: First report on the implementation of the Data Protection Directive(95/46/EC), 15 May 2003.
http://eur-lex.europa.eu/LexUriServ/LexUriServ.do?uri=COM:2003:0265:FIN:EN:PDF
Restoring trust in transatlantic data flows through strong safeguards: European Commission presents EU-U.S. Privacy Shield, European Commission—Press Release, 29 February 2016.
https://ec.europa.eu/commission/presscorner/detail/en/IP_16_433
Sayer, Peter, 'T-Mobile Lost Control of Data on 17 Million Customers', CIO from IDG, 6 October 2008.
www.cio.com/article/2433190/infrastructure/t-mobile-lost-control-of-data-on-17-million-customers.html
Scarlet Extended [2011] Case C-70/10, 24 November 2011
Smaranda Bara and Others v. Casa Naţională de Asigurări de Sănătate and Others [2015] C-201/14, 1 October 2015
The Convention, Article 12(2)
The Data Protection(Processing of Sensitive Personal Data) Order 2000, No. 417, www.legislation.gov.uk/uksi/2000/417/made
The Lisbon Treaty의 Article 14
Titcomb, James, 'Britain opts out of EU law setting social media age of consent at 16', The Telegraph, 16 December 2015.
www.telegraph.co.uk/technology/internet/12053858/Britain-opts-out-of-EU-law-raisingsocial-media-age-of-consent-to-16.html
Treaty No. 108~181, Council of Europe, www.coe.int/en/web/conventions/full-list
Treaty of Lisbon(2007/C 306/01).
http://eur-lex.europa.eu/legal-content/EN/TXT/?uri=celex%3A12007L%2FTXT
UK Information Commissioner's Office website.
https://ico.org.uk/for-organisations/guide-to-data-protection/
Van Alsenoy, Brendan, ICRI Working Paper Series 23/2015, 'The evolving role of the individual under EU data protection law'

Verein für Konsumenteninformation v. Amazon EU Sàrl [2016] Case C-191/15, 28 July 2016

Vidal-Hall v. Google Inc. [2015] EWCA Civ 311, 27 March 2015.

Weltimmo s.r.o. v. Nemzeti Adatvédelmi és Információszabadság Hatóság [2015] Case C-230/14, 1 October 2015

Working Party 136, Section III

Working Party 169, Opinion 1/2010 on the concepts of 'controller' and 'processor'

Working Party 169, Section III

Working Party 211 Opinion 01/2014 on the application of necessity and proportionality concepts and data protection within the law enforcement sector; see also Directive 95/46/EC Article 6(b) and(c), as well as Regulation EC(No) 45/2001, Article 4(1)(b).

Working Party 221 'Statement on Statement of the WP29 on the impact of the development of big data on the protection of individuals with regard to the processing of their personal data in the EU', adopted 16 September 2014

Working Party 4/2007, Section III, Part 3, page 16

Working Party Opinion 13/2011 on Geolocation services on smart mobile devices(881/11/EN: Working Party 185)

Working Party Opinion 5/2004 on unsolicited communications for marketing purposes(11601/EN: Working Party 90)

수정된 Directive의 Article 4

핀테크와 GDPR ❶권
―핀테크를 위한 개인정보 보호

초판 1쇄 인쇄 2020년 2월 3일
초판 1쇄 발행 2019년 2월 7일

지은이 이재영

발행인 양문형
펴낸곳 타커스
등록번호 제313-2008-63호
주소 서울시 종로구 대학로 14길 21 민재빌딩 4층
전화 02-3142-2887
팩스 02-3142-4006
이메일 yhtak@clema.co.kr

ⓒ 이재영 2020

ISBN 978-89-98658-63-2 (14320)
      978-89-98658-62-5 (세트)

이 도서의 국립중앙도서관 출판예정도서목록(CIP)은 서지정보유통지원시스템 홈페이지(http://seoji.nl.go.kr)와 국가자료종합목록 구축시스템(http://kolis-net.nl.go.kr)에서 이용하실 수 있습니다. (CIP제어번호 : CIP2020000601)